Inhalt

W0048433

Vorwort

Die Aufgabe annehmen, Unterschiede bejahen

Unterschiede bejahen – das sagt sich leicht. Es tut sich auch leicht, solange die Unterschiede nicht zu groß sind. Aber was ist, wenn in unseren Schulklassen nicht nur die Leistungen extrem verschieden sind, sondern auch die sozialen Hintergründe, Lebensschicksale, Einstellungen und Verhaltensweisen?

Nein, es ist nicht leicht, solche Verschiedenheit zu bejahen, gar zu nutzen, wie der Titel dieses Buches verspricht. Aber es ist möglich. Unterricht kann anders angelegt werden, Schule kann ein Ort der Vielfalt sein. Dann können sogar alle davon profitieren, die langsamen und lernschwachen unter den Schülerinnen und Schülern ebenso wie die schnellen und begabten.

Davon handelt dieses Buch. Es bietet keine Patentrezepte, schon gar nicht generelle Lösungen. Die kann es vielleicht überhaupt nicht geben. Wohl aber erprobte und übertragbare Beispiele.

Die Sicht einer einzelnen Autorin ist notwendig subjektiv und begrenzt. Meine Berufserfahrung ist geprägt durch die Ausbildung und erste Lehrerinnenjahre an Gymnasien, gefolgt von einer 30-jährigen Tätigkeit an der Bielefelder Laborschule. Diese Schule nimmt es mit dem Problem der Heterogenität besonders ernst: Niemand bleibt sitzen und es gibt keine Differenzierung nach Leistungen. Ein weiteres Merkmal dieser Schule ist die enge Verbindung von Praxis und Forschung und die Zusammenarbeit mit vielen anderen Schulen.

Die in diesem Prozess gesammelten Erfahrungen möchte ich hier so weitergeben, dass sie für alle Interessierten nutzbar werden. Das Buch handelt also nicht von *einer* Schule, sondern von Individualisierung im Unterricht und vom Umgang mit Heterogenität generell, speziell in der Sekundarstufe I, wo die Probleme am größten sind.

Die Beispiele sind übertragbar. Sie stammen aus vielen Schulen und werden, soweit es mir möglich ist, mit aktuellen fachdidaktischen und erziehungswissenschaftlichen Forschungsergebnissen und Diskussionen verknüpft. Sie fallen, meinen Fächern entsprechend, etwas sprachlastig aus. Um diesen Mangel zumindest teilweise auszugleichen, habe ich einige Mathematik-Aufgaben aus aktuellen Publikationen angeführt, sodass die Basics vertreten sind. Die Beispiele für fächerübergreifenden Unterricht lassen sich sinngemäß auf andere Bereiche übertragen.

Im ersten Kapitel versuche ich das Problem einzukreisen: Warum tun wir uns so schwer im Umgang mit heterogenen Lerngruppen? Warum können andere Länder das besser? Was folgt daraus?

Das zweite Kapitel schildert ein Unterrichtsbeispiel „von A bis Z", um daran zu zeigen, wie Individualisierung (verstanden als Vielfalt der Lernwege, die mit einem gemeinsamen Thema verknüpft werden) konkret aussehen kann. Daraus werden Elemente einer individualisierenden Didaktik abgeleitet.

Das dritte Kapitel ist wie ein Workshop angelegt. Im Kern steht die Frage, wie wir unseren Unterricht „problemorientiert" machen können (was ja laut PISA ein Schwachpunkt deutscher Schulen ist), wie Aufgaben konstruiert, Unterrichtsvorhaben geplant und durch Formen intelligenten Übens und aktiver Aneignung begleitet werden können. Dieses Kapitel kann selektiv und individuell genutzt werden – je nach Bedarf –, es eignet sich aber auch für die Arbeit in Fach- oder Jahrgangsgruppen oder in Seminaren und für schulinterne Fortbildungen.

Im vierten Kapitel geht es um Möglichkeiten der Schulentwicklung. Wie kann eine Schule aussehen, in der alle Heranwachsenden gut leben und lernen können, und wie das Schulcurriculum? Wie ist sie gestaltet? Welche Lernerfahrungen und Bewährungsmöglichkeiten bietet sie? Wie geht sie mit Leistungen um? Solche Fragen werden zurzeit sehr kontrovers diskutiert und sind bildungspolitisch brisant. Diese Dimension wird hier nicht vertieft.

Stattdessen skizziere ich zum Schluss das Bild einer Schule der Vielfalt, wie sie sein könnte, um damit eine Diskussion über Standards für eine gute Schule und speziell für den Umgang mit Heterogenität anzustoßen.

Dieses Buch soll vor allem Mut machen: Kolleginnen und Kollegen, die in heterogenen Gruppen unterrichten, sowie allen, die sich auf den Lehrerberuf vorbereiten. In Zeiten zunehmender sozialer Gegensätze wirken die Lebensprobleme der Kinder und Jugendlichen täglich in die Schule hinein, ob wir wollen oder nicht, und verschärfen das Problem der Heterogenität. Wie sollen wir da gute Pädagogik und guten Unterricht machen, zumal angesichts immer neuer Vorschriften und Kontrollen?

Wir können und müssen uns gegenseitig ermutigen: durch Beispiele und Anregungen, durch den Austausch von Erfahrungen, die von „unten" kommen und vielleicht, wenn wir unsere Kräfte bündeln, sogar bis „oben" wirken und unsere Schulen verändern können.

1. Heterogenität – wo liegt das Problem?

Viele Lehrerinnen und Lehrer erleben die tägliche Unterrichtssituation als kräfteraubenden und manchmal verzweiflungsvollen Einzelkampf:
„Ich stehe hier allein vor 30 Schülerinnen und Schülern, in meiner Klasse sind fünf Nationen vertreten, die Jugendlichen sind extrem verschieden nach Herkunft, Vorwissen und sozialem Hintergrund, sie unterscheiden sich im Alter um zwei bis drei Jahre und in den Leistungen teilweise noch mehr, die Disziplinprobleme bringen mich an den Rand meiner Kräfte, die nächste Klassenarbeit steht bevor – und da soll ich auch noch differenzieren, jedem Einzelnen gerecht werden, individuell fördern und wie die schönen Sätze alle heißen! Wer so redet, hat keine Ahnung von der Praxis."

Der gedachte Kollege, der hier zu Wort kommen soll, hat schon lange den Mut verloren, und ungezählten Lehrerinnen und Lehrern geht es so wie ihm. Die Zahlen über Burn-out, Krankheitsfälle, Frühpensionierungen sprechen für sich und lassen nur ahnen, wie Überlastung, Enttäuschung und Leid sich in Berufsbiografien so häufen können, dass erst die pädagogischen Ideale kaputtgehen und dann mehr und mehr auch die Gesundheit.

Schule muss aber nicht so sein. An Nachbarländern können wir das sehen, und ebenso an Schulen in Deutschland. Dort gibt es alle die von dem Kollegen genannten Probleme auch, aber man geht anders mit ihnen um. Dort kann man sehen: Unterrichten muss kein leidvoller Einzelkampf sein. Es ist möglich, den Unterricht so anzulegen, dass nicht nur ein gedachter Durchschnitt erreicht wird, sondern alle Schülerinnen und Schüler. Es ist möglich, die einzelne Schule so zu verändern, dass die Lernbedingungen nicht nur durch Organisations- und Planungsprinzipien vorgegeben werden, sondern sich an der Verschiedenheit der Schülerinnen und Schüler orientieren. Es ist sogar möglich, wie die skandinavischen Nachbarländer zeigen, das gesamte Schulsystem nach dem Ziel „Wir dürfen kein Kind verlieren" neu zu strukturieren und nachhaltig zu verändern.

Vielleicht denken Sie jetzt: Was soll das? Ich kann mir ja meine Schule und meine Arbeitsbedingungen nicht aussuchen. Es hilft mir nichts, zu wissen, dass irgendwo etwas besser läuft, wenn ich nichts davon habe. Das ist richtig, auf den ersten Blick. Auf den zweiten nicht. Wir wissen alle, dass Schule eine Gemeinschaftsleistung aller beteiligten Personen ist. Wir haben Einfluss: nicht nur auf die Art, wie wir unseren Unterricht gestalten, sondern auch auf die Gestaltung unserer Schule. Wir können nicht entscheiden, ob und wie sich unser Schulsystem ändern soll. Aber wir können mit kleinen Schritten „von unten" beginnen und uns dem Ziel, allen Schülerinnen und Schülern besser gerecht zu werden, immer mehr annähern.

Das beginnt auf der Ebene der einzelnen Unterrichtsstunde. Es setzt sich fort in der Unterrichtsplanung: Viel ist schon gewonnen, wenn wir nicht mehr (nur) einsam vor uns hin arbeiten, sondern mit Kolleginnen und Kollegen gemeinsam eine Unterrichtseinheit oder ein Projekt konzipieren und durchführen. Dazu gehört selbstverständlich auch, über die Schülerinnen und Schüler zu reden, gemeinsam zu beraten, welche Voraussetzungen sie mitbringen und was wir tun können, um sinnvoll daran anzuknüpfen. Wir werden dann versuchen, die Lernbedingungen so zu verbessern, dass unser Unterricht „greifen" kann. Viele Erfahrungen zeigen, dass Schulentwicklung auf diese Weise „von unten" beginnt. Je konsequenter wir den Unterricht verändern, umso klarer werden sich Entwicklungslinien für die Veränderung der Rahmenbedingungen abzeichnen, so lange, bis ein stimmiges Gesamtsystem erreicht ist. Das kann ganz unterschiedlich aussehen. Auf die Frage, wie wir der Heterogenität der uns anvertrauten Schülerinnen und Schüler am besten gerecht werden, gibt es viele mögliche Antworten.

1.1 Der Traum eines Gelehrten: Schule als Lerndorf

Vielleicht ist es gut, wenn wir uns einmal ein Gedankenexperiment erlauben, uns für eine kurze Zeit entfernen von unserem Alltag und unserer Normalität, so wie die Bewohner der Höhle in Platons berühmtem Gleichnis, und die Vorstellung einer ganz anderen Schule zulassen, um dann den Alltag mit neuen Augen zu sehen. Bitte lassen Sie sich kurz auf eine solche Gedankenreise eines bekannten Autors ein. Er stellt sich Schule als einen „Ort der Entdeckungen und Erforschungen" vor, wo Menschen vor den Augen der Kinder ihren Berufen nachgehen. Das sieht so aus:

„Computerprogrammierer sind im Technologiezentrum tätig, Tierpfleger und Zoologen kümmern sich um die Tiere. Arbeiter aus einer Fahrradfabrik setzen vor den Augen der Kinder Fahrräder zusammen, und eine japanische Mutter kocht Essen und führt eine Teezeremonie in einem japanischen Haus vor … Während ihrer Ausbildung gehen die Kinder verschiedene Lehrlingsverhältnisse bei diesen Erwachsenen ein. Jede Lehrlingsgruppe besteht aus Jugendlichen unterschiedlichen Alters, die in dem betreffenden Fach oder für

den Bereich unterschiedliche Fähigkeiten mitbringen. Es gehört zu den Lehr-
lingsverhältnissen, dass die Kinder zur Anwendung unterschiedlicher Fähigkeiten angehalten werden … Die Lehrlingsverhältnisse der Schüler umfassen
absichtlich mehrere Tätigkeiten, darunter künstlerische Tätigkeiten, Tätigkeiten, die Übung und Geschicklichkeit erfordern, und Tätigkeiten von eher
schulischer Art. Zusammengenommen verkörpern diese Tätigkeiten die Grundbildung, die in der Kultur gefragt ist … Der größte Teil des Lernens und der
Beurteilung geht kooperativ vor sich … Die Beurteilung des Lernens nimmt
eine Vielzahl von Formen an, vom Überprüfen des selbst Gelernten anhand
von Tagebüchern bis zum ‚Test auf der Straße' – arbeitet das Fahrrad befriedigend, oder wird es schließlich einen Käufer finden? Da die Älteren im Team
geschulte Fachleute sind, die sich selbst als Ausbilder von künftigen Mitglie-
dern ihres Gewerbes verstehen, brauchen die Aktivitäten keine Begründung,
die Maßstäbe sind hoch, Befriedigung ergibt sich daraus, dass eine Arbeit gut
verrichtet wird. Und da die Schüler von Anfang an mit einer bedeutsamen und
anspruchsvollen Arbeit betraut sind, haben sie ein echtes Interesse am Ergebnis ihrer Bemühungen (und an der Arbeit von ihresgleichen)."

Diese Vision einer anderen Schule ist keine Träumerei irgendeines welt-
fremden pädagogischen Spinners, sondern die Antwort eines der bekanntesten
Intelligenzforscher, Howard Gardner, auf die Frage, wie man Kindern und
Jugendlichen in ihrer Unterschiedlichkeit gerecht werden kann. Sein Buch
„How Children think" ist unter dem etwas irreführenden Titel „Der ungeschulte

Kopf" in deutscher Übersetzung erschienen (1996, das Zitat oben S. 249 f.). Welche Kritik an bestehenden Schulen und welche Vorstellung von einem anderen, effektiveren Lernen stecken hinter dieser Vision? Gardner geht mit unseren Schulen streng ins Gericht, weil diese nur auf die kognitive Intelligenz setzen und alle anderen mehr oder weniger vernachlässigen. Eine Schule, die die Lernmöglichkeiten der Kinder und Jugendlichen wirklich ausschöpft, würde demnach völlig anders aussehen:

- Sie ist keine isolierte Lernanstalt, sondern eine natürliche Lebens- und Lerngemeinschaft von Kindern und Erwachsenen: ein „Dorf".
- Die Kinder und Jugendlichen werden nicht nach Jahrgängen zusammengefasst, sondern ordnen sich, entsprechend ihren Fähigkeiten und Interessen, Lehrlingsgruppen zu. Dort lernen sie mit- und voneinander unter der Anleitung eines Meisters.
- Das Lernen orientiert sich nicht an Lehrbüchern und abstrakten Standards, sondern an konkreten Beispielen, an „Meisterwerken", es geschieht *by doing* und bemisst sich an der Tauglichkeit der Produkte.

Kritiker werden sogleich einwenden, dass ein solches „Dorf" nirgends existiert, somit also eine mindestens ebenso künstliche Angelegenheit ist wie unsere Schulen, und dass diese Schule durch die frühzeitige Spezialisierung ihren Auftrag verfehlt, allen Kindern und Jugendlichen eine verlässliche Grundbildung zu vermitteln. Natürlich kennt Howard Gardner diese Argumente. Er weiß, dass die Mehrzahl der heute Heranwachsenden nicht in idyllischen Dorfgemeinschaften lebt, sondern in modernen Großstädten, dass es solche Idyllen nicht mehr gibt und vielleicht so auch nie gegeben hat. Er verlegt sein gedachtes Dorf darum in ein Museum und betont damit die Künstlichkeit dieser Denkfigur, um der *Denkrichtung* Nachdruck zu verleihen: Schulen müssten *ganz anders* sein, um der Unterschiedlichkeit der Menschen und ihrer Fähigkeiten gerecht zu werden. Sie müssten das Lernen anders anlegen, um alle individuellen Potenziale zu nutzen, alle Begabungen und Intelligenzen zu fördern. Dazu müssten sie sich von Grund auf verändern, bis in die einzelne Unterrichtsstunde hinein. Dafür steht Gardners Modell, das so gesehen gar nichts Idyllisches mehr hat.

Umgang mit Heterogenität würde demnach nicht heißen, dass alle in der dritten Stunde Deutsch haben und mit verschiedenen Methoden und unterschiedlichen Aufgaben das gleiche kognitive Lernpensum erarbeiten, etwa einen Sachtext, sondern dass man dieses Verständnis von Lernen gründlich korrigiert und von daher zu einer radikal veränderten Schule gelangt. Also nicht der gleiche Sachtext für alle in der dritten Stunde, sondern verschiedene Sachtexte zu verschiedenen Zeiten, je nach Sache, Umgang mit Sprache durch die Konstruktionsvorschrift, das Kochbuch, das einzuübende Theaterstück.

Natürlich ist dem Intelligenzforscher Gardner bewusst, in welchem Maße Lernen Übung und systematisches Fortschreiten erfordert. Seine Schule soll diese Aspekte des Lernens nicht vernachlässigen, sondern im Gegenteil besser bedienen. Es gibt in der „Dorfgemeinschaft" auch Kurse für alle, sozusagen ein verbindendes *Studium generale*, mit Angeboten, die in den Lehrgängen vielleicht zu kurz kommen. Die „Grundbildung, die in der Kultur gefragt ist" (s. o.) aber wird gemäß dieser Vision umso besser gelingen, je mehr das Lernen seinen natürlichen Ernstcharakter behält, sich an Vorbildern orientiert (Menschen und Produkten), je mehr Verstehen mit aktiver Aneignung verknüpft ist, je mehr Leistung im Team erbracht wird und sich an der Tauglichkeit der Produkte bemisst.

Das alles scheint weit von der Wirklichkeit normaler Schulen entfernt zu sein. Aber was heißt schon „normal"? Wer setzt die Norm und warum? Gibt es nicht gute Gründe, Normen kritisch zu prüfen – mit Blick auf das Kriterium, wie Schulen auf die Unterschiedlichkeit der Kinder und Jugendlichen antworten – und wenn nötig zu verändern?

1.2   Das Problem der individuellen Passung

Es ist eine Binsenweisheit, die man sich trotzdem immer wieder bewusst machen muss: Unterricht ist ein hoch komplexes Gebilde. Um diese Komplexität so weit zu reduzieren, dass ein auf das Problem der Heterogenität zugespitztes Modell entsteht, bediene ich mich einer Figur, die – in verschiedenen Varianten – als „didaktisches Dreieck" bekannt ist und eigentlich dreidimensional gedacht werden muss, weil es das Ineinandergreifen verschiedener Dimensionen darstellt (siehe nächste Seite). Demnach ist jedes Lernen in einem Spannungsfeld angesiedelt, das durch die Ecken des Dreiecks konstituiert wird: (1) durch das Individuum mit seinen je besonderen Voraussetzungen, Fähigkeiten, Erwartungen, (2) durch die Gruppe, allgemeiner: den sozialen Kontext mit seiner je besonderen Prägung und (3) durch die Sache mit ihren je besonderen Anforderungen. Das Dreieck repräsentiert das Spannungsfeld „Unterricht" so, wie es sich aus der Perspektive des Lehrers darstellt; von seiner Steuerungstätigkeit hängt es ab, ob und wie die Balance in dem Dreieck gewahrt ist.

Das Denkmodell von Howard Gardner lässt sich an dieser Figur als Beispiel gelingenden Lernens interpretieren:

Die Ich-Ebene

Das Lernen der Lehrlinge ist individuell bedeutsam. Sie haben sich dieser Gruppe zugeordnet, diese Sache ist „ihr Ding", sie sind hoch motiviert. Sie sehen in diesem Lernprozess die ihnen gemäße Möglichkeit, sich zu profilieren,

Individuum
(Selbstentfaltung,
Erprobung,
Bewährung)

Gruppe
(Anerkennung,
Herausforderung)

Sache
(Anforderung,
Faszination)

Leistung im Spannungsfeld zwischen Individuum, Gruppe und Sache

die eigenen Fähigkeiten zu entfalten und optimal zu nutzen. Sie identifizieren sich in hohem Maße mit der selbst gewählten Sache, auf die sie sich spezialisieren wollen, und haben darum einen leichten Zugang zu dem Lernpensum und zur Gruppe der Mit-Lehrlinge.

Die Sach-Ebene

Die Anforderungen an die Lehrlinge werden vom angestrebten Produkt vorgegeben: Das Fahrrad muss fahren, das Essen muss gelingen. Dazu müssen viele Arbeitsgänge in der richtigen Reihenfolge durchgeführt werden. Niemand kann sie auf Anhieb bewältigen; sie müssen systematisch gelernt und geübt werden. Repräsentant des angestrebten Könnens ist der Meister, der Experte, der nicht nur Lehrer ist, sondern zugleich ein lebendiger Maßstab für Expertise und für die Sachanforderungen, die mit ihr verbunden sind.

Die Wir-Ebene

Das Lernen ist im sozialen Kontext der Lehrlingsgruppe angesiedelt. Jeder Lehrling ist auf die Hilfe der anderen angewiesen, erwartet Rückmeldung und Anerkennung von ihnen wie vom Meister. In der Gruppe lernen alle mit- und voneinander: Die Älteren geben ihr Wissen weiter, die Jüngeren erleben sich in der Anfängerrolle und später in der der Fortgeschrittenen, alle sind auf alle angewiesen, weil das Produkt ein Gemeinschaftswerk ist. Das „rote Band" des Lernens in dieser Gruppe ist (1) der Meister als Vorbild und Maßstab des Gelingens, (2) die gewählte Lehre, also das angestrebte Expertentum, (3) die Qualität des Produkts (und, damit verbunden, die Frage, wie es angenommen wird). Der soziale Kontext ist also wiederum eine dreidimensionale Größe, bestehend aus dem tradierten Wissen (hier: Kultur des Handwerks), der Bedeutung der Lerngruppe und den sozialen Erwartungen, die mit dem Produkt verbunden sind (hier: der Marktwert).

Howard Gardners Theorie der multiplen Intelligenzen ist in seiner Zunft nicht unumstritten. Unabhängig davon lässt sich sein Dorf-Modell als Bild gelingenden Lernens interpretieren. Dann müssten wir uns fragen: Warum tun wir uns in unseren Schulen so schwer mit dem Problem der Heterogenität? Weil, so meine These, die Balance in unserem Unterricht häufig nicht stimmt. Die daraus entstehenden Probleme können zu dem bekannten Teufelskreis des Misslingens führen.

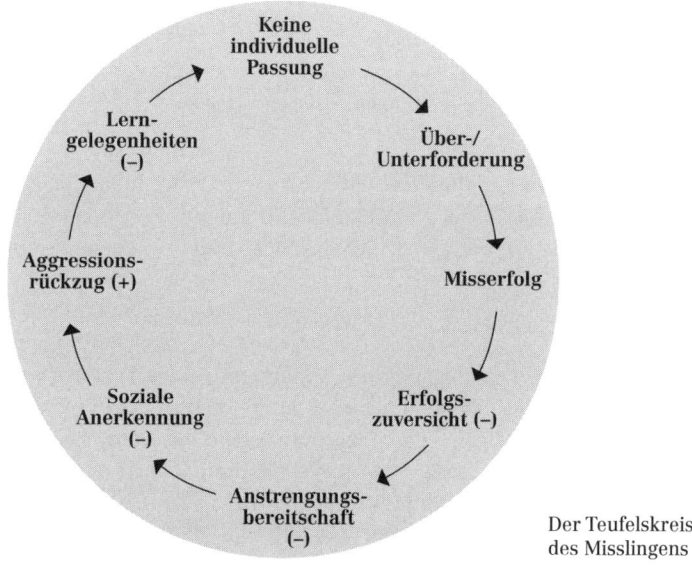

Der Teufelskreis
des Misslingens

Was müsste oder könnte geschehen, um diesen Teufelskreis zu durchbrechen? Wenn man die negative Verkettung, die die obige Skizze zeigt, einfach ins Positive verkehrt, lässt sich diese Umschreibung zugleich als Gelingensbedingung lesen:

Die individuelle Passung ist gegeben. – Daraus ergibt sich Erfolg. – Der Erfolg wirkt sich positiv auf die Motivation aus: Selbstzuversicht und Erfolgszuversicht steigen. – Erhöhte Anstrengungsbereitschaft ist die Folge. – Dies führt zu verstärkter sozialer Anerkennung. – Die subjektive Reaktion darauf ist gesteigerte Identifikation und Lernfreude. – Die nächste Lerngelegenheit wird noch intensiver genutzt. – Die individuelle Passung ist weiterhin gegeben.

Natürlich ist es naiv, so vorzugehen. Keine Schule der Welt kann gewährleisten, dass diese Gelingensbedingung immer für alle Schülerinnen und Schüler erfüllt ist. Schulen vergeben Berechtigungen, daraus entsteht Konkurrenz, und unter Konkurrenzbedingungen sind Misserfolge unvermeidbar. Aber diese können minimiert werden. Das Modell von Howard Gardner ist auch ein Beispiel dafür, wie das Streben nach Selbstverwirklichung, Erfolg und Anerkennung positiv genutzt werden kann, ohne dass Lernende auf der Strecke bleiben.

Auch ganz normale Schulen, die unter ganz normalen Bedingungen arbeiten, können sich diesem Modell nähern. Der folgende Abschnitt gibt Eindrücke von einem Besuch in Schweden wieder. Die Vision von Howard Gardner wird danach nicht mehr ganz so unrealistisch erscheinen.

1.3 Von Nachbarländern lernen: Besuch in Schweden

Auf dem Rückweg von Howard Gardners Lerndorf zu unserem Alltag mache ich eine Zwischenstation und berichte von einem Besuch in einem sogenannten „Gymnasium". Das Wort „sogenannt" soll sagen, dass das schwedische „Gymnasiet" und das deutsche „Gymnasium" ganz und gar nicht das Gleiche bezeichnen. In Schweden besuchen alle Kinder und Jugendlichen bis zum Ende der neunten Klasse die sogenannte Grundschule (auch dieses Wort meint also etwas ganz anderes als bei uns).

Neunzig Prozent der Absolventen gehen dann weiter auf das Gymnasium. Es umfasst die Jahrgänge 10 bis 12 und stellt eine Zusammenfassung unserer berufsbildenden Schulen und der gymnasialen Oberstufe dar. Die meisten Gymnasien enthalten auch einen Sonderschulzweig sowie Förder- und Liftkurse für Jugendliche, die die Abschlussprüfung der Grundschule nicht geschafft haben.

Das Gymnasium, von dem ich hier berichte, heißt Stuhre-Gymnasiet und liegt in Halmstad/Schweden. Es bietet fünf Ausbildungsrichtungen an: Gesellschaftswissenschaften (das entspricht einem Profil unserer Oberstufe), Hotel-Restaurant, Medien, Textil, Theater. Die Schule ist hervorragend ausgestattet. Allein für den letztgenannten Bereich gibt es ein Shakespeare-Theater mit steil ansteigenden Rängen, eine Studiobühne und ein Tanztheater. Sendungen staatlicher oder privater Fernseh- und Rundfunkanstalten werden häufig hier produziert, weil die Ausstattung der Studios allen professionellen Anforderungen entspricht. Im Restaurant erwarten die Gäste eine festlich gedeckte Tafel und ein Fünf-Gänge-Menü, nach allen Regeln der Kunst unter der Leitung einer anspruchsvollen Chefin zubereitet und serviert von Jugendlichen.

Es war nicht so sehr die hervorragende Ausstattung, die uns Besucher beeindruckte. Auch nicht die Lehrer-Arbeitsplätze, von denen wir hier nur träumen können: Je drei bis fünf Kolleginnen und Kollegen teilen sich ein Büro, das mit modernen Möbeln und natürlich mit Rechnern bestens ausgestattet ist. Der überwältigende Eindruck war die Gelassenheit der Jugendlichen und Erwachsenen, die Ruhe, der freundliche, höfliche und dabei lockere Umgangston und vor allem der Zustand der Räume und der Gebäude: keine Schmierereien, keine Spur von Zerstörung oder Verschmutzung, alles sah so einladend aus, als wären die Räume noch nie genutzt worden, und schon gar nicht von Jugendlichen.

Wie kann das sein? Eine Antwort, die für uns ganz und gar unglaublich klingt: Die Schule ist buchstäblich rund um die Uhr zugänglich, 24 Stunden am Tag und sieben Tage in der Woche. Der Schulleiter sagte bei der Führung lachend, er verbringe ja schon den größten Teil seiner Zeit in der Schule, aber es gebe Jugendliche, die seien ihm in dieser Hinsicht weit voraus. Sie erhalten auf Antrag Schlüssel in Gestalt von Chipkarten und können dann die Räume und Einrichtungen ihres Ausbildungszweiges zu jeder beliebigen Zeit frei nutzen. Eine Schule für diese Altersklasse – das ist ein Ort, an dem junge Menschen unter professioneller Anleitung und in zunehmend freier Verantwortung in die gesellschaftlichen Bereiche und Tätigkeiten hineinwachsen können, denen sie sich zugeordnet haben. Obwohl noch Schüler und Auszubildende, werden sie zugleich so sehr für voll genommen, dass man ihnen auch die volle Verantwortung (symbolisiert durch den Schulschlüssel) überträgt und andererseits vollen Einsatz und volle Leistung von ihnen erwartet. Die Grundhaltung der Erwachsenen in Schweden gegenüber den Kindern und Jugendlichen ist Vertrauen. Im Gegenzug sind die Heranwachsenden in Schweden so stolz auf ihre Schule, identifizieren sich so sehr mit ihr, wie wir es hier selten erleben. Mit am meisten hat mich eine Schülerin aus dem Sonderschulbereich beeindruckt. Sie schaltete sich in das Gespräch ein, erklärte uns selbstbewusst und mit sichtbarem Stolz ihre Arbeit. Es war klar: Das war *ihre* Sache, *ihre* Arbeit, *ihre* Schule; sie hatte für ihr Leben den richtigen Weg gefunden.

Eine solche Einstellung zum Lernen und zur Schule kann auch bei jungen Erwachsenen nicht einfach vorausgesetzt werden. Sie muss früh angelegt, kontinuierlich entwickelt und gepflegt werden. Wie das geht, kann man in Schweden und Finnland „live" auch an ganz normalen Schulen sehen, auch und gerade solchen, die in sozialen Brennpunkten liegen, einen hohen Migrantenanteil haben, Schulen also, in denen der eingangs zitierte Kollege alle Probleme wiederfinden würde, unter denen er so leidet.

Und was hat das mit uns zu tun? Was können wir von diesen Schulen lernen? Nach meinem Eindruck (beruhend auf Hospitationen in sechs Schulen) nicht so viel auf der Ebene der didaktisch-methodischen Unterrichtsgestaltung; da habe ich nichts spektakulär Neues gesehen. Was wir aber lernen könnten und leider nicht übernehmen können, weil bei uns die Voraussetzungen dafür fehlen, ist etwas anderes, nämlich die Stimmigkeit des gesamten Systems: Die unterrichtlichen, schulischen und systemischen Rahmenbedingungen ergänzen und stabilisieren einander.

1.4 Das Zusammenwirken der Ebenen

Was heißt „systemische Rahmenbedingungen"?
In Schweden und Finnland gibt es einen breiten *gesellschaftlichen Konsens* über das Schulsystem. In ihm drückt sich aus, welche zentralen Vorgaben diese Länder ihrer Erziehungs- und Bildungsarbeit zugrunde legen. In ihnen drückt sich zugleich das Selbstverständnis der Gesellschaft aus. „Wir dürfen kein Kind verlieren" lautet die oberste Maxime. Das meint zugleich: Kinder und Jugendliche dürfen nicht beschämt werden. Sie sollen sich in der Schule an Leib und Seele wohlfühlen (die finnische Sprache hat für dieses „Rundum-Wohlfühlen" sogar einen eigenen Begriff), sie sollen ihre Stärken entwickeln, das Lernen soll Freude machen. Diese Schulkultur ist eine Kultur des Vertrauens. Man geht davon aus, dass alle Kinder lernen wollen und dass die Schule die Aufgabe hat, sie dabei optimal zu unterstützen. Das hat weitreichende Folgen.

Wenn man solche Vorgaben ernst nimmt, ergibt sich, wie wir an den skandinavischen Ländern sehen, ein völlig anderes Schulsystem. Kein Kind kann nach „unten" abgegeben werden. Also muss die Schule darauf ausgerichtet sein, es mit der ganzen Unterschiedlichkeit aufzunehmen und sie möglichst produktiv aufzugreifen. Dass Schule auch unterschiedliche Abschlüsse vergeben muss, ist dort selbstverständlich nicht anders als bei uns. Aber diese Allokationsfunktion wird der Erziehungs- und Bildungsaufgabe ausdrücklich unter- und nicht übergeordnet. Darum werden tendenziell selektive Maßnahmen wie Zensuren erst sehr spät eingesetzt, darum haben Tests, Prüfungen, Zeugnisse eine ganz andere Funktion als bei uns.

Auf der *Ebene der Fachsystematik* gibt es in Schweden und Finnland selbstverständlich Vorgaben wie bei uns: Kernlehrpläne und Standards. Sie haben jedoch in dem integrativen System eine völlig andere Funktion. Die Kernlehrpläne sind im Umfang gering, sodass die ganze Verantwortung für das Lernen und darum auch eine sehr weit reichende Gestaltungsfreiheit bei den Schulen liegt. Die Schweden haben eine einfache und einleuchtende Visualisierung für die systematische Progression des Lernens erfunden: das Modell einer Baumscheibe, auf deren Jahresringen die Stufen eingetragen sind. Das Zentrum ist der Anfang, also das Kind zu Beginn der Schullaufbahn, auf dem äußeren Ring sind die Kompetenzen dargestellt, die am Ende erreicht sein sollten. Die Scheibe ist in Segmente eingeteilt, die der fachlichen Gliederung entsprechen. Darum ist das Modell für alle Fächer anwendbar. Die „Jahresringe" – und das ist besonders wichtig – sind nicht primär als Sollvorgaben für die einzelnen Jahrgänge gedacht, sondern als Orientierungsgrößen, die im Wesentlichen die Stufung des Lernens wiedergeben. Jeder weiß, dass Kinder, die zum Beispiel die Rechtschreibung lernen, unterschiedliche Stufen durchlaufen, jedoch sehr unterschiedlich schnell und mit sehr unterschiedlicher Verweildauer. Ein solches Modell des Lernens erlaubt, individuelle Lernstände in den Kontext des Lernprozesses und in den der systematischen fachlichen Progression einzuordnen. Es bedient jedoch keine selektiven Maßnahmen, die es ja in diesen Ländern nicht gibt. Mit anderen Worten: Die Funktion solcher Vorgaben ist in integrativen Systemen grundsätzlich anders, sie dienen in erster Linie der didaktischen und diagnostischen Orientierung und bilden somit die Grundlage für das System der Förderung.

Dieses *System der individuellen Förderung* stellt ein weit verzweigtes Netz dar, das nicht, wie bei uns, vorwiegend der Bekämpfung von Defiziten dient, sondern im ursprünglichen Sinn des Wortes förderliche Bedingungen für alle Schülerinnen und Schüler aller Altersstufen und Begabungsrichtungen schaffen soll. Dazu gehören die Gesundheitsfürsorge und individuelle Beratung ebenso wie die fachlichen Hilfen und besondere Lernangebote. Dazu werden vor allem alle gesellschaftlichen Kräfte gebündelt. Es ist in diesen Ländern selbstverständlich, dass Unterricht und sozialpädagogische Betreuung Hand in Hand gehen. Aber das ist nicht alles. Die Kommune macht es sich zur Aufgabe, die Schule mit allen verfügbaren Ressourcen zu stützen.

Ich habe in Schweden erlebt, was für einen Schüler getan wurde, der wegen massiver Verhaltensprobleme bei uns längst in der entsprechenden Sonderschule gelandet wäre. Dort hat man eine Krisenkonferenz einberufen, an der der Schüler, seine Eltern, seine Erwachsenen, die in der Schule für ihn zuständig waren, sowie ein Vertreter der Kommune teilnahmen. Man beschloss einen individuellen Förderplan: Für einige Monate wurde der Junge vom Schulbesuch freigestellt, begleitete tagsüber Berufstätige – einen Förster, einen Bäcker, eine Bibliothekarin – bei ihrer Arbeit und erhielt jeden Tag Einzelunterricht in den „Basics". Das war sicherlich ein besonderer Fall. Aber auch generell gilt: Das Fördersystem wird umfassend gedacht und koordiniert, bündelt möglichst viele Kräfte und wird individuell abgestimmt. So wird für Schülerinnen und Schüler, die am Ende des vorletzten Schuljahres nur schwache Leistungen erreichen, ein ganzes Bündel von Hilfsmaßnahmen angeboten, das zum Beispiel auch Ferienkurse umfasst. Und wenn jemand trotz aller Förderung die Abschlussprüfung nicht geschafft hat, gilt das als *noch* nicht geschafft, und es setzen sofort weitere Hilfsmaßnahmen ein, die darauf zielen, dass der Schüler oder die Schülerin beim nächsten Mal mehr Erfolg hat. Wenn alles dies nicht geholfen hat, geht er oder sie in der Regel in den Sonderzweig eines „Gymnasiet" über.

Auf der *Ebene der einzelnen Schule* sind also völlig andere Voraussetzungen gegeben als bei uns. Die Schule kann nicht nur, sondern sie muss das Lernen so anlegen, dass sie den einzelnen Schülerinnen und Schülern in ihrer Unterschiedlichkeit möglichst gut gerecht wird. Daraus ergibt sich, dass die Schulen – je nach sozialem Umfeld und Klientel – sehr unterschiedliche Profile ausarbeiten. Dies wird ausdrücklich gebilligt und unterstützt, sodass alle produktiven und kreativen Kräfte genutzt und sinnvoll verbunden werden können. In der bekannten Schule mit dem anspruchsvollen Namen „Futurum" kann man zum Beispiel sehen, was möglich ist, wenn innovative Ideen kreativ und pragmatisch genutzt werden. Was dort als Schulprogramm realisiert wird, mutet auch in Schweden wahrhaft futuristisch an. Der Schultag beginnt mit einer flexiblen Zeit: Wer will, kann länger schlafen und hängt diese Zeit dann am Nachmittag an. Die Schule ist vertikal in vier Einheiten unterteilt: Je 18 bis 20 Erwachsene haben die Verantwortung für etwa 180 Schülerinnen und Schüler der Jahrgänge eins bis neun und für ihr gesamtes Lernen.

Am Morgen, wenn alle da sind, treffen sich zunächst die Mentorengruppen, die jahrgangsgemischt – jeweils von eins bis fünf oder von sechs bis neun – zusammengesetzt sind. Dort wird der Tag geplant, werden gemeinsame Angelegenheiten besprochen. Dann folgen die Kurse in den „Basics", die inhaltlich nach unterschiedlich anspruchsvollen Angeboten differenziert sind. Die Schülerinnen und Schüler entscheiden selbst, welchem Angebot sie sich zuordnen. Auch dort also sind verschiedene Altersgruppen vertreten. Neben diesen Fachkursen gibt es Wahlangebote und breit angelegte Projekte. Die Schule ist offen und transparent gestaltet, es herrscht eine lockere Arbeitsatmosphäre, überall sieht man Kinder und Jugendliche, die allein oder in kleinen Gruppen sehr selbstständig arbeiten.

Ein solches Maß an Individualisierung und so hohe Anforderungen an die Selbstverantwortung der Schülerinnen und Schüler kann man jedoch nicht in allen Schulen verwirklichen, und das erwartet in Schweden auch niemand. Erwartet wird jedoch von den Schulen, dass jede das ihr Mögliche tut – ganz so wie es von den Kindern und Jugendlichen verlangt wird. Der Staat vergibt seine Ressourcen, sprich Geld, nach Bedürftigkeit: Die Schulen mit dem ungünstigsten Umfeld bekommen am meisten. So kann eine Brennpunktschule zum Beispiel ihre Angebote bündeln mit denen der Jugend- und Sozialarbeit, was in Schweden möglich ist, weil alle aus dem gleichen Topf bezahlt werden. Eine solche Schule kann also bis 20 Uhr geöffnet sein und alles anbieten, was die Kommune an Unterstützung aufzubringen vermag. Und auch für die fachliche Förderung können Ressourcen gebündelt werden. So ist es in Schweden gang und gäbe, dass pensionierte Lehrkräfte und andere Erwachsene Einzelne oder Kleingruppen betreuen.

Auf die *Ebene des Unterrichts* wirkt sich dies natürlich massiv aus. Die Not des Einzelkämpfers, die wir alle so gut kennen, soll nach Möglichkeit gar nicht erst entstehen. Ein Lehrer hat oft eine sozialpädagogische Fachkraft an seiner Seite und weiß, dass weitere Hilfen zur Verfügung stehen, die er abrufen kann. Niemand käme auf den Gedanken, ihn deshalb für einen schlechten Lehrer zu halten, weil jeder weiß: Nur gemeinsam kann man der Heterogenität der Schülerinnen und Schüler wirklich gerecht werden. Natürlich ist der Lehrer in ein Jahrgangsteam eingebunden, in dem Unterricht geplant und Förderpläne für Schülerinnen und Schüler festgelegt werden. Für das Team gibt es einen eigenen Raum, darüber hinaus teilt er sich mit zwei Kollegen ein eigenes Büro, wo jeder einen eigenen Rechner hat. So kann er seine fachliche Kompetenz und Kreativität wirklich frei entfalten, muss sich nicht wie ein Dompteur oder überforderter Sozialpädagoge fühlen. Frust und Resignation sollen gar nicht erst entstehen. Dafür spricht, dass in Schweden und Finnland die Zufriedenheit der Lehrerinnen und Lehrer ungleich höher ist als bei uns, und das bei erheblich geringerer Bezahlung.

Wir mögen dieses System unterschiedlich beurteilen, es bewundern oder ablehnen. Evident ist, so scheint mir, dass die Aufgabe, den Kindern in ihrer Unterschiedlichkeit gerecht zu werden, hier nicht allein den Lehrerinnen und Lehrern zugeschoben, sondern mit einer gesamtgesellschaftlichen Anstrengung beantwortet wird. Darum kann es gelingen, dass die Ebenen zusammenwirken, dass ein stimmiges Ganzes daraus wird.

Die vorläufigen Ergebnisse dieser Problemanalyse fasse ich in vier **Thesen** zusammen:

---

1. Die Defizite in unseren Schulen, bezogen auf das Problem der Heterogenität, beruhen darauf, dass die Balance in dem Spannungsverhältnis zwischen individuellem Lernen, sozialem Kontext und sachlicher Anforderung (Leistungsdreieck) häufig verrutscht, bedingt durch unterschiedliche Faktoren. Die individuelle Passung ist nicht oder nicht genau genug gegeben. Die daraus entstehenden Probleme können zu dem bekannten „Teufelskreis des Misslingens" führen und tun dies häufig.
2. Wenn wir allen Kindern in ihrer Unterschiedlichkeit gerecht werden wollen, müssen wir Lernen anders anlegen, alle Intelligenzen fördern, Stärken sehen und entwickeln, die kognitive Intelligenz nicht allen anderen überordnen, sondern das Zusammenwirken anstreben.

3. Dazu müssen mehrere Ebenen ineinandergreifen und einander stützen, nämlich (1) die Unterrichtsgestaltung, allgemeiner: die Ebene des pädagogischen Handelns, (2) die Schulentwicklung, allgemeiner: die Ebene der schulischen Rahmenbedingungen, (3) die generellen gesellschaftlichen Vorgaben (Leitziele, Selbstverständnis, Schulstruktur, politische, administrative und inhaltliche Vorgaben, Prüfungs- und Bewertungssystem, Evaluation), allgemeiner: die Ebene der systemischen Rahmenbedingungen.

4. Ein nachhaltiger Umgang mit Heterogenität kann nur dann gelingen, wenn diese unterschiedlichen Ebenen einander nicht blockieren, sondern sinnvoll ineinandergreifen und in ihrer Gesamtheit eine stimmige Balance bilden.

Der eingangs erwähnte kritische Kollege würde jetzt wahrscheinlich fragen: Und wie kommen wir dahin? Was bringt das für die Schulpraxis? Was kann oder soll ich morgen in meinem Alltag tun? Eine erste Antwort sollen die folgenden Praxisbeispiele geben, zusammengestellt zu einem „virtuellen" Rundgang und kommentiert durch eine Reflexion.

1.5 Ein Rundgang und eine Reflexion

Beginnen wir mit einem Rundgang durch eine gedachte Schule. Sie ist offen angelegt, also so, dass mehrere Lerngruppen in Sicht- und Hörweite tätig sind. Auf diese Weise können die gedachten Besucher auf dem Weg viele unterschiedliche Lernsituationen beobachten. (Die Beispiele für diesen Rundgang habe ich für diesen Zweck zusammengestellt, sie sind aber alle realen Unterrichtssituationen abgeschaut; sie stammen überwiegend aus der Laborschule, teilweise aus anderen. Soweit es sich um ausgearbeitete Unterrichtseinheiten handelt, sind die Namen der beteiligten Personen und die Quelle genannt. Für unseren Zweck kommt es darauf an, dass die Beispiele unterschiedliche Aspekte des Lernens in heterogenen Gruppen beleuchten.)

Wir sehen Kinder des fünften Jahrgangs in einem *Geografie-Projekt*[1]. Sie arbeiten daran, das erworbene Wissen über Deutschland in Spiele umzusetzen. Dazu wurden ganz unterschiedliche Ideen entwickelt, die jetzt in Teams ausgearbeitet werden. Die Kinder haben sich, gemäß ihren Wünschen und Ideen,

1 Beobachtet in der Bielefelder Laborschule, durchgeführt von Marlene Schütte, nachzulesen in: Döpp/v.d.Groeben/Husemann/ Schütte /Völker: Literalität und Leistung (i. Vorber.).

diesen Teams zugeordnet, haben die Arbeit unter sich aufgeteilt und organisiert. Erwartet wird ein schön gestaltetes, spannendes, gut verständliches Spiel, das zugleich geografisches Grundwissen vermittelt. Einige formulieren Fragen und Aufgaben für Ereigniskarten, andere arbeiten an der Spielanleitung oder an der Gestaltung des Spielbretts oder an piktografischen „Eselsbrücken" für Städtenamen oder an Kontrollfragen oder anderem.

Eine Nachbargruppe des Jahrgangs treffen wir in der Bibliothek beim Lesetraining an. Einige Kinder lesen allein in Büchern ihrer Wahl oder schreiben Eintragungen in ihr Lesejournal. Andere arbeiten in Teams an Fragen zum Textverständnis. – Auch eine Französischgruppe des sechsten Jahrgangs ist in der Bibliothek beim *Vokabeltraining* anzutreffen. Das geschieht teilweise schriftlich, teilweise mündlich; die Kinder formulieren zu den neuen Wörtern einfache französische Sätze oder arbeiten mit einer Lernkartei oder einem Lückentext.

Im weiteren Verlauf des Vormittags beobachten wir zwei Gruppen des sechsten Jahrgangs in der zu diesem Zweck umgerüsteten Mensa der Schule bei einem *Stationenlernen im Rahmen des Projekts „Ägypten"*[2]. Sie haben zuvor in einer zweiwöchigen Einführungsphase grundlegendes geografisches und geschichtliches Wissen zum Thema erworben. Jetzt geht es darum, dass alle Kinder sich auf ein Gebiet ihrer Wahl spezialisieren. Im Unterricht wurden Fragen und Vorschläge gesammelt; auf dieser Grundlage haben die Lehrerinnen die Stationen erarbeitet. Jede bietet Anschauungs- und Informationsmaterial zu einem der Unterthemen und ist mit einfachen Kontrollfragen verbunden. Diese Stationen, so die Vereinbarung, werden von allen Kindern durchlaufen. Die Reihenfolge ist nicht zwingend, sodass durch unterschiedliche Ablaufpläne ein Stau vermieden werden kann. Sollte er dennoch eintreten (dadurch, dass die Gruppen unterschiedlich schnell arbeiten), steht in der Mitte ein großer Tisch zum Ausweichen zur Verfügung; dort sind Bücher zum Thema ausgelegt.

Einige Kinder studieren die Herstellung von Papyrus aus den Blättern der Pflanze, andere versuchen sich an Hieroglyphen oder setzen einen ägyptischen Ehevertrag in ein Rollenspiel um oder notieren Informationen von einer Hörkassette oder arbeiten am Zahlenstrahl … Anschließend werden sie sich einer der Spezialistengruppen zuordnen, deren Aufgabe darin besteht, das gemeinsame Thema detailliert zu bearbeiten und dazu ein Kapitel für das angestrebte Projektbuch zu schreiben. Außerdem ist ein Elternabend geplant, bei dem die Kinder ihren Eltern präsentieren möchten, was sie erarbeitet haben.

2   Beobachtet in der Bielefelder Laborschule, durchgeführt und dokumentiert von Brigitte Lintzen und Britta Cerulla.

Eine Gruppe des siebten Jahrgangs beobachten wir beim Deutschunterricht. Das Thema: *Balladen*. Am Anfang stand die Geschichte des Herrn von Ribbeck. Die Kinder haben das Gedicht allein oder in verteilten Gruppen vorgelesen, gemeinsam Kriterien für gutes Vortragen erarbeitet, haben dann Vorschläge dazu gesammelt, wie die Geschichte aus der Sicht von beteiligten Personen und/oder in der heutigen Zeit dargestellt werden könnte, und diese Ideen umgesetzt. So entstanden der Bericht einer alten Dorfbewohnerin, ein Artikel in der Boulevard-Zeitung, „Das Birnenwunder vom Havelland", eine Radioreportage, ein Interview mit einigen der beschenkten Kinder, ein Auszug aus dem Tagebuch des Dorfpfarrers und mehrere ganz unterschiedliche Bildgeschichten.

Danach wurden etwa zehn weitere Balladen gemeinsam gelesen und an Wahlgruppen verteilt, die nun daran arbeiten, zu „ihrem" Gedicht eine spannende Sendung zusammenzustellen. Aus den Ergebnissen aller Gruppen soll eine Hörkassette entstehen, die den Eltern präsentiert und öffentlich zum Verkauf angeboten werden soll.

Im neunten Jahrgang beobachten wir eine Eigenarbeitsstunde. Viele Jugendliche arbeiten an ihren *Praktikumsberichten*; sie haben drei Wochen in einem Dienstleistungsbetrieb verbracht und dazu umfangreiche schriftliche Aufgaben angefertigt, die nun zu einem möglichst informativen und ansprechenden Bericht verarbeitet werden sollen. Andere arbeiten an Aufgaben zu Kursen aus dem Wahlbereich. Die Ethik-Gruppe will eine *Umfrage* zum Thema „Glück" durchführen; einige Schülerinnen und Schüler stellen den Interview-Leitfaden zusammen, andere arbeiten an einem aufgegebenen Essay. In Deutsch steht eine *Buchpräsentation* der besonderen Art auf dem Programm: Die Jugendlichen wählen je ein Buch und stellen dazu ein „Booklet" her, in dem Informationen zum Inhalt und eigene Leseeindrücke zu einem Gesamtbild verarbeitet werden[3].

Die Beispiele ließen sich nahezu beliebig vermehren. Aus den bei einem solchen Rundgang gewonnenen Eindrücken könnte man ein Mosaikbild aller möglichen Unterrichtsarten und -methoden zusammenstellen. Darum geht es hier aber nicht. Die Unterrichtsarten sind bekannt, und das Repertoire der Methoden wird durch eine zunehmend unübersehbare Flut von Beispielen und Übungsmaterialien bedient. Die Frage ist in unserem Zusammenhang, nach welchen Kriterien sie so ausgewählt und zusammengestellt werden können, dass die Unterschiedlichkeit der Kinder und Jugendlichen im Unterricht nicht nur „bedient", sondern produktiv aufgegriffen werden kann.

3   Beobachtet in der Bielefelder Laborschule, durchgeführt von Annelie Wachendorff.

1.6   Schule im Spannungsfeld

Ist eine Schule, in der die gedachten Besucher solche Eindrücke gewinnen, eine gute Schule? Die Frage wird vermutlich von einzelnen Personen je unterschiedlich beantwortet werden. Sie haben ihre Vorstellungen von einer guten Schule mitgebracht, verteilen ihre Aufmerksamkeit entsprechend und kommen zu unterschiedlichen Urteilen. Für die einen steht das fachlich-systematische Fortschreiten im Vordergrund: Welche Qualität haben die Essays? Was und wie wird in dieser Mathematikstunde gelernt? Die anderen interessiert vor allem das Lern-Arrangement: Wie ist das Vokabeltraining organisiert? Wie sind die Vorgaben und Verfahren, wie wird kontrolliert? Wer sich für neue Lernformen interessiert (handlungs- und produktorientiert, imaginativ, kooperativ ...), wird von dem Stationenlernen, von dem Balladenprojekt und der Buchpräsentation beeindruckt sein. Andere kommen mit einem besonderen Gespür für Unterrichtsklima, wieder andere haben vor allem organisatorische Fragen, und alle zusammen gucken – je unterschiedlich und auf ihre Weise – durch die pädagogische Brille und sehen dort wiederum Unterschiedliches. Mit einem Wort: An diesen Unterrichtsbeispielen ließe sich die gegenwärtig sehr kontrovers geführte Diskussion über Schul- und Unterrichtsqualität exemplarisch illustrieren.

1.6.1   ... zwischen Individualisierung und normierten Anforderungen

Nachdem PISA uns so eindringlich vor Augen geführt hat, wie viel Nachholbedarf unsere Schulen im Umgang mit Heterogenität haben, wird heiß darüber debattiert, wie dieses Pensum zu schaffen sei. Für eine zunehmend breite Öffentlichkeit kommt nur eine systemische Lösung in Frage: die Abschaffung des gegliederten Schulsystems zugunsten eines integrativen nach dem Vorbild der skandinavischen Nachbarn und vieler anderer Länder. Diese Frage wurde bekanntlich von den deutschen Kultusministerinnen und -ministern aus Gründen politischer Klugheit (man könnte das Wort auch in Anführungszeichen schreiben) ausgeklammert und ruht seitdem „unter dem Tisch", wird also konsequent totgeschwiegen.

Manche sehen die Lösung in einem Zwischenweg, dem sogenannten „Zwei-Säulen-Modell", wogegen die Vertreter eines integrativen Systems heftig opponieren. Andere halten an dem bisherigen dreigliedrigen (eigentlich fünfgliedrigen) Schulsystem fest mit dem Argument, eine „begabungsgerechte" Schule sei für alle Schülerinnen und Schüler die bessere Lösung. Die unbestreitbar großen Probleme unserer Schulen wollen sie durch Maßnahmen für mehr Individualisierung lösen.

Dieser Begriff ist fast zum Zauberwort geworden. Individualisierung – was heißt das genau? Auf unserem gedachten Rundgang ist viel individualisiertes Lernen zu sehen: Schülerinnen und Schüler entscheiden zum Beispiel, welche Ballade sie wie bearbeiten möchten, und tun das in Gruppen, das Vokabel- und Lesetraining wird in Tandems oder Kleingruppen durchgeführt, der Ägypten-Rundgang in Form des Stationenlernens, die Deutsch-, Mathematik- und Ethik-aufgaben sind durch ein Produkt vorgegeben, das aber individuell unterschiedliche Lösungswege zulässt. Steckt die Individualisierung also in der Neigungsdifferenzierung oder im methodisch angeleiteten kooperativen Lernen oder in einem aufgefächerten Lern-Arrangement oder in Aufgaben unterschiedlichen Umfangs und/oder Schwierigkeitsgrads oder in der Möglichkeit unterschiedlicher Lösungswege? Oder, um die Reihe fortzusetzen, in unterschiedlichen Fördermaßnahmen (festgehalten in individuellen Förderplänen) oder in der Differenzierung der Wahlangebote oder individualisierenden Formen der Leistungsbegleitung und -bewertung?

Eine pragmatische Antwort: Eine gute Schule wird all diese Möglichkeiten aufgreifen und je nach den Bedürfnissen ihrer Schülerinnen und Schüler einsetzen und gewichten. Je entschiedener sie das tut, umso mehr hat sie aber mit dem Problem zu kämpfen, wie individuelle Leistungen und normierte Vorgaben in Einklang zu bringen sind. Am Beispiel der Balladen-Einheit: Dieser Unterricht kann nur gelingen, wenn die Schülerinnen und Schüler echte Entscheidungsmöglichkeiten haben. Wer also einen Comic herstellt oder an einer Hörbuchfassung mitarbeitet, muss seine Leistung ebenso gewürdigt sehen wie andere, die schriftliche Formen gewählt haben. In der bevorstehenden Lernstandserhebung wird aber nur kognitives Wissen und nur schriftlich abgefragt. Muss dann die Lehrerin nicht bremsen, also dafür sorgen, dass in diesem Unterricht nur quantifizierbares schriftliches Wissen „zählt"? Aber wo bleibt dann die Individualisierung, wo die Vielfalt der möglichen Aneignungsformen, wo der Anreiz für die Schülerinnen und Schüler, unter verschiedenen angebotenen Aufgaben eine wählen zu können, die ihnen liegt und ihnen erlaubt, eine wirklich gute Leistung zu erbringen?

Das Beispiel soll zeigen, wie brisant das Problem der Individualisierung sich darstellt, wenn man genau fragt. Wir können nicht einfach tun, was wir für gut und richtig halten. Bildungspolitische und administrative Vorgaben können die Bedingungen für eine gelingende Individualisierung verbessern oder verschlechtern. Gegenwärtig stehen die Schulen unter enormem Druck, insbesondere solche, an denen lernschwache und/oder sozial benachteiligte Schülerinnen und Schüler sich häufen. Sie alle werden an schulformspezifischen Leistungsstandards gemessen, auf die die Kultusministerinnen und -minister sich verständigt haben. Die zuvor eingeholte Expertise, die im Auftrag des Bundesministeriums für Bildung unter der Leitung von Eckart Klieme erarbeitet wurde (2003), hatte von solchen Regelstandards nachdrücklich abgeraten und stattdessen Mindeststandards nach dem Beispiel der skandinavischen Länder empfohlen.

Die Bildungspolitik ist dieser wissenschaftlichen Expertise nicht gefolgt – aus systemlogisch und politisch nachvollziehbaren, wenn auch für viele nicht überzeugenden Gründen: Man hatte sich zuvor darauf verständigt, die Frage der Schulstruktur nicht zu verhandeln (um nicht durch einen seit Jahrzehnten andauernden, scheinbar unlösbaren Streit blockiert zu werden), und in der Frage der Standards einigte man sich auf schulformspezifische Regelstandards mit der Begründung einer anspruchsvollen Bildung. Gleichzeitig plädierte man für Individualisierung und individuelle Förderung.

In der Folge dieser Entscheidung sind Schulen nun einem sich verschärfenden Widerspruch ausgesetzt. Dass die „zwei getrennten Kulturen" Erziehungswissenschaft und Bildungspolitik (Herrlitz 2006) einander entfremdet bleiben, kann sicherlich nicht als alleinige Ursache dafür angesehen werden, wohl aber als mit entscheidende. So ist die dritte Kultur, die der Schulpraxis, täglich genötigt, die Folgen einer unzureichenden Koordination von wissenschaftlicher Erkenntnis und bildungspolitischer Steuerung zu verkraften, die Spannung zwischen widerstreitenden Prioritäten auszuhalten.

Am Beispiel der Balladen heißt das: Wenn kognitive Erträge auf einem anspruchsvollen Niveau über Unterrichts- und Schulqualität entscheiden, wird die Lehrerin solche Aneignungsformen, die nicht oder nicht primär kognitiv-analytischer Art sind, tendenziell nicht mehr anbieten. Wenn Unterrichtsqualität sich hingegen am Kriterium der optimalen individuellen Passung und Förderung bemisst, wird sie verschiedene mögliche Aneignungsformen, im Hinblick auf schwächere Schülerinnen und Schüler auch und gerade die nicht vorwiegend kognitiven, als gleichwertig anbieten und honorieren. Schulen können diese Spannung nicht auflösen, aber sie müssen sich dazu verhalten.

These: Jeder Unterricht, der die Verschiedenheit der Schülerinnen und Schüler „bedienen" und produktiv aufgreifen soll, muss primär von der Verschiedenheit der Lernwege her gedacht und geplant werden und nicht von normierten Anforderungen ausgehend. Je konsequenter wir das tun, umso eher kann es uns gelingen, alle Schülerinnen und Schüler zu individuellen Bestleistungen zu verhelfen. Anders gesagt: Individualisierung des Lernens mit dem Ziel, dass alle Schülerinnen und Schüler in bestmöglicher Weise gefördert werden, ist kein Gegensatz zur Erfüllung von Leistungsansprüchen, sondern der beste Weg dorthin.

1.6.2 ... zwischen „Hier-und-jetzt"-Erfahrungen und Systematik

Was lernen Kinder, die Papyrus herstellen, Hieroglyphen malen, nach ägyptischem Vorbild Schminke zusammenmixen, die Geschichte des Herrn von Ribbeck als szenisches Spiel vortragen oder eine Hörbuch-Fassung daraus machen? Allgemeiner gefragt: Was bringt solches *learning by doing*, das auf Erfahrung angelegt ist? Praktiker wissen: sehr viel. Kein noch so guter Fremdsprachenunterricht kann je die Intensität des Lernens erreichen, wie sie das Leben in einer Gastfamilie oder der Besuch einer Schule im Gastland mit sich bringt. Kein Arbeitslehreunterricht kommt der Erfahrung eines Praktikums im Betrieb nah, keine Dramenlektüre der einer Aufführung, bei der man mitgewirkt hat, kein Film über das Leben im Gebirge dem Erlebnis einer Bergwanderung oder eines Aufenthalts in einer Skihütte.

In diesem Abschnitt geht es jedoch nicht um solche „Highlights" im Schulleben, deren Wichtigkeit niemand bestreiten wird, sondern „nur" um Unterricht. Genauer: um die Frage, ob, wie und in welchem Maße solches Erfahrungslernen im Fachunterricht seinen Platz haben kann und soll. In dieser Frage scheiden sich die Geister, haben es früher schon getan und tun es heute verstärkt. Pestalozzis berühmte Formel „Lernen mit Kopf, Herz und Hand" wurde so etwas wie ein Leitspruch der traditionellen Reformpädagogik und ihrer Abkehr von einer „verkopften" Paukschule. An ihre Stelle sollte eine Lebens- und Lerngemeinschaft treten, in der der einzelne Mensch sich mit all seinen Möglichkeiten entfalten, sich zu sich selbst entwickeln konnte. Prominente Schulgründer wie Paul Geheeb (Odenwaldschule, Ecole d'Humanité), Kurt Hahn (Salem) oder Hermann Lietz suchten darum geeignete Orte für ihre Schulen, weit ab von den Großstädten, wo Kinder und Jugendliche im doppelten Sinn „natürlich" aufwachsen und lernen sollten.

Diese traditionellen Landerziehungsheime gibt es nach wie vor, sie erfreuen sich zunehmender Beliebtheit. Aber Reformpädagogik umfasst sehr viel mehr als solche Internatserziehung. Moderne Schulen, die sich dieser Tradition verpflichtet fühlen, liegen mitten in den Großstädten und kosten auch kein Schulgeld. Ihr gemeinsamer Nenner, so könnte man sehr vereinfachend sagen, liegt darin, dass die Rolle des Individuums und der Gemeinschaft sowie das Lernen selbst anders gesehen, die Prioritäten anders gesetzt werden, als es in „normalen" Schulen der Fall ist:
- Im Mittelpunkt steht das Individuum. Die gesamte Schule ist auf den einzelnen Menschen ausgerichtet, von den Kindern her gedacht. Das hat weit reichende Folgen für den Unterricht.
- Das Leben in der Gemeinschaft ist die „Kehrseite der Medaille" zu diesem Prinzip, gehört untrennbar dazu. Die Schule ist eine „Gesellschaft im Klei-

nen", eine *Polis*, wo die Verhaltensweisen, die wir von mündigen Bürgerinnen und Bürgern erwarten, von klein auf im Alltag gelernt werden. Bewährung in Lebenssituationen gehört ebenso dazu wie die Einübung demokratischer Grundregeln.

● Lernen und Leistung werden weit gefasst. „Aneignung von Welt", Bildung im Humboldt'schen Sinn, ist mit Erfahrung verknüpft. Dazu gehört das Nutzen „natürlicher" Lernsituationen ebenso wie das Hineinwachsen in unsere Kultur durch aktive Teilhabe. Da aber „natürliche" Lernsituationen, wie Howard Gardner sie in seinem Modell beschreibt, in einer Welt, die durch die technische Perfektion von Apparaten und Systemen geprägt ist, vielfach nicht mehr gegeben sind, gilt es Wege zu finden, die „ursprüngliches Verstehen" ermöglichen, und dabei von Phänomenen und nicht von Theorien ausgehen.

Diese Auffassung von Didaktik ist in unserer Zeit vor allem mit dem Namen Martin Wagenschein, diese Auffassung von Schule und Lernen vor allem mit dem Namen Hartmut von Hentig verknüpft. Er hat in seinem umfassenden Lebenswerk nicht nur vielfache pädagogische und didaktische Begründungen dafür gegeben (etwa in „Die Schule neu denken", 1993, und „Bildung", 1996), sondern auch praktische Beispiele in Gestalt der von ihm gegründeten Bielefelder Schulprojekte Laborschule und Oberstufen-Kolleg geschaffen. Die Laborschule, in diesem Buch vielfach präsent, versteht sich als „Lebens- und Erfahrungsraum", wie es nach Hentig alle Schulen sein sollten. Ihren Auftrag hat er auf die bekannte Kurzformel gebracht: „Die Menschen stärken, die Sachen klären."

Dies ist der vielleicht am häufigsten zitierte Satz in der Pädagogik, wird also von sehr vielen Menschen geteilt. Wie er aber in unseren Schulen umgesetzt werden kann und soll, darüber gehen die Meinungen weit auseinander.

Auf der einen Seite werden die Überzeugungen und Argumente der Reformpädagogen durch Ergebnisse der Lernforschung und der Neurowissenschaften gestützt: Dass Lernen ein aktiver, konstruktiver Prozess ist und darum mit individuell bedeutsamen Erfahrungen verbunden sein muss, daran besteht kein Zweifel. Auf der anderen Seite wird die Notwendigkeit intensiven systematischen Übens und kumulativen Lernens übereinstimmend hervorgehoben. Verwunderlich erscheint bisweilen, wie heftig, ja polemisch die Vertreter beider Richtungen einander kritisieren.

Als wäre nicht beides gleichermaßen wichtig und notwendig: Systematik und Übung ebenso wie Erlebnis und Anwendung. „In der Schule geht es darum", so definiert eine Lernforscherin, „Kinder bei der Rekonstruktion von im kulturellen Kontext entstandenen Wissen zu unterstützen. Sie müssen die Schrift, die Mathematik oder naturwissenschaftliche Gesetzmäßigkeiten zwar nicht erfinden, aber sie müssen sie entdecken und rekonstruieren" (Stern 2006, S. 46). Solches entdeckende Lernen kostet Zeit und Umwege; es kann nicht „gleichgeschaltet" werden, sondern verläuft individuell unterschiedlich. Umstritten ist, welche Rolle direkte Erfahrungen, vereinfacht gesagt, „das Leben", dabei spielen können und sollen.

Für die Entwicklung kleiner Kinder ist die elementare Wichtigkeit von Primärerfahrungen unbestritten. Aber wie verhält es sich mit dem, was die Schule lehrt? Jürgen Baumert vertritt die These, die Schule vermittle „grundsätzlich stellvertretende Erfahrungen, die dennoch – sollen Lern- und Bildungsprozesse erfolgreich verlaufen – als persönlich bedeutsam wahrgenommen werden müssen". Dieser stellvertretende Charakter werde besonders deutlich, wenn die Schulen sich bemühten, direkte Erfahrungen in ihr Programm zu integrieren. „Jedem Schüler ist über kurz oder lang klar, dass hier nicht ‚wirkliches' Leben stattfindet, sondern pädagogische Ziele verfolgt werden" (Baumert 2006, S. 41).

Wie passt das zum Hentig'schen Konzept einer Schule als Lebens- und Erfahrungsraum? Natürlich ist es nicht „wirkliches Leben", wenn Kinder Hieroglyphen malen oder Balladen zum Hörspiel umformen; sie selbst würden gar nicht auf diesen Gedanken kommen, müssen also auch nicht Absichten der Erwachsenen entlarven. Aber solche Lernerfahrungen sind dennoch echt im Sinne eines realen Aneignungsprozesses, also echte Formen nachhaltigen Lernens. Insofern scheint mir die Frage nach dem Unterschied zwischen realer und stellvertretender Erfahrung weniger bedeutsam zu sein als die nach ihrer didaktischen Funktion. Der Unterschied zwischen den Positionen von Hentig und Baumert, so kontrovers sie im Übrigen sein mögen, ist, wie mir scheint, in dieser Frage eher gradueller als prinzipieller Art.

Arno Combe definiert Erfahrungslernen als „Prozess der Abstimmung zwischen inneren und äußeren Welten, Ansprüchen und Erwartungen" (Combe 2006, S. 33). Diese Brückenfunktion der Erfahrung zwischen Individuum und „Welt", zwischen innen und außen, kennzeichnet sie als fundamentales Prinzip individuellen Lernens und impliziert zugleich Gelingensbedingungen für individualisierenden Unterricht.

These: Die Verbindung des Lernens mit bedeutsamen Erfahrungen ist eine Grundbedingung für Bildung, verstanden als individuelle Aneignung, und ebenso für gelingende Individualisierung im Unterricht. Dazu muss das Lernen anders angelegt werden, die handelnde Aneignung in den Mittelpunkt des Unterrichts gestellt werden, nicht damit das Lernen bunter, sondern damit es besser wird.

1.6.3 ... zwischen Beschleunigung und Entschleunigung

Solches an Erfahrung orientiertes Lernen braucht viel Zeit. Zeit ist ein knappes Gut. Die Schulzeit ist für Schülerinnen und Schüler von Gymnasien um ein Jahr verkürzt worden, der Stoff der Sekundarstufe, bisher in sechs Jahren vermittelt, soll – ohne inhaltliche Abstriche – auf fünf Jahre verteilt werden. Mehr Stoff in weniger Zeit aneignen – welche Kritik, welche Lerntheorie steht dahinter? Man will keine Zeit verlieren, die meisten Länder kommen auch mit zwölf Jahren aus, unsere Schülerinnen und Schüler sollen in der internationalen Konkurrenz mithalten können – so lauten häufig genannte Begründungen.

In der Folge dieser Entscheidung stellt sich das Lernen, besonders für Gymnasialschülerinnen und -schüler, vielfach als ein dramatischer Wettlauf mit der Zeit dar. In ländlichen Gebieten müssen viele von ihnen mit dem Beginn des fünften Schuljahrs lange Schulwege in Kauf nehmen, sehr früh am Morgen aufstehen, dann das geballte Unterrichtsprogramm absolvieren, und wenn sie am Nachmittag nach Hause kommen, beginnt das Pensum der Hausaufgaben, das sie oft bis in die Abendstunden fordert, häufig flankiert durch Nachhilfemaßnahmen, die die besorgten Eltern organisieren. Diese Kinder haben eine Arbeitsbelastung, die für die meisten Berufstätigen laut Tarifvertrag als unzumutbar gelten würde. Setzt sich hier ein Trend durch, der schon für viele Bereiche im Billiglohnsektor gilt, dass eine gnadenlose Output-Orientierung (mit entsprechender Taylorisierung) zunehmend mit Formen von (Selbst-)Ausbeutung beantwortet wird, weil nur so Chancen auf Erfolg bestehen?

Kein Pädagoge würde dem zustimmen. Eine verkopfte Paukschule, die durch Zeit- und Konkurrenzdruck geprägt ist, würde auch dem, was Lernforscher sagen, direkt zuwiderlaufen. Zu fragen ist also wiederum nach der stimmigen Balance zwischen ökonomischer Zeitnutzung und der natürlichen Langsamkeit von Verstehens- und Lernprozessen. Der Begriff Nachhaltigkeit, von der Ökologie entlehnt, bestimmt in der jüngeren Literatur auch den Diskurs über Zeit.

Entdeckendes, rekonstruierendes Lernen im Sinne von Stern geschieht gleichsam im Zeitraffertempo und muss zugleich aktives, konstruktives Lernen sein. Heinrich Roth (1957) hat das „Nachholen" genannt und zum methodischen Prinzip erklärt: „Alle methodische Kunst liegt darin beschlossen, tote Sachverhalte in lebendige Handlungen rückzuverwandeln, aus denen sie entsprungen sind: Gegenstände in Erfindungen und Entdeckungen, Werke in Schöpfungen, ... Lösungen in Aufgaben, Phänomene in Urphänomene." (S. 116) Martin Wagenschein hat auf diesem Fundament seine Didaktik des Verstehens entwickelt. In seinen Unterrichtsbeispielen zeigt er, wie der Lehrer *nicht* Wissen vermittelt, sondern die Sache selbst „reden" lässt, an ihr Erkundungs-, Denk- und Erkenntnisprozesse auf den Weg bringt. Dieses „nachgehende", genetische Lernen braucht viel Zeit, die wir uns nehmen müssen: „Nicht weil wir ‚leider keine Zeit mehr' hätten, alles ‚durchzunehmen', was sich zunehmend an Wissen anhäuft, sondern weil wir *viel* Zeit haben und weil es in jedem Fall sinnlos wäre, erfolglos, weder schulend noch bildend, diese mit Stoffanhäufung zu vertun." (Wagenschein 1989, S. 43)

Zeitgenössische Theoretiker fordern darum eine „zeitökologische Strategie" (Reheis 2005a, S. 312), deren Ziel eine stimmige Balance zwischen Eigenzeit und Systemzeit ist – im Interesse nachhaltigen Lernens. Sie warnen: „Wenn seit Beginn der Moderne, insbesondere aber in den letzten hundert Jahren in der Welt schneller neue Sachlagen/Informationen geschaffen werden, als verarbeitet werden können, wird Lernen unmöglich. Dann versiegt auch die Kreativität. So können die evolutionär gesetzten Grenzen nicht mehr eingehalten werden. Wenn sich ein Computerprogramm schneller ändert, als das Individuum es einüben kann, wenn sich Klimazonen schneller verschieben, als Pflanzen und Tiere nachwandern können, oder wenn Maschinen schneller Arbeitsplätze vernichten, als die Gesellschaft neue Perspektiven für die freigesetzten Menschen entwickeln kann – dann ist Entwicklung an diesen Stellen gescheitert." (Reheis 2005b, S. 34)

Dieses Umdenken im Sinne einer neuen Zeit-Ökologie bezieht die Planung von Lernprozessen und damit alles pädagogische Handeln also ausdrücklich in den Diskurs über Nachhaltigkeit ein. Es geht generell, wie Jeremy Rifkin sagt, um die Spannung zwischen zwei entgegengesetzten Polen: den ökologischen und den künstlichen Rhythmen, vertreten durch die Computer-Zeit: „Die neue ‚Rechenzeit' (computime) stellt die endgültige Abstraktion der Zeit und ihre völlige Trennung von menschlicher Erfahrung und den Rhythmen der Natur dar." (S. 26) Wie kann eine Didaktik individualisierenden Lernens aussehen, die solchen zeitökologischen Notwendigkeiten Rechnung trägt, das heißt, die je individuelle Eigenzeit der Schüler in eine sinnvolle Balance mit der „Computerzeit" des Stundenplans bringt? Im dritten Kapitel werden solche Ansätze ausführlicher vorgestellt. Hier eine vorgreifende These.

These: Um der Unterschiedlichkeit der Kinder und Jugendlichen und ihrem je eigenen Lerntempo gerecht zu werden, müssen Lehrerinnen und Lehrer sich viel Zeit für ihre Sache nehmen und den Schülerinnen und Schülern viel Zeit zum Lernen geben. Die natürliche Langsamkeit subjektiver Verstehensprozesse, die Wege und Umwege, die diese erfordern, dürfen nicht durch Zeit- und Stoffdruck gefährdet werden. Kriterium für eine sinnvolle Nutzung der Ressource Zeit sind nicht die vermittelten Wissensmengen, sondern die Art und Intensität der Lern- und Verstehens*prozesse.*

1.6.4 ... zwischen normativen Vorgaben und empirischer Forschung

Zur Frage, welche Faktoren es sind, deren Zusammenwirken Unterricht „gut" macht, gibt es aus der neueren Unterrichtsforschung eine Fülle von Ergebnissen und Anregungen. Stellvertretend seien hier drei Bücher genannt.

Zunächst das Buch von Hilbert Meyer „Was ist guter Unterricht?" (2003), in dem zehn empirisch gewonnene Merkmale vorgestellt und priorisiert werden. In einer dem Buch beigelegten „Didaktischen Landkarte" wird auf kürzestem Raum und in anschaulicher Weise die gesamte Komplexität der Unterrichtsplanung und -durchführung und der dabei wirksamen Faktoren präsentiert. Dazu gehören pädagogische Grundeinstellungen ebenso wie fachliche, didaktisch-methodische und organisatorische Gesichtspunkte.

Besonders hervorzuheben ist in diesem Zusammenhang auch, was in neueren Publikationen unter dem Begriff „classroom management" zusammengefasst wird. Wie Unterrichtsqualität mit Klassen- und Unterrichtsführung zusammenhängt, hat Andreas Helmke in seinem Buch „Unterrichtsqualität – erfassen, bewerten, verbessern" (2003) ausführlich dargestellt.

Schließlich sei auf das Buch „Lehren und Lernen – aber wie?" von Martin Wellenreuther (2005) verwiesen, das einen umfassenden Überblick über „empirisch-experimentelle Forschungen zum Lehren und Lernen im Unterricht" (so der Untertitel) bietet und daraus schlüssige Folgerungen für den Unterricht ableitet.

Unterrichten ist immer mit Einstellungen und Vorentscheidungen verbunden, die den Lehrenden vermutlich vielfach nicht bewusst sind und die selten explizit benannt werden. Die wechselnden Richtungen in Bildungspolitik, Pädagogik und Didaktik hängen mit wechselnden Prioritäten zusammen. Unter älteren Kolleginnen und Kollegen ist es ein beliebtes „Weißt-du-noch-Spiel", sich all die didaktischen Richtungen und Wenden zu vergegenwärtigen, die sie mitgemacht haben. Deutschlehrerinnen und -lehrer zum Beispiel, die jetzt vor der Pensionierung stehen und die jeweils dominierende Didaktik im Unterricht umzusetzen versucht haben, waren erst „geisteswissenschaftlich orientiert“, dann „links“ und „emanzipatorisch“ (im Zeitalter der Hessischen Rahmenrichtlinien und des Lesebuchs „drucksachen“), dann folgten sie der Didaktik des Offenen Unterricht und der Individualisierung, dachten mit Hentig die Schule neu, orientierten sich an Klafkis Schlüsselproblemen und leiteten daraus didaktische Analysen ab; dann kam PISA und zeigte, dass es um unsere Schulen schlecht bestellt ist, und seitdem ist die Rede von „Output“ und „Kompetenzen“, man hat also die „kognitive Wende“ mitvollzogen, in der wir immer noch stecken und die uns, kombiniert mit der sogenannten „Output-Orientierung“, immer neue Empfehlungen und Standards für effizientes Lernen beschert.

Selbstkritisch könnten wir uns fragen: Warum haben wir das eigentlich jeweils neugierig aufgenommen und mitgedacht? Eine nachdenkliche Antwort könnte sein: Weil diese Richtungen alle für sich „richtig“ sind, weil sie etwas hervorheben, was zuvor verschüttet oder aus dem Blick geraten war, weil es „Patentrezepte“ oder, ganz allgemein gesagt, „die Wahrheit“ in der Pädagogik nicht gibt und nicht geben kann, sondern immer nur Annäherungen. Ein pädagogisch-didaktisches Fazit könnte sein: Umso wichtiger ist es, sich des eigenen Standorts zu vergewissern, nicht nach „oben“ zu schauen und von dort Orientierungen zu erwarten, sondern zuerst und vor allem auf die Schülerinnen und Schüler. Wie finde ich meine Klasse vor? Wie die einzelnen Kinder/ Jugendlichen? Welche Interessen, Fähigkeiten, Kenntnisse, Vorlieben bringen sie mit? Wie kann ich sie für meine Sache begeistern? Was will ich mit der vor uns liegenden Unterrichtseinheit erreichen? Welche Bildungserlebnisse lassen sich daran knüpfen? Welche sind mir selbst die wichtigsten? Welche Ziele setze ich mir?

Produktive Entwicklungen und Erkenntnisse in der Pädagogik sind fast immer aus solchen pragmatischen Situationen, oft aus konkreten, drängenden Problemen heraus entstanden, die später dann wissenschaftlich erforscht und somit „salonfähig“ wurden. So die Reformpädagogik, die Waldorf- und Montessoripädagogik, Makarenkos Gorki-Kolonie, mit einem Wort: die pädagogischen Klassiker.

Wie auch im unspektakulären Schulalltag die produktive Kraft der Praxis wirkt und erhoben werden kann, zeigt ein Beispiel aus jüngster Zeit: der von der Robert Bosch Stiftung ausgeschriebene Deutsche Schulpreis, der 2006 zum ersten Mal vergeben wurde. Dabei wurden nicht wissenschaftliche Kriterien zugrunde gelegt, sondern normative Setzungen, aus denen man Leitfragen ableitete.

Solche normativen Setzungen – darauf hat Hilbert Meyer hingewiesen – sind empirischen Erkenntnissen grundsätzlich vorgelagert, da auf einer anderen Ebene angesiedelt: „Was guter Unterricht ist und sein soll, kann grundsätzlich nicht aus den Ergebnissen der empirischen Unterrichtsforschung abgeleitet werden. Es wird vielmehr normativ (also auf der Grundlage einer Bildungstheorie) gesetzt." (Meyer 2004, S. 12) Am Beispiel des Qualitätsmerkmals „Lernförderliches Klima" wird diese Aussage noch schärfer zugespitzt: „Selbst dann, wenn die empirische Forschung ergeben hätte, dass ein positives Klima den kognitiven Lernerfolg der Schüler schmälert, hätte ich dieses Gütekriterium beibehalten. Schließlich geht es in Schule und Unterricht nicht nur darum, gute Noten zu bekommen, sondern auch darum, beispielhaft zu erleben, wie eine humane und demokratische Gemeinschaft funktionieren könnte" (ebd., S. 53).

Für eine so grundsätzliche Frage wie die nach dem Umgang mit Heterogenität gilt dieser Vorrang normativer Vorgaben selbstverständlich in besonderer Weise. In Abwandlung des Zitats von Hilbert Meyer könnte man sagen: Selbst dann, wenn die empirische Forschung ergeben hätte, dass heterogene Lerngruppen den kognitiven Lernerfolg der Schüler schmälern, gilt es als pädagogisches und didaktisches Gütekriterium, die gegebene Unterschiedlichkeit der Kinder und Jugendlichen nicht durch Druck und selektive Maßnahmen, sondern durch individualisierenden Unterricht zu beantworten.

Nun hat die empirische Forschung ja keineswegs erwiesen, dass heterogene Lerngruppen den kognitiven Lernerfolg der Schüler schmälern. Im Gegenteil: Bekanntlich sind die PISA-Sieger Länder mit integrativen Systemen. Umgekehrt sind die negativen Wirkungen von Selektion empirisch belegt: Die Unterschiede zwischen Gymnasien und Hauptschulen in besonders belasteter Umgebung sind so groß, dass Jürgen Baumert von „kumulativer Privilegierung oder Benachteiligung von Schulen" spricht (2006, S. 42).

Es ist systemlogisch widersprüchlich, mit selektiven Maßnahmen homogene Lerngruppen anzustreben und zugleich für einen besseren Umgang mit Heterogenität durch Individualisierung im Unterricht zu plädieren. Individualisierung ist kein systemunabhängiges Wundermittel, das stets und überall greift.

Wie wir mit Unterschieden umgehen, hängt davon ab, wie wir sie bewerten und mit ihnen umgehen *wollen*. Auch wenn ein integratives System bei uns einstweilen noch nicht konsensfähig ist, setzt sich doch mehr und mehr die Einsicht durch, dass die Maßnahmen des Sitzenbleibens oder der Abschulung in aller Regel keinen Lernerfolg, wohl aber viele Nachteile mit sich bringen (vgl. Krohne/Meier/Tillmann 2004). Es kommt demnach darauf an, das Problem der Heterogenität zunächst und vor allem mit einer veränderten Einstellung zu beantworten.

> **These:** Der Umgang mit Heterogenität in der Schule hängt entscheidend von normativen Vorgaben ab, die unsere Einstellung prägen. Wenn wir der Meinung sind, dass Schülerinnen und Schüler, die einer gesetzten Norm nicht genügen, „nicht hierhergehören", nehmen wir es mit der Heterogenität nicht wirklich auf und können auch keine entsprechende Unterrichtskultur entwickeln. Umgekehrt: Nur wenn wir die Unterschiedlichkeit der Schülerinnen und Schüler als produktive Herausforderung akzeptieren, können wir die Chance nutzen, auf dieser Grundlage eine entsprechende Unterrichtskultur zu entwickeln.

1.6.5   ... zwischen inklusiver Bildung und exklusiven Leistungsstandards

Im Zuge der Output-Orientierung wird der Begriff Bildung häufig in einem verengten Sinne gebraucht und mit instrumentellem Wissen gleichgesetzt. Hier ist nicht der Ort, näher auf dieses sich wandelnde Verständnis und seine Ursachen einzugehen. Stattdessen zitiere ich aus einem von prominenten Wissenschaftlern herausgegebenen „Manifest", wie diese den Bildungsauftrag von Schule verstehen: „ Die Schule hat als wichtigste Aufgabe, Lust auf die Begegnung mit der Welt zu machen, ihre kognitiv-instrumentelle Seite kennenlernen zu wollen: die Mathematik, die Philosophie, die Naturwissenschaften, die Technik; ihre ästhetisch-expressive Seite: bildende Kunst und Literatur, Film und Architektur, Musik, Tanz, Sport und Theater; ihre evaluativ-normative: Recht, Wirtschaft, Politik und Gesellschaft; aber auch die letzten Fragen nach Leben und Tod, Ethik und Werten, Glauben und Religion. Mit den unterschiedlichen Zugangswegen eröffnen sich unterschiedliche Formen, die Welt, ihren Wandel zu verstehen, von ihr zu wissen, sich mit diesem Wissen auseinanderzusetzen, es bewerten zu können und wieder – aus Erfahrungen – Werte wachsen zu lassen. So bildet sich das Orientierungswissen, das die Grundlage moderner Allgemeinbildung darstellt." (Baumert et al. 2002, S. 195)

In dieser Bestimmung von Allgemeinbildung ist zugleich das Spannungsfeld zwischen Inklusion und Exklusion angedeutet, in dem heutige Schulen stehen. Alle Heranwachsenden können an der so skizzierten „Begegnung mit der Welt" teilhaben und sollen es auch. Alle Jugendlichen eines neunten Schuljahrs können zum Beispiel philosophieren, Theater spielen, Musik hören und selbst musizieren, über ethische Grundfragen debattieren oder sich mit politischen Fragen auseinandersetzen. Nicht alle können es auf dem gleichen Niveau, und in dem sich bildenden Wissen gibt es große, nach oben zunehmende Unterschiede.

Wie Schulen mit heterogenen Lerngruppen umgehen, hängt entscheidend davon ab, wie sie sich zu diesem Spannungsfeld zwischen Inklusion und Exklusion verhalten. An dieser Frage scheiden sich bekanntlich nicht nur die Geister, sondern auch die Schulsysteme. Inklusive Systeme zeigen, dass und wie es möglich ist, alle Kinder und Jugendlichen „mitzunehmen", exklusive setzen auf homogene Leistungsgruppen. Das können sie tun, weil für die Vergabe von Noten, Abschlüssen, Berechtigungen (leider) nicht maßgebend ist, ob und wie viel „Lust auf die Begegnung mit der Welt" die Schule den Heranwachsenden mitgegeben hat, sondern allein das dabei erworbene Wissen. Dessen Wichtigkeit ist unbestritten und unbestreitbar. Ebenso unbestreitbar aber sind die negativen Folgen, die sich ergeben, wenn das Wissen sich gegenüber der „Lust auf die Begegnung mit der Welt" verabsolutiert, sie schlimmstenfalls tötet. Dieser Effekt der Verschulung ist von Kritikern wie Hartmut von Hentig vielfach beschrieben worden. In seiner extremsten Form ist er bei sogenannten „bildungsfernen" Jugendlichen zu beobachten, die sich in Hauptschulklassen wiederfinden. Dort tun die Lehrerinnen und Lehrer ihr Bestes, um ihnen zum Beispiel die für die Abschlussprüfung erforderlichen Techniken der Textanalyse beizubringen – mit dem Effekt, dass viele dieser Jugendlichen nicht nur das Wort hassen, sondern auch die Texte und den gesamten Unterricht. Dann geht gar nichts mehr – kein Wissenszuwachs und erst recht keine Bildung. Dabei sind sie, wie alle Menschen, als neugierige, weltoffene Kinder gestartet, bildungsfähig und bildungsbedürftig.

Dieses Auseinanderdriften der Schulen (in dem sich das der Gesellschaft widerspiegelt) ist auch eine Folge einer Entscheidung der KMK für Regelstandards (s. S. 27 f.). Der darin zum Ausdruck kommende politische Wille kann auch als Misstrauen gegenüber integrativen Systemen interpretiert werden: Offenbar ist das Denken in Gewinnern und Verlierern hierzulande so dominant, dass man Heterogenität vorzugsweise mit Selektionsmaßnahmen beantwortet, anstatt sie als Chance für eine andere Unterrichtskultur zu verstehen.

In heterogenen Lerngruppen, so zeigen viele Erfahrungen, ist es jedoch sehr wohl möglich, *alle* Schülerinnen und Schüler „mitzunehmen", ihre „Lust an der Begegnung mit der Welt" in jedem Unterricht und bei jedem Thema zu erhalten und zu fördern *und* ihnen verlässliche Wissensgrundlagen und Kompetenzen zu vermitteln. Dass sie am Ende alle gleich viel können, ist ein illusionäres Ziel und sollte darum auch gar nicht angestrebt werden. Vielmehr geht es darum, das *individuell Mögliche* zu erreichen. Voraussetzung dafür ist, dass alle Schülerinnen und Schüler das auch können, spannende Herausforderungen finden, die sie mit ihren Mitteln und mit den notwendigen Hilfen bewältigen können. Der wichtigste Motivationsfaktor ist dabei die heterogene Lerngruppe selbst mit ihren vielfältigen Anregungsmöglichkeiten. Sie darf dann aber nicht auf Wissenskonkurrenz gepolt sein (wer hat die höchste Punktzahl im Test?), weil das die Schwächeren demotivieren und entmutigen würde. Im Vordergrund muss die Sache stehen – das Theaterstück, die Lektüre, das Experiment – und alle müssen in dem Bewusstsein daran arbeiten, dass ihr Beitrag wichtig für das Gelingen einer gemeinsamen Sache ist.

Das setzt entsprechende Prioritäten bei der Unterrichtsplanung voraus. Es gilt, die vielfältigen Herausforderungen der Sache in unterschiedliche Lernwege zu übersetzen. Welche Kompetenzen damit erreichbar sind, ist eine wichtige Planungsgröße im Hintergrund, sozusagen im Hinterkopf der Lehrerinnen und Lehrer. Sie darf sich aber nicht verabsolutieren.

These: Ein gelingender Unterricht in heterogenen Lerngruppen setzt voraus, dass alle Schülerinnen und Schüler die gebotenen Bildungserlebnisse und -angebote teilen und davon profitieren können. Die dabei zu erwerbenden Kompetenzen sind individuell unterschiedlich und dürfen darum nicht zur primären Planungsgröße werden. Je entschiedener „nur" die Sache im Vordergrund steht, je flexibler die von ihr ausgehenden Anforderungen und die unterschiedlichen Fähigkeiten der Schülerinnen und Schüler genutzt werden, umso besser können *alle* Schülerinnen und Schüler die Lerngelegenheiten nutzen und damit auch ihr individuelles Kompetenzniveau verbessern.

2. Individualisierung Schritt für Schritt

Ein Unterrichtsbeispiel

In diesem Kapitel geht es um die „untere", zugleich also die erste und elementare der drei Ebenen: die der Unterrichtsgestaltung. Ich knüpfe dabei an die Balance-These aus dem ersten Kapitel an: Ebenso wie ein Schulsystem generell und eine einzelne Schule kann auch Unterricht nur stimmig sein, wenn verschiedene Faktoren sinnvoll zusammenwirken. Welche Faktoren das sind, dazu gibt es in der jüngeren Unterrichtsforschung eine Fülle von Ergebnissen. Eine solche auf empirische Befunde gestützte Unterrichtstheorie kann und soll mit diesem Buch nicht vorgelegt werden.

Ich versuche vielmehr, ganz konkret und handwerklich, so etwas wie einen theoriegeleiteten Leitfaden für Unterricht in heterogenen Lerngruppen zu entwickeln, der auf der reflexiven Verarbeitung langjähriger Praxiserfahrungen beruht. „Reflexive Verarbeitung" schließt Ergebnisse der Lern- und Unterrichtsforschung selbstverständlich ein; dies kann jedoch unmöglich mit einem Vollständigkeitsanspruch verbunden sein.

Hier geht es „nur" um die Frage, wie Unterricht in heterogenen Gruppen gelingen kann. Ich möchte sie zuspitzen und zugleich auffächern in drei Leitfragen, an denen sich dieses Kapitel orientiert:

- Wie ist Individualisierung im Fachunterricht möglich, genauer: Wie können individuelle Lernwege und systematisches Fortschreiten aufeinander abgestimmt und miteinander in Einklang gebracht werden?
- Wie können alle Schülerinnen und Schüler grundlegende Bildungserlebnisse teilen und dabei individuelle Leistungsprofile aufbauen?
- Wie können individuelle Lernwege angelegt und begleitet, Leistungen gewürdigt und bewertet werden?

Um möglichen Missverständnissen vorzubeugen, möchte ich kurz darauf eingehen, wie die Begriffe Heterogenität und Individualisierung hier verwendet werden.

Heterogenität bezeichnet generell die (durch viele Faktoren bedingte) Unterschiedlichkeit von Menschen. Wenn Schulen auf die Heterogenität ihrer

Schülerinnen und Schüler eingehen, kann das auf vielfältige Weise geschehen: durch Differenzierung im Unterricht, durch Wahlangebote, durch außerschulische Lerngelegenheiten und durch individuelle Fördermaßnahmen.

Der Begriff Individualisierung hingegen impliziert bereits eine einschränkende Zweckbestimmung: das bessere Eingehen auf die besonderen Fähigkeiten und Bedürfnisse der Einzelnen im Unterricht. Individualisierung geschieht im Rahmen einer Gemeinschaft und führt wieder zu ihr zurück.

2.1 Ablauf einer Unterrichtsreihe

Vorweg: Mit der hier dargestellten Unterrichtsreihe soll kein Vorbild präsentiert werden, auch kein Muster und schon gar nicht ein Patentrezept, sondern *ein* Beispiel. Viele andere sind denkbar, und es gibt sicher viele bessere. Der Inhalt ist in diesem Zusammenhang eher zweitrangig. Es werden auch keine institutionellen Bedingungen vorausgesetzt, die an vielen Schulen (noch) nicht gegeben sind. Worauf es hier ankommt, sind die an diesem Beispiel herausgearbeiteten Elemente eines Unterrichts, der planvoll auf Individualisierung angelegt ist. Einen solchen Unterricht können Lehrerinnen und Lehrer, die die im vorigen Abschnitt dargestellten Überzeugungen und Einstellungen teilen, an jeder Schulen erteilen.

Das Beispiel stammt aus der Bielefelder Laborschule, das Thema lautet „Geschlechterrollen", ist von der Sache her in verschiedenen Fächern angesiedelt (Gesellschaftslehre, Deutsch, Religion, Ethik, Kunst), sollte darum fächerübergreifend angelegt und idealerweise im Jahrgangsteam geplant oder zumindest von einer Lehrkraft unterrichtet werden, die zwei dieser Fächer vertritt. In diesem Fall handelt es sich um eine Sequenz aus dem Kurs „Ethik", der im Wahlbereich der Laborschule angesiedelt ist und von Schülerinnen und Schülern der Jahrgänge acht bis zehn gewählt werden kann. Bei Jugendlichen, die sich für diesen Kurs entscheiden, kann eine hohe Motivation für solche Themen vorausgesetzt werden, was für den Pflichtunterricht so nicht gilt. Dafür ist diese Lerngruppe besonders heterogen; der Altersunterschied beträgt bis zu vier Jahren, die Leistungsschere ist entsprechend groß, zumal es an der Laborschule kein Sitzenbleiben und keine Differenzierung nach Leistungen gibt. Die ersten Zensuren werden am Ende der neunten Klasse gegeben, die ersten Abschlussprognosen am Ende der achten. In dieser Gruppe umfasst die Spannbreite der Leistungen das ganze Spektrum von Hauptschul- bis Gymnasialprognose, und das in allen drei Jahrgängen; es gibt Jugendliche mit besonderen Lernschwächen und solche, die besonders begabt sind.

In diesem ersten Abschnitt skizziere ich den Ablauf des Unterrichts, sodass sichtbar wird, in welcher Weise die unterschiedlichen Fähigkeiten und Interessen der Jugendlichen sowie ihr Vorwissen aufgegriffen und genutzt werden. Die so herausgearbeiteten Elemente der Individualisierung werden im zweiten Abschnitt zusammenhängend vorgestellt und erläutert.

Das Thema „Geschlechterrollen" hatten die Jugendlichen sich gewünscht, nachdem die vorangehende Unterrichtsreihe „Glück" gezeigt hatte, wie sehr die je eigenen Vorstellungen von einem guten Leben geschlechtsspezifisch geprägt sind. Die Schnittstelle zwischen diesen beiden Themen war die Frage nach Vorbildern: Welche Männer und Frauen werden von heutigen Jugendlichen als solche gesehen? Was ist an ihnen vorbildlich? Es entstand eine umfangreiche Liste, deren Auswertung viele neue Fragen aufwarf. Sind nur „Ausnahmemenschen" Vorbilder oder auch „normale"? Was empfinden wir als vorbildlich bei Menschen wie Mutter Teresa, Martin Luther King, Sophie Scholl oder dem Dalai Lama? Was bei „normalen" Menschen oder bei Stars? Was hat die Vorbild-Rolle mit der Geschlechterrolle zu tun?

Hier eine Übersicht über den Ablauf der Unterrichtsreihe.

1.

In einem ersten persönlichen Text sollen die Jugendlichen sich auf das Thema Geschlechterrollen einstimmen und sich in die Problematik hineindenken, indem sie ihre Vorstellungen vom anderen Geschlecht darstellen. Sie können zwischen verschiedenen Vorschlägen wählen, aber auch eigenen Ideen folgen. Die Funktion dieser Aufgabe ist, unterschiedliche Wege aufzuzeigen und Anregungen zu geben, damit jede/r einen eigenen persönlichen Zugang zum Thema finden kann.

Aufgabe 1 (für alle)
Schreibe einen persönlichen Text, in dem du dich in das andere Geschlecht hineindenkst.
- Das Thema kann lauten: SIE bzw. ER. Du beschreibst also einen gedachten Traumpartner/eine Traumpartnerin.
- Du kannst auch eine allgemeine Darstellung wählen: „Ein toller Typ" bzw. „Eine tolle Frau".
- Du kannst sozusagen in die „andere Haut" des anderen Geschlechts schlüpfen, indem du dir vorstellst, einen Tag als Junge/als Mädchen zu verbringen.
- Du kannst einen kurzen Essay schreiben zum Thema „Gesetzt den Fall, aus mir wäre ein Junge/ein Mädchen geworden: Wäre ich dann ein anderer Mensch?"
- Du kannst auch einen anderen Zugang wählen (nach Absprache).

Die persönlichen Texte der Schülerinnen und Schüler werden vorgelesen, sofern der Verfasser/die Verfasserin damit einverstanden ist. Nicht vorgelesene Texte werden mit einer schriftlichen Rückmeldung zurückgegeben.
Jeder in der Gruppe vorgelesene Text wird mit einem Feedback beantwortet. Zu Beginn findet ein Gespräch über Feedback statt. Wozu ist es gut? Was muss beachtet werden, damit es als hilfreich und konstruktiv erfahren werden kann? Welche Fehler sind zu vermeiden? Da alle Schülerinnen und Schüler die Wirkung von positivem und negativem Feedback kennen, wissen sie, wie wichtig solche Regeln sind.

Regeln für Feedback
Feedback soll hilfreich und konstruktiv sein. Es soll denen, die in der Gruppe etwas vorstellen, Anerkennung und Anregung geben.
Regeln:
1. Erster Schritt: verstehen und Rückfragen stellen, den Aufbau und den/die Kerngedanken formulieren, Besonderheiten benennen („Mir ist aufgefallen, dass ..."). *Kein Urteil am Anfang!*
2. Zweiter Schritt: persönliche Eindrücke benennen („Mir ging es beim Zuhören so ...", „Mich hat besonders beeindruckt ..." „Ich habe nicht verstanden ...").
3. Dritter Schritt: Urteile und Empfehlungen formulieren („Ich fand besonders gelungen ..." „Du könntest noch stärker herausarbeiten ... Du solltest den Abschnitt X noch einmal überarbeiten ..." „Ich gebe dir folgenden Tipp ...").

Diese Regeln müssen zu Beginn immer wieder angemahnt werden, weil es schwer ist, nicht gleich mit einem Urteil zu beginnen. Die Schritte zwei und drei können zusammenfallen. Wichtig ist dabei, Besonderheiten zu sehen und zu benennen, aus denen sich dann Empfehlungen ergeben können. Am Schluss steht häufig die Frage: „Konntest du mit dem Feedback etwas anfangen?" Das wichtigste Gütekriterium für Feedback ist dann erfüllt, wenn der/die Betroffene darin bestärkt wird, dass die Sache gelungen und abgeschlossen ist, oder umgekehrt motiviert wird, seine Leistung zu überarbeiten, zu verbessern, vielleicht sogar noch einmal neu und anders anzufangen.

2.
Parallel zur Arbeit an den persönlichen Texten werden Ideen und Vorschläge für die kommenden Wochen gesammelt. Alle notieren ihre Gedanken in drei Spalten:

Meine Fragen/Interessen	Ich möchte wissen/lernen	Vorschläge für den Unterricht

Die Ergebnisse werden von vier Jugendlichen, die sich für diese Aufgabe ge-
meldet haben, gesammelt und zu einem Unterrichtsvorschlag verarbeitet. Sie
besuchen den Kurs schon im zweiten Jahr, haben also Erfahrung damit, wie
solche Unterrichtssequenzen geplant werden und ablaufen, und sind sehr motiviert für diese Arbeit.

Die Planungsgruppe trifft sich zu mehreren Arbeitssitzungen außerhalb der
Unterrichtszeit und stellt der Gruppe anschließend folgenden Vorschlag vor:

1. Auswertung der Vorbilder: Welche Personen werden eher von
   Männern bzw. von Frauen favorisiert? Sind insgesamt mehr Männer oder Frauen genannt worden? Warum ist das wohl so? Wie
   weit helfen Vorbilder bei der Identitätsfindung? Unterstützen sie
   Klischees?
2. Jede/r verfasst einen Essay zu diesem Thema (nach Wahl persönlich oder sachlich).
3. Die Gruppe wird in vier Kleingruppen geteilt: Drei von diesen denken sich ein Theaterstück zum Thema Klischees aus und führen es
   der Gruppe vor. Eine kleine Gruppe kann das Thema Vorbilder
   durch Interviews vertiefen. Die Ergebnisse werden der Gruppe
   präsentiert.
4. Aus den Theaterstücken fassen wir gängige Klischees zusammen.
   Allein oder in Kleingruppen werden diese analysiert: Worauf sind
   sie zurückzuführen? Mit welchen Argumenten sind sie zu be- bzw.
   zu widerlegen?
5. Gemeinsame Diskussion: Wodurch entstehen Klischees? Haben sie
   einen Nutzen?
6. Die gesamte Gruppe überlegt: das Geschlechterverhältnis in dieser
   heutigen Gesellschaft (rechtlich, faktisch; Unterschiede darstellen).
7. Besuch von Einrichtungen wie dem Frauenhaus und Gespräche
   mit Experten.
8. Das Geschlechterverhältnis in den unterschiedlichen großen Religionen. Hierzu wird die Gruppe in fünf jahrgangs- und klassenge-
   mischte Gruppen unterteilt, die jeweils eine der Religionen behan-
   deln und später den anderen vorstellen.

9. Blick in verschiedene Epochen und Regionen: Verhältnis zwischen Mann und Frau unter Einfluss verschiedener Religionen und unterschiedlichen Regionen.
10. Am Ende der Unterrichtseinheit soll abschließend ein weiterer Essay verfasst werden. Was habe ich Neues erfahren, was dazugelernt?
11. Besondere Leistungen werden individuell abgesprochen und eventuell in den Unterricht eingefügt.

Die Planungsgruppe bekommt ein sehr positives Feedback für ihre Arbeit. Es werden auch Bedenken laut: Können wir das alles schaffen? Kommentar der Lehrerin: „Euer Plan würde auch für drei Jahre Studium reichen."

Was dann im Unterricht in den folgenden sechs Wochen (mit je drei Wochenstunden, von denen einige ausfielen) tatsächlich erarbeitet wurde, sieht im Überblick so aus:

Überblick: Unterrichtseinheit „Geschlechterrollen"
Gemeinsam mit der gesamten Lerngruppe:
- Reflexion über Vorbilder: Welche Frauen und Männer werden von heutigen Jugendlichen als Vorbilder gesehen? Warum? (Gemeinsame Reflexion)
- Erwartungen an das andere Geschlecht: Welche Vorstellungen haben die Schülerinnen und Schüler von Partnerschaft, von einem Traumpartner oder einer Traumpartnerin? (Persönliche Texte)
- Szenisches Spiel: Das erste Date
- Welche Eigenschaften des je anderen Geschlechts werden wie bewertet? (Entwicklung, Durchführung und Auswertung einer Umfrage – arbeitsteilige Gruppenarbeit)
- Geschlechterrollen und Erziehung: Wie können Geschlechterrollen „gemacht" werden (an historischen Beispielen)?
- Woher kommen die Geschlechterrollen? Sind sie naturgegeben oder gesellschaftlich bedingt? (Lektüre von allgemein verständlichen Sachtexten, Reflexion und kritische Auseinandersetzung mit unterschiedlichen Erklärungsansätzen und Positionen – Geschlecht als biologische, als soziologische Kategorie)
- Geschlecht und religiöse Überlieferung: Wie hängt beides zusammen? (Lektüre der Schöpfungsgeschichte und einiger Passagen aus dem Koran; Besuch von zwei Filmen über Frauen, die in Konflikt mit islamischen Traditionen geraten)

Arbeitsteilig in Untergruppen:

- Partnerglück auf Bestellung: Analyse von Kontaktanzeigen im Internet und in Zeitungen/Zeitschriften (Zusammenstellung von Texten, Analyse und Interpretation ausgewählter Beispiele, Vortrag und Diskussion in der Gesamtgruppe)
- „Die Kunst des Liebens" von Erich Fromm: Referat und Zusammenstellung von Kernaussagen zur Diskussion in der Gesamtgruppe
- Historische Frauenbilder: Zusammenstellung von Bildern aus verschiedenen Epochen, „kommentierte Führung" durch die Ausstellung.
- Die Geschichte der Mode: Zusammenstellung von Beispielen aus verschiedenen Epochen, eine „kommentierte Führung" durch die Ausstellung
- Mädchen und Frauen in islamischen Ländern und in Indien: Lektüre von Büchern zum Thema, Vorstellung in der Gesamtgruppe
- Die Geschichte des Patriarchats: Referat, Diskussion von zentralen Thesen in der Gesamtgruppe
- Die Entstehung der Frauenbewegung: Referat
- Geschlechterrollen, kontrovers gesehen: neurobiologische und soziologische Erklärungsmuster

3.

Wie der Vergleich zwischen dem Vorschlag der Planungsgruppe und dem tatsächlichen Unterrichtsablauf zeigt, gibt es eine generelle Übereinstimmung, aber auch zahlreiche Abweichungen. Die Vorbild-Diskussion erweist sich als schwierig und wenig fruchtbar und wird darum abgekürzt. Zu zahlreich sind die Nennungen und zu unterschiedlich die dahinter stehenden Motive. Klar wird, dass die Vorbildlichkeit von Personen von den Jugendlichen keineswegs an geschlechtsspezifisches Rollenverhalten gebunden ist.

Hingegen löst das szenische Spiel „Das erste Date" spannende Diskussionen aus. Die Jugendlichen denken sich mehrere Varianten aus, um an ihnen jeweils unterschiedliche Rollenerwartungen durchzuspielen, die geschlechtsspezifischen Selbst- und Fremdbildern entsprechen.

Die unterschiedlichen „Typen" lassen sich bei ihrem Lebensentwurf von unterschiedlichen Selbstbildern leiten. „Sie" sieht sich eher als Hausmütterchen oder als attraktives Sexobjekt, als Intellektuelle, als Dame, als Verführerin, als Kumpel oder als Karrierefrau. „Er" präsentiert sich als „Softie" oder als cooler Typ, als Held, als Verführer, als romantischer Liebhaber, als Hausmann, als Intellektueller, als Manager ...

Ergänzend wird ein Befragungsspiel durchgeführt: Wie ich mich sehe – wie die anderen mich sehen. Zunächst füllen alle ein vorgegebenes Formular aus, in dem die eigenen Eigenschaften angekreuzt werden. Dann wird in Partnerarbeit (Wunschpartner) verglichen, wer die Eigenschaften des anderen mit welchem Annäherungswert erraten hat.

4.

Aus dieser Rollendiskussion entsteht der Plan, in den oberen Jahrgängen der Schule eine Befragung durchzuführen. Welche Eigenschaften werden von Mädchen bzw. von Jungen für das jeweils andere Geschlecht wie bewertet? Wie lässt sich das herausfinden? Eine Gruppe übernimmt die Aufgabe, ein Design für die Umfrage zu entwickeln: Aus einer vorgegebenen Liste von Eigenschaften, die am je anderen Geschlecht für wünschenswert gehalten werden, sollen die befragten Jugendlichen der Jahrgänge acht bis zehn ihre Prioritäten wählen. Aus dem Gesamtergebnis, so die Hypothese, werde sich eine geschlechtsspezifische Präferenz ablesen lassen.

Eine weitere Hypothese lautet, dass sich aus den Ergebnissen eine altersbedingte Änderung von Einstellungen ablesen lässt; also müssen die Jahrgänge acht, neun und zehn einzeln befragt und die Antworten je geschlechtsspezifisch ausgewertet werden.

Der erste Probelauf endet entmutigend. Die befragten Jugendlichen haben so viele der vorgegebenen Prioritäten angekreuzt, dass sich kein klares Bild abzeichnet. Teilweise haben sie von sich aus weitere genannt und angekreuzt. Der Rücklauf in den drei Jahrgängen war sehr unterschiedlich. Es wird klar: Das Verfahren war nicht genau genug durchdacht. Damit Prioritäten erkennbar werden, muss die Zahl der Nennungen begrenzt, müssen subjektive Äußerungen getrennt ausgewertet werden, muss die Befragung (mit Einverständnis und Hilfe der Lehrer) im Unterricht durchgeführt werden, sodass alle Schülerinnen und Schüler beteiligt sind.

Auch diese zweite, sorgfältig durchgeführte, methodisch verbesserte und genau ausgewertete Befragung endet enttäuschend, gemessen an den Erwartungen: Zwar lassen sich altersbedingte Unterschiede nachweisen, aber die leitende Hypothese, dass es geschlechtsspezifisch deutlich unterschiedliche Präferenzen gibt, wird durch die Ergebnisse nicht bestätigt. Wie ist das zu erklären?

Andere Umfragen, die zuvor im Unterricht besprochen wurden, hatten andere Ergebnisse. Haben die Jugendlichen an dieser Schule, vielleicht durch ihren Einfluss, tatsächlich eine andere Einstellung als anderswo? Oder haben sie die Befragung unterlaufen, indem sie die erwarteten Ergebnisse durchschauten und bewusst anders antworteten? Wie könnte man vorgehen, um das zu klären?

Die Problematik von Rollenklischees wird auf mehrfache Weise deutlich: Weder identifizieren sich die Mädchen und Jungen im Kurs mit dem einen oder anderen Typ noch glauben sie, dass Jugendliche das generell tun. Trotzdem sind Vorstellungen vom eigenen und vom anderen Geschlecht offenbar wirkungsmächtig. Diese Diskussion soll durch eine zweite schriftliche Aufgabe vertieft werden.

Aufgabe 2 (für alle)
Schreibe einen Text zum Thema Rollenbilder und Rollenverhalten. Es kann ein „Nachdenk-Text" sein, ein Essay oder auch eine Geschichte. Hier drei Themen zur Auswahl:
- Jungen weinen nicht.
- Jungenspiele – Mädchenspiele
- Was ‚man' (nicht) tut – was ‚frau' (nicht) tut
Du kannst auch einen anderen Zugang wählen (nach Absprache).

5.
Parallel zu der Tätigkeit der mit der Umfrage beauftragten Gruppe haben auch die übrigen Spezialistenteams mit ihrer Arbeit begonnen. Sie haben sich Themen zugeordnet, die die Planungsgruppe vorgeschlagen hatte (s. o.) oder die sie sich selbst wünschen. Sie sollen die Ergebnisse ihrer Arbeit der Gesamtgruppe so präsentieren, dass alle am Ende das Wissen aller teilen.

6.
Im Unterricht der Gesamtgruppe soll das Thema Geschlechterrollen jetzt vertieft und aus unterschiedlichen Perspektiven beleuchtet werden: historisch, wissenschaftlich, kulturgeschichtlich.
Historische Perspektive: Wir lesen drei Texte aus dem frühen 17. und aus dem 20. Jahrhundert. Der erste ist eine Beerdigungsrede (um 1600), in dem es um „vorbildliche" weibliche Eigenschaften geht. Die Frau ist demnach häuslich, fleißig, uneitel, ehrenhaft, sie liest nicht und ist in allen Dingen Gott und ihrem Ehemann gehorsam. Der zweite Text ist ein Gedicht (1915, „Wie uns're kleinen Hausmütterlein im Kriege müssen fleißig sein"), in dem von einem kleinen Mädchen die Rede ist, das in „vorbildlicher" Weise die Soldaten im Krieg unterstützt. Der dritte Text ist Hitlers Rede über Pädagogik, in der er Wunsch-Eigenschaften „seiner" Jugendlichen beschreibt: Grausamkeit, Gewalttätigkeit, Gefühlskälte; sie sollen herrisch sein und nicht intellektuell.
Leitende Interpretationsfragen sind: Warum lassen Menschen sich auf solche Rollen festlegen? Wer „macht" sie, wer hat die Macht dazu? Wie ist es zu

erklären, dass im Ersten und Zweiten Weltkrieg Millionen Menschen begeistert nach diesen „Idealen" handelten? Worin liegt die Faszination solcher Männlichkeits- bzw. Weiblichkeitsbilder? Sind wir heute frei davon?

Zu diesen Fragen werden nicht nur Meinungen ausgetauscht, sondern auch Kenntnisse, Lektüren, Filmerlebnisse, die in Form von Kurzreferaten eingebracht werden. Die Filme „Napola" und „Hitlerjunge Salomon" werden vorgestellt, Auszüge aus dem Stück „Die Welle" gelesen, Bücher aus der Zeit des Dritten Reichs referiert. Abschließend wird aus den Kriegsbeispielen ein vorläufiges Fazit in Gestalt einer Tabelle erarbeitet:

Historische Situation / Lebensverhältnisse	Erwünschtes Verhalten / Rollenbild		Erziehungsziele
	weiblich	männlich	

7.
Der Frage, ob und wie heutige Jugendliche sich solchen Rollenzuweisungen anpassen würden, wird mit einem Planspiel nachgegangen, das mit gleicher Vorgabe in mehreren Gruppen durchgeführt wird mit dem Ziel, die Ergebnisse zu vergleichen und abschließend gemeinsam auf die Möglichkeit zur Verallgemeinerung zu überprüfen.

Planspiel: „Wir sind die Indianer"
Angenommen, ihr werdet durch irgendeinen Zufall in ein ganz anderes Leben fern von unserer Zivilisation verschlagen. Die Natur ernährt die Menschen, aber das erfordert auch harte Arbeit von ihnen. Die Menschen können nicht allein von Pflanzen leben, sie brauchen das Fleisch von Tieren, die gejagt werden müssen. Sie müssen sich gegen Hitze, Kälte und Nässe schützen und gegen wilde Tiere und feindliche Stämme verteidigen.

Wie wird in dieser Gesellschaft die Arbeitsteilung zwischen den Geschlechtern aussehen?

Welche Vorstellungen von erwünschten Eigenschaften, welche Geschlechterrollen, welche Erziehungsziele werden sich eurer Meinung nach ausprägen?

(Tipp: Es geht bei dieser Aufgabe nicht darum, was ihr über Indianer wisst, sondern um die Frage, wie *ihr* unter den gegebenen Lebensverhältnissen als Frauen/als Männer zusammenleben würdet.)

In Wahlgruppen notieren die Jugendlichen ihre Gedanken in Stichworten oder in Form einer Tabelle (s. o.). Einige entwickeln eine eher konventionelle Rollenteilung zwischen den Geschlechtern, überwiegend aber werden diese abgelehnt – nach dem Motto: Wir tappen doch nicht in die Geschlechterrollenfalle. Frauen gehen mit auf die Jagd und kämpfen gegen Feinde, Männer teilen sich mit den Frauen die Haus- und Erziehungsarbeit. Eine Gruppe entwickelt eine Art Kibbuz-Modell.

Nach dem Gruppenpuzzle-Verfahren werden anschließend die Gruppen neu gemischt. Sie sollen die vorgeschlagenen Modelle vergleichen und diskutieren mit dem Ziel, sich möglichst auf eines zu einigen. Am Ende gibt es keine Einigung. Dass die Macht der Verhältnisse eine geschlechtsspezifische Arbeitsteilung in bestimmten Situationen und Bereichen nahelegt, leuchtet den meisten ein. Aber welche sind das und wie verbindlich sind solche Festlegungen? Ist es gerecht, wenn daraus Rollenerwartungen und -festlegungen werden? Wie kann überhaupt unter solchen Lebensbedingungen eine gerechte Gesellschaft aussehen? Sollen alle alles entscheiden oder einige alles oder alle etwas in einem Teilbereich?

Die gegenwärtig neu entfachte Diskussion über die „natürliche" Rolle der Frau spaltet die Geister. Ist das nur ein Streit der Meinungen oder gibt es auch Beweise für die eine oder andere Position?

8.

Das Thema wird im nächsten Schritt aus der *wissenschaftlichen Perspektive* beleuchtet. Zu Beginn lesen wir gemeinsam den Basisartikel zu einer Serie der Zeitschrift „Gehirn und Geist" (Kraft 2003, S. 48/49). Was die Serie über neuere Forschungsergebnisse zum Problem der Geschlechterrollen berichtet, hat eine Gruppe vorab erarbeitet. Die Jugendlichen referieren, wie der Stand der Forschung zu diesem Thema dargestellt wird: Welche Untersuchungen/Experimente wurden durchgeführt? Welche Hypothesen wurden zugrunde gelegt? Wie sind die Forscher vorgegangen? Welche Ergebnisse wurden erzielt und welche Interpretationen werden angeboten?

Die soziologische Gegenposition zu einem nur biologistischen Verständnis der Geschlechterdifferenz (Gender-Theorie) wird anhand eines Textauszugs kurz vorgestellt und als Frage weitergegeben: Wie könnten Soziologen auf die dargestellten Ergebnisse reagieren? Geben sie ihre Position auf? Wenn nicht: Wie könnten sie neue Forschungen zu dem Thema anlegen? Am Beispiel des Spielverhaltens von Jungen und Mädchen wird deutlich, dass forschungsleitende Fragen, Hypothesen und Experimente von den unterschiedlichen Positionen und Interessen der Forscher (mit) bestimmt werden. In Form einer Tabelle werden die unterschiedlichen Positionen und Argumente zusammengefasst.

9.

Die *kulturgeschichtliche Perspektive* ist von drei Gruppen vorbereitet worden. Zu Beginn der Unterrichtsreihe haben zwei Schülerinnen auf dem Hintergrund eigener Lebenserfahrungen darüber berichtet, wie ihre Mädchen- und zukünftige Frauenrolle durch die islamische Tradition geprägt wird. Sie und einige andere haben das Thema durch die Lektüre von Sachtexten und Jugendbüchern vertieft, in denen es um Mädchen- und Frauenschicksale geht und die jetzt referiert werden. Dazu gehört auch ein Buch, das in Indien spielt, sodass die hinduistische Tradition zumindest in den Blick gerät.

Bei diesen Berichten taucht immer wieder der Begriff Ehre auf. Daraus entwickelt sich ein Zwischenthema: Was ist Ehre? Was verlangt sie von Menschen in ihren jeweiligen Rollen als Frau oder Mann, Mutter oder Vater, Tochter oder Sohn? Wie sehen diese Gebote in den verschiedenen Kulturkreisen aus? Warum sind sie so unterschiedlich? Was hat die „innere Ehre" (Ehre als Maßstab des Handelns) mit der „äußeren Ehre" (Ehre als gesellschaftliche Anerkennung) zu tun?

Anlässlich des Weltfrauentages werden die Filme „Osama" und „Yasmin" angeboten, die wir gemeinsam sehen. Diese Einzelschicksale werden unter der übergreifenden Fragestellung verglichen, wie das Leben der einzelnen Personen durch gesellschaftliche Traditionen geprägt wird und welche Rolle die religiöse Überlieferung dabei spielt. Dass diese auch innerhalb eines Kulturkreises sehr verschieden ausgeprägt sein kann, wird aus den Beispielen unmittelbar deutlich. Was aber sagen dann „die" Religionen über die Geschlechter und ihre Rollen?

Am Beispiel der Paradies-Erzählung, der älteren und jüngeren Schöpfungsgeschichte wird diese Frage vertieft. Wie unterscheiden sie sich voneinander, insbesondere im Hinblick auf die Rolle des Mannes und der Frau? Was hat sich durch die Vertreibung aus dem Paradies an ihrem Verhältnis geändert? Wer war schuld an der Vertreibung? Die vier möglichen Antworten auf diese Frage (Adam, Eva, die Schlange, Gott) werden in Form einer Verhandlung diskutiert.

Angeklagt ...
Wer trägt die Schuld an der Vertreibung aus dem Paradies? Ihr habt dazu unterschiedliche Meinungen geäußert, die in Form eines Plädoyers vorgetragen werden sollen:
Angeklagt: Adam
                Eva
                Die Schlange
                Gott
Richterin ist die menschliche Vernunft, vertreten durch die hier anwesenden Personen.

Die Verhandlung endet damit, dass das Verfahren nach einer langen Debatte niedergeschlagen wird. In deren Verlauf vertraten viele die Ansicht, der Schöpfer habe den entscheidenden Fehler gemacht. Warum hatte er den Baum der Erkenntnis in das Paradies gepflanzt, warum die Schlange erschaffen, warum nicht eingegriffen? Niedergeschlagen wird die Anklage durch das Argument: Wir könnten diese Verhandlung nicht führen, wenn Gott sich „richtig" verhalten hätte. Denken und Entscheidenkönnen setzt Alternativen voraus, Urteilen setzt voraus, dass wir Gut und Böse unterscheiden können, also vom Baum der Erkenntnis gegessen haben. Wenn man den Text also nicht als göttliche Offenbarung, sondern als eine von Menschen geschriebene Erklärung der Welt liest, schildert die Paradies-Erzählung keinen Fehler oder Unglücksfall, sondern erklärt, warum das Leben der Menschen so ist, wie es ist. Sowenig wie wir in das Paradies zurückkehren können, sowenig können wir die Geschlechterrollen ganz und gar aufheben. Allerdings lässt sich aus der Geschichte keineswegs ableiten, was später daraus gemacht wurde: die Schuldzuweisung an Eva als Begründung für die „Minderwertigkeit" der Frau.

An diese Diskussion schließen sich zwei Referate an: über die Geschichte des Patriarchats und über die Anfänge der Frauenbewegung.

10.
Zwei weitere Arbeitsgruppen haben in der Zwischenzeit eine „Museumsführung" vorbereitet. Sie haben sich mit Männer- und Frauenbildern in der Kunst sowie mit der Geschichte der Mode befasst, einige Beispiele aus unterschiedlichen Epochen ausgewählt und diese in Stationen angeordnet. Die Stationen werden nun von den Ausstellerinnen präsentiert.

11.
Nach den verschiedenen Durchgängen kehren wir zur Ausgangsfrage zurück, nämlich der, wie sich das Problem der Geschlechterrollen für heutige Jugendliche darstellt. In Form einer Podiumsdiskussion sollen abschließend die unterschiedlichen Standpunkte auf die eigene Schule bezogen werden.

Podiumsdiskussion: Geschlechterbewusste Pädagogik
Wir befinden uns im Jahr 2026. Die meisten von euch sind berufstätig, einige haben ein wissenschaftliches Studium hinter sich, einige leben als Singles, andere haben eine Familie und Kinder, von den Frauen haben sich einige entschieden, zunächst „nur" für die Familie da zu sein, andere verbinden Familien- und Berufsarbeit. Wir befinden uns auf einem Kongress über zeitgemäße Pädagogik. Die Leitfrage: Wie sieht eine moderne geschlechterbewusste Pädagogik aus?
Auf dem Podium sollen Elternvertreter sitzen, eine Politikerin/ein Politiker (Ministerium für Familie, Jugend und Soziales) sowie Wissenschaftlerinnen und Wissenschaftler verschiedener Fachrichtungen (Pädagogik, Neurobiologie, Soziologie, Geschichte).

Die Schülerinnen und Schüler ordnen sich den entsprechenden Untergruppen zu und erarbeiten die jeweiligen Positionen und Argumente, die später auf dem Podium vertreten werden sollen. Diese Diskussion wird in der üblichen Weise arrangiert: Nach einleitenden Statements beginnt das Gespräch zunächst auf dem Podium, dann mit dem Publikum.

Zuvor haben zwei Jugendliche sich der Beobachterrolle zugeordnet. Sie beteiligen sich nicht an dem Gespräch, sondern protokollieren es und geben dann ihre Einschätzung über den Verlauf. Welche Position wurde mit welchen Argumenten vertreten? Wer konnte wen überzeugen? Mit ihrem Statement beginnt die abschließende gemeinsame Reflexion: Was hat die Diskussion gebracht? Gibt es übereinstimmende Positionen? Wenn nicht: Wo liegen die Unterschiede?

12.

Die Unterrichtsreihe soll mit einem Essay abgeschlossen werden. Mehrere Themen stehen zur Auswahl. Vielen Schülerinnen und Schülern fällt es schwer, ihre Gedanken zusammenhängend darzustellen. Gemeinsam wird darum ein Leitfaden erarbeitet: „Wie schreibe ich einen Essay?"

Wie schreibe ich einen Essay?

„Essay" ist ein französisches Wort und heißt „Versuch". Ein Essay stellt also den Versuch dar, sich mit einer Sache auseinanderzusetzen. Auf Deutsch sagt man dafür meistens „Erörterung". Auch „Abhandlung" ist gebräuchlich.

Der Begriff „Essay" drückt zugleich aus, dass man nicht den Anspruch erhebt, das Thema vollständig zu bearbeiten. Viele Themen beschäftigen die Menschen schon seit Jahrhunderten, und vielleicht gibt es darüber keine abschließenden Ergebnisse. Aber man kann und muss sich mit ihnen persönlich auseinandersetzen, und das kommt in dem Begriff „Essay" zum Ausdruck.

Ein Essay ist also einerseits eine persönliche Angelegenheit, andererseits durch die Sache bestimmt. Es kann darum keine „Vorschriften" geben, was in einem Essay stehen muss. Aber es gibt sehr wohl Kriterien (Beurteilungsmaßstäbe), an denen man einen guten Essay erkennen kann.

Hier eine Übersicht darüber, wie Essays normalerweise aufgebaut sind, und über Qualitätsmerkmale.

Aufbau
Einleitung
Sie führt zum Thema hin und begründet den Aufbau. Sie enthält
- Frage(n) zum Thema
  oder
- eine Geschichte, ein Beispiel, ein Erlebnis, einen aktuellen Anlass
  oder
- eine Begründung des Vorgehens

Hauptteil
Die in der Einleitung entwickelten Ansätze werden ausgearbeitet.
- ...
- ...
- ...

Schluss
Der Schluss enthält das Fazit deiner Überlegungen:
- eine Zusammenfassung
  oder
- Ergebnisse
  oder
- eine persönliche Stellungnahme

Qualitätsmerkmale
Aufbau
Wie ist der Essay aufgebaut/geordnet?
Ist die Gedankenführung klar, logisch, überzeugend?

Inhalt
Welche eigenen Gedanken, Erfahrungen, Fragen werden entwickelt?
Ist der Bezug zum Thema eingehalten?
Kommen wichtige Aspekte zum Thema vor?

Wissen
Welches Sachwissen wird eingebracht?
Wie wird es mit den eigenen Gedanken verbunden?

Sprache
Ist die Sprache verständlich und klar?
Ist die Sprache dem Thema/den Gedanken angemessen?
Ist die Sprache persönlich und „echt"?
Ist die Sprache korrekt (Rechtschreibung, Grammatik, Satzbau)?

13.
Dieser Leitfaden dient nicht nur als Schreibhilfe, sondern wird auch im Unterricht dazu benutzt, vorgetragene Arbeiten zu beurteilen. Außerdem soll er den Schülerinnen und Schülern dabei helfen, ihre Leistung zu verbessern. Alle schreiben zunächst eine Erstfassung ihres Essays, die dann in Tandems wechselseitig beurteilt wird. Anschließend überarbeitet jeder individuell seinen Text.

Aufgabe 3 (für alle)
Schreibe einen abschließenden Essay zum Thema Geschlechterrollen.
Du kannst unter den folgenden Themen wählen:
- Geschlechterrollen: naturgegeben oder gesellschaftlich bedingt?
- „Wir werden nicht als Frauen geboren, wir werden zu Frauen gemacht" (Simone de Beauvoir)
- Männer: das schwächere Geschlecht?
- In vergleichenden Leistungsstudien schneiden Jungen in vielen Bereichen deutlich schlechter ab als Mädchen. Wie erklärst du dir diese Tatsache?
- Was könnte unsere Schule tun, um Mädchen und Jungen noch besser gerecht zu werden?

2.2   Elemente einer individualisierenden Didaktik

Der hier geschilderte Unterricht ist, wie man sieht, ganz unspektakulär. Aus der Darstellung des Ablaufs lässt sich vermutlich nicht durchgehend ablesen, wo und wie hier Individualisierung stattfindet, da der Lernprozess der gesamten Gruppe im Vordergrund steht. Das Beispiel ist bewusst so gewählt, weil es weitgehend unserer schulischen Normalsituation entspricht. Unterricht wird immer für eine Lerngruppe geplant, und die individuellen Lernwege müssen immer wieder mit denen der Gesamtgruppe koordiniert und auf sie bezogen werden.

Andere Formen des Umgangs mit Heterogenität – durch Angebotsdifferenzierung im Wahlbereich oder im Rahmen von Projekten – werden in den folgenden Kapiteln dargestellt. Hier geht es zunächst um das didaktische Kernproblem: Wie kann gemeinsames systematisches Lernen mit Individualisierung verbunden werden?

Am Beispiel der dargestellten Unterrichtsreihe werden in diesem Abschnitt Elemente einer individualisierenden Didaktik herausgearbeitet. Sie stellen so etwas wie Bausteine zu einer Unterrichtstheorie und -praxis dar, die systematisches Lernen und Individualisierung in Einklang bringen will. Sie benennen Möglichkeiten und Voraussetzungen dafür, dass und wie dieser Anspruch eingelöst werden kann, und lassen sich darum auch als Gelingensbedingungen für Individualisierung im Fachunterricht lesen. Sie betreffen
- die Inhalte und Ziele des Unterrichts,
- die Planung,
- die Durchführung,

- die Rolle der Gruppe,
- die Aufgaben und Anforderungen,
- die Differenzierungsformen,
- die Leistungsbegleitung und
- die Leistungsbewertung.

2.2.1 Beteiligung und Verantwortung

Im Unterricht geht es in den seltensten Fällen nur um Wissensvermittlung, sondern fast immer auch um Lebensorientierung. Für Fächer wie Ethik und Religion, aber auch Deutsch, Geschichte, Politik und Kunst gilt das in besonderem Maße. Ein Unterricht zum Thema „Glück" zum Beispiel, an dem die Schülerinnen und Schüler gelangweilt oder frustriert oder sogar mit Angst teilnehmen, würde sich selbst ad absurdum führen. Gerade bei solchen Orientierungsthemen und gerade in der Altersstufe der Pubertät ist es besonders wichtig, dass die Schülerinnen und Schüler den Unterricht als „ihr Ding" erleben. Sie müssen erleben, dass ihre Fragen ernst genommen, ihre Anregungen aufgegriffen werden. In ganz besonderem Maße gilt das für ein so existenzielles Thema wie die Frage nach dem Verhältnis der Geschlechter.

In dieser Gruppe sind die Jahresthemen zu Beginn des Kurses in Form eines Stationenlernens ermittelt worden. Aus den vorgegebenen und von den Schülerinnen und Schülern vorgeschlagenen Themen wurden Prioritäten herausgearbeitet und die Reihenfolge festgelegt. Dies wiederholt sich, wenn auch nicht immer in so aufwändiger Form, bei der Planung jedes neuen Themas: Die Ideen und Vorschläge der Schülerinnen und Schüler werden gesammelt und aufgegriffen. Sie beteiligen sich an der Planung des Unterrichts. So wird es für sie zunehmend selbstverständlich, auch Entscheidungen über den eigenen Lernweg zu treffen und die Verantwortung für die eigene Arbeit zu übernehmen.

Zu jedem Thema werden einige Spezialisierungsmöglichkeiten angeboten, unter denen sie frei wählen können. Die Aufgaben sind von unterschiedlicher Art und unterschiedlichem Schwierigkeitsgrad. Indem die Schülerinnen und Schüler sich einem Team zuordnen, legen sie sich für einen begrenzten Zeitraum fest und sind für den Verlauf und die Ergebnisse der Arbeit mit verantwortlich.

Dieses Element lässt sich in manchen Fächern leichter verwirklichen als in anderen. Aber auch Themen wie Bruchrechnung oder Kommaregeln lassen eine Mitentscheidung der Schülerinnen und Schüler bei der Wahl von Aufgaben, Arbeitsformen und/oder Anwendungssituationen zu. In allen Fächern ist es möglich und sinnvoll, Spezialistengruppen im Rahmen eines gemeinsamen Themas zu bilden.

2.2.2 Gemeinsames Lernen und Spezialisierung

In heterogenen Lerngruppen muss sich die Entscheidung über Bildungsziele und die Auswahl der Inhalte grundsätzlich an dem Anspruch orientieren, dass sie allen Schülerinnen und Schülern zugänglich sind. Damit ist durchaus vereinbar, dass sich der Schwierigkeitsgrad von Texten und Aufgaben erheblich unterscheiden kann.

Nicht alle müssen alles lesen und alle Aufgaben machen. Aber alle müssen einen gemeinsamen Denk- und Aneignungsweg zurücklegen. Die sich daraus ergebenden unterschiedlichen Spezialisierungs- und Lernmöglichkeiten sind Grundlage für die Differenzierung.

Dieses Zusammenwirken von Gemeinsamkeit und Individualisierung ist die Grundfigur jeder Art von Binnendifferenzierung. Sie ist in Fächern wie Deutsch, Ethik, Geschichte, Politik leicht durchzuführen. In Fächern, die stärker auf kumulatives Lernen angewiesen sind (Mathematik, Naturwissenschaft, Fremdsprachen), wird das Lernarrangement in der Regel stärker darauf gerichtet sein, dass eine von allen zu erwerbende Basisqualifikation durch unterschiedliche Formen des Übens und der Aneignung ergänzt wird (dazu Kap. 3, Abschnitt 2).

Auch diese Elemente lassen sich in manchen Fächern und Situationen schwerer einlösen als in anderen. Trotzdem ist es, wie viele Beispiele zeigen, grundsätzlich immer möglich, den Unterricht auf ein für alle gemeinsames „Fundamentum" anzulegen und dieses durch ein vielfältiges und anspruchsvolles „Additum" zu ergänzen. Wichtig ist in diesem Zusammenhang, dass die Begriffe Fundamentum und Additum hier *nicht* im Sinne einer Leistungsunterscheidung gemeint sind, also so, dass das Fundamentum ein für alle erreichbares Minimum definiert und das Additum eine nach oben offene zusätzliche Skala.

Vielmehr: Für *alle* Schülerinnen und Schüler setzt sich das gesamte Spektrum der Inhalte und Leistungen aus Fundamentum und Additum zusammen. Gemeinsame Bildungsziele und Inhalte definieren die gemeinsame Arbeit; aus den vielfältigen Anforderungen der Sache ergeben sich unterschiedliche Spezialisierungsmöglichkeiten, aus denen sich, zunächst auf ein begrenztes Thema bezogen und im Gesamtbild über das Jahr hinweg, individuelle Lern- und Leistungsprofile ergeben. Die Addita sind also unterschiedlich und vielfältig.

Die Wahlgruppen in einem solchen Unterricht sind vergleichbar den im Eingangskapitel skizzierten Lehrlingsgruppen von Howard Gardner: Jeder ordnet sich einem selbst gewählten Spezialgebiet zu und erwirbt dort – nach Maßgabe der Sache, in Kooperation mit anderen und angeleitet durch einen „Meister" (hier: Lehrer als Moderator oder andere Experten) – eine durch den Auftrag definierte Expertise.

2.2.3 Bildungsziele, Inhalte, Kompetenzen

In einem Orientierungsfach wie Ethik hat jeder Unterricht auch und vor allem mit Fragen des eigenen Lebens zu tun. Bildungsziele können hier nicht mit erworbenem Wissen gleichgesetzt werden. In dieser Unterrichtsreihe geht es vor allem darum, die Jugendlichen in einem nachdenklichen und bewussten Verhältnis zur eigenen Geschlechtlichkeit und zum je anderen Geschlecht zu bestärken.

Dazu gehören Empathie und Einfühlsamkeit ebenso wie reflexive Distanz. Das sind Eigenschaften und Einstellungen, die nicht durch einen einmaligen Lernprozess erworben werden und dann sicher verfügbar sind, sie können darum auch nicht „abgeprüft", sondern nur immer wieder bewusst gemacht, eingefordert und bestärkt werden. Für solchen Unterricht ist der *Prozess* einer einfühlsamen und reflexiven Auseinandersetzung selbst das leitende Bildungsziel.

In diesem Fall muss das Thema weder eingeführt noch müssen die Schülerinnen und Schüler darüber „belehrt" werden – sie sind ja selbst Expertinnen und Experten. Die Auseinandersetzung mit dem Thema besteht vielmehr in einem mehrstufigen Prozess der Vertiefung, bei dem unterschiedliche Perspektiven sichtbar werden sollen. Dieser Prozess ist das Kernpensum des Unterrichts, soll und muss also von allen Schülerinnen und Schülern durchlaufen werden. Die dabei erworbenen Kenntnisse und Kompetenzen gehören ebenso zum gemeinsamen Fundamentum. Zugleich bietet dieser gemeinsame Weg nahezu unbegrenzte Möglichkeiten für „Nebenwege" und „Umwege", für Forschungsvorhaben und Spezialaufgaben, für künstlerische und andere kreative Formen der Aneignung.

Wie verhalten sich nun Fundamentum und Additum, also gemeinsame und unterschiedliche Inhalte und Kompetenzen zueinander? Und was haben sie mit Bildungszielen zu tun?

Hier müsste nun eigentlich eine Auseinandersetzung mit diesen Begriffen erfolgen, die würde jedoch, weil sie schon oft geführt wurde und hoch komplex ist, mindestens ein eigenes Theoriekapitel erfordern. In einem Praxisbuch sei es daher erlaubt, an einem Beispiel zu illustrieren, wie die Begriffe hier verstanden werden.

Auf der folgenden Seite finden Sie dazu eine tabellarische Übersicht zum Thema „Geschlechterrollen aus wissenschaftlicher Sicht".

Beispiel: Geschlechterrollen aus wissenschaftlicher Sicht

Bildungsziele	Inhalte		Kompetenzen	
Nachdenklicher und bewusster Umgang mit der eigenen Geschlechtlichkeit und mit dem anderen Geschlecht Hier: Geschlechterrollen aus der Sicht heutiger Wissenschaft(en)	*gemeinsam (Fundamentum)*	*individuell nach Wahl (Additum)*	*Basiskompetenzen*	*Zusätzliche Kompetenzen*
	Lektüre eines Basistextes Zusätzliche Informationen (durch Spezialistengruppe) Diskussion unterschiedlicher Positionen	Zusätzliche Lektüre Kenntnis unterschiedlicher Experimente, Methoden und Ergebnisse Begründungen unterschiedlicher Positionen (neurobiologische und soziologische)	Einen populärwissenschaftlichen Text verstehen: lesen, Begriffe klären, Aufbau beschreiben, Informationen zusammenstellen Reflexive Verarbeitung der Informationen: Einordnung in bisherige Diskussion, Verbindung mit erworbenem Wissen	Mehrere Texte lesen und vergleichen: Übereinstimmende und unterschiedliche Positionen und Argumente herausarbeiten und auf unterschiedliche Erkenntnisinteressen beziehen

Diese einfache Übersicht zeigt zugleich, dass Kompetenz*stufen* bei dieser Zuordnung nicht differenziert ausgewiesen werden können. Zwar sind die aus der Sache abgeleiteten Anforderungen, die an die jeweiligen Spezialisten gestellt werden, höher als die an die Gesamtgruppe, aber auch dieses Spezialwissen kann auf sehr unterschiedlichem Niveau verarbeitet werden. Eine Reflexion der im Basistext vermittelten Informationen kann sehr schlicht oder sehr differenziert sein – je nach Vermögen und Leistung der Spezialisten.

2.2.4 Die „forschende Gruppe"

Dieser von Martin Wagenschein entlehnte Begriff soll den Anspruch ausdrücken, dass Individualisierung im Fachunterricht immer von einem gemeinsamen Lern- und Denkprozess ausgehen und mit ihm rückgekoppelt werden sollte. Das sagt sich leicht und ist doch didaktisch und methodisch schwer umzusetzen. Alle sollen zu jeder Zeit wissen, wo man steht und was „Sache" ist. Und alle sollen mitdenken.

Wie schwer das ist und wie ineffektiv Unterricht sein kann, der auf solches Mitdenken unter Regie der Lehrerin oder des Lehrers angelegt ist, zeigt die bekannte Kritik am fragend-entwickelnden Verfahren. Martin Wagenschein selbst schätzt das Ziel eines in gemeinsamer Verantwortung gelingenden gemeinsamen Verstehens, das alle „mitnimmt", skeptisch ein: „Mag das Ziel auch so unerreichbar scheinen wie der Weltfriede, so utopisch wie die Gesundheit: Der Unterricht solle wenigstens seine Richtung dahin nehmen, dass jeder einzelne Schüler sich mit verantwortlich fühle dafür, dass alle verstehen." (Wagenschein 1999, S.119).

Ritualisierte Formen und Verfahren der Aktivierung aller Schülerinnen und Schüler können helfen, sich diesem Ziel anzunähern. Sie müssen eingespielt und „selbstverständlich" werden.

Für die hier beschriebene Lerngruppe gehören folgende Rituale in diesem Sinne zum Alltag:

Gemeinsames Lerntagebuch: Jede erste Wochenstunde beginnt damit, ein Protokoll der letzten Woche zu lesen, genannt Ethik-Tagebuch. Damit wird der Anschluss an den bisherigen Stand der Diskussion für alle hergestellt.

Auszug aus einem Ethik-Tagebuch

Unterrichtsplanung

Aus den in der vorigen Woche gesammelten Ideen und Vorschlägen hat die Vorbereitungsgruppe (Annika, Judith, Malina, Jakob) einen Unterrichtsplan erarbeitet und stellt ihn vor.

Ethik aktuell

In der Sendung „Kulturzeit" wurde ein Beitrag über die Beschneidung von Mädchen gesendet, den mehrere von uns gesehen haben. Wir tragen Informationen zusammen und sprechen darüber, welche Bedeutung die Beschneidung von Jungen in Islam und Judentum hat und warum auch heute noch Mädchen beschnitten werden. Während Jungen durch die Beschneidung nicht beeinträchtigt werden, ist die Beschneidung von Mädchen eine schlimme und nachhaltige Verletzung. Sie kann schwerwiegende gesundheitliche Folgen haben. Die seelischen Folgen sind in jedem Fall gravierend und auch gewollt: Frauen sind dann, was ihre Sexualität betrifft, gefühllos und somit in ihrem Persönlichkeitskern beschädigt.

Daran schließt sich ein Gespräch über die Frage an, warum Menschen so miteinander umgehen, warum vor allem Frauen selbstbestimmte Verhaltensweisen (zum Beispiel Mädchenbeschneidung) richtig finden und dabei eine aktive Rolle übernehmen. Wir sprechen auch über die Möglichkeiten, solche Verhältnisse zu verändern. Das kann nur durch Aufklärung geschehen: Alle Beteiligten müssen aus Einsicht ihr Verhalten ändern.

▶

„Die ideale Frau" – historisch gesehen
Wir lesen zwei Texte aus dem frühen 17. und dem 20. Jahrhundert.
Der erste ist eine Beerdigungsrede (um 1600), in dem es um „vorbildliche" weibliche Eigenschaften geht. Die Frau ist demnach häuslich,
fleißig, uneitel, ehrenhaft, sie liest nicht und ist in allen Dingen Gott
und ihrem Ehemann gehorsam. Der zweite Text stammt aus der Zeit
des Ersten Weltkriegs. Es handelt sich um ein Gedicht, in dem von
einem kleinen Mädchen die Rede ist, das in „vorbildlicher" Weise die
Soldaten im Krieg unterstützt.
   Im anschließenden Gespräch geht es um die Frage: Wie kommt es,
dass die Vorstellungen vom „vorbildlichen" Verhalten sich wandeln?
Welche Ursachen gibt es dafür und welche Faktoren wirken dabei zusammen?

Wunschpartner
Maria und Natalie berichten über den Stand der Umfrage, welche Eigenschaften Mädchen bzw. Jungen beim anderen Geschlecht bevorzugen. Es müssen noch mehr Jungen befragt werden, damit die Antworten ausgewogen sind.

Nach der Lektüre des Tagebuchs werden (falls gewünscht) Änderungen und
Zusätze notiert, die dann in die (an alle verteilte) Endfassung eingehen. Das
Tagebuch ist zugleich eine Basis für die Planung der jeweiligen Stunde.
   Feedback: Jede in der Gruppe vorgestellte Leistung wird mit einem Feedback beantwortet. Auf diese Weise wird die Gruppe zum „Resonanzboden"
nicht nur für den gemeinsamen Lernprozess, sondern auch für alle wichtigen
Einzelleistungen. Dieses kollektive Korrektiv kann ein hoch wirksamer „Ver-
stärker" und somit ein besonders wichtiges Instrument für gelingende Lernprozesse sein: durch Anregung, konstruktive Kritik und Motivation. Das ist aber
alles andere als selbstverständlich. Feedback kann „abkippen" in ein unver-
bindliches Gerede, schlimmstenfalls in eine verletzende Kritik, die ein sicherer
Motivationskiller ist. Feedback muss darum methodisch geplant, eingeführt
und durch transparente Verfahren gesichert werden (vgl. Bastian/Combe/Lan-
ger 2003). Die oben (S. 43) genannten Feedback-Regeln wurden zu Beginn des
Jahres vereinbart und immer wieder angemahnt.
   Aktive Rezeption: Wenn Referate vorgetragen oder Ergebnisse von Arbeitsgruppen präsentiert werden, entsteht häufig die bekannte kollektive Lange-
weile der Zuhörenden, die sich „berieseln" lassen und darum wenig oder nichts
behalten. Darum ist es für die Vortragenden wichtig, das Publikum aktiv mit
einzubinden; die Zuhörenden müssen ihrerseits aktiv werden, indem sie Fragen, Anregungen, Rückmeldungen an die Vortragenden richten. Eine einfache

Grundregel kann die Aufmerksamkeit aller binden: Die Zuhörenden müssen Stichworte notieren. Auch das bedarf der Einführung und Übung. Zu Beginn wird diese Anweisung leicht missverstanden, vor allem von jüngeren Schülerinnen und Schülern; die Referenten werden dann ständig durch Nachfragen unterbrochen, weil die Zuhörer meinen, sie müssten vorgetragene Sätze aufschreiben. Was Stichworte sind, wie man sie geschickt wählt und so knapp notiert, dass das Zuhören nicht darunter leidet, muss besprochen und an Beispielen geübt werden.

Je nach Art und Inhalt der vorgestellten Ergebnisse empfiehlt es sich, darüber hinaus Arbeitsanweisungen zu geben, die eine aktive Rezeption steuern, vorzugsweise in Tandems.

Beispiel: Eine Arbeitsanweisung (aktive Rezeption eines Referats)
- Notiere bitte während des Vortrags Stichworte, die dir helfen, den Inhalt zu behalten und wiederzugeben. Achte dabei besonders auf die eingeführten Fachausdrücke oder Namen.
- Vergleiche dann mit deinem Tandempartner/deiner Tandempartnerin, was ihr mitgeschrieben habt, und ergänzt eure Stichworte.
- Notiert euch abschließend Verständnis- und Inhaltsfragen, die ihr stellen möchtet. Ihr könnt auch Vorschläge für eine Diskussion in der Gruppe aufschreiben.

Die „Wie gehen wir vor"-Frage: Was wollen wir wissen? Was ist unser Ziel? Wie gehen wir vor?
Wenn diese Fragen vorab von der Lehrkraft beantwortet und in Unterrichtsplanung umgesetzt werden, hat die Lerngruppe nur geringe Chancen, eigene, konstruktive Vorschläge zu entwickeln. Schülerinnen und Schüler können aber, wie das Beispiel der Unterrichtsreihe zeigt, mit hoher Motivation und Verantwortlichkeit mitdenken und -planen und sollten darum möglichst oft dazu aufgefordert werden. Nicht nur aus pädagogischen Gründen, sondern auch und vor allem der Sache wegen: Oft ist der Weg, eine Sache zu erschließen, das Entscheidende am Verstehensprozess.

Die „Wo stehen wir"-Frage: Wovon sind wir ausgegangen? Welchen Weg haben wir zurückgelegt? Wo stehen wir jetzt?
Diese Fragen sind nicht erst am Ende einer Stunde wichtig. Sie müssen von der Gruppe so verinnerlicht werden, dass sich die Mitglieder der Spezialistenteams auch während der Differenzierungsphasen immer wieder durch Zwischenbilanzen vergewissern, wo sie stehen. Diese Fragen dienen der Selbststeuerung, Selbstkritik, Selbstkontrolle; sie gewährleisten auf einer elementaren Ebene so etwas wie ein metakognitives Bewusstsein. Sie können helfen, Um-

wege und Irrwege nachträglich als solche zu erkennen und zu korrigieren, aus Sackgassen herauszufinden, Zwischenergebnisse zu sichern und neue Motivation zu schaffen. Vor allem schärfen sie das Bewusstsein dafür, den eigenen Lernprozess zu verantworten, ihn zu planen, zu steuern und zu reflektieren.

Die Lerngruppe als „Subjekt" des gemeinsamen Lernens ist – so paradox das klingen mag – eine der wichtigsten Voraussetzungen für gelingende Individualisierung. Die Beiträge der Einzelnen, ihre je eigenen Stärken, Leistungen, Fähigkeiten müssen wahrgenommen werden, damit sie wirken können. Sie können nur dann zu einem harmonischen „Zusammenklingen" (einer „Symphonie") verbunden werden, wenn es einen solchen „Resonanzboden" der gemeinsamen Wahrnehmung und Verarbeitung gibt. Der Titel dieses Buches „Verschiedenheit nutzen" deutet dies an: Es geht nicht darum, Lernen zu „atomisieren", sondern seine vielfältigen Möglichkeiten im Kontext einer Gemeinschaft und eines gemeinsamen Ziels fruchtbar werden zu lassen.

2.2.5   Gesprächs- und Unterrichtsformen

Welche Gesprächs- und Unterrichtsformen jeweils geeignet sind, hängt von den Zielen und Aufgaben ab. Direkte Instruktion und das viel geschmähte fragend-entwickelnde Unterrichtsgespräch können ebenso sinnvoll und effektiv sein wie offene Arbeitsformen. Auch hier geht es darum, eine stimmige Balance zu finden, abhängig vom jeweiligen didaktisch-methodischen Kontext. Herbert Gudjons verteidigt den Frontalunterricht gegen seine Kritiker, indem er ein solches integriertes Konzept skizziert: „Die Qualität der Sozialform Frontalunterricht liegt bildungstheoretisch in der Vorbereitung und Begleitung eigenständiger Lernprozesse der Lernenden" (Gudjons 2003, S. 36 f.). Es kommt also auf ein dynamisches Gleichgewicht zwischen Frontalunterricht, Gruppen- und Einzelarbeit an. So gesehen ist der Frontalunterricht ein notwendiger Bestandteil individualisierenden Unterrichts: Der Lehrer als Impulsgeber, die „forschende Gruppe" und das lernende Individuum sind aufeinander angewiesen, das Gelingen des Unterrichts von ihrem Zusammenwirken abhängig.

Aufgrund der Ergebnisse von Längsschnittstudien wird in der gegenwärtigen Literatur insbesondere auf die Wirksamkeit von direkter Instruktion verwiesen (zum Beispiel Weinert/Helmke 1997, Zusammenfassung bei Wellenreuther 2005). Wer in der Praxis täglich mit dieser Unterrichtsform (im flexiblen Wechsel mit anderen) umgeht, wird sich darüber nicht wundern. Wohl aber über die Schärfe der Kritik von Seiten mancher Forscher gegenüber offenem Lernen und offenem Unterricht, bis hin zu der Behauptung, die „herrschenden Eliten" könnten mit „sogenannten offenen und ineffektiven Methoden sehr gut leben", da solche Eltern in der Lage seien, ihre Kinder durch zusätzliche Nachhilfe oder den Besuch von Privatschulen zu fördern (Wellen-

reuther 2005, S.344). Angesichts der Unterrichtswirklichkeit in heterogenen
Lerngruppen erscheint mir solche Polemik unverständlich. Alle Schülerinnen
und Schüler, von den besonders lernschwachen bis zu den besonders begabten,
sind auf flexible Arbeitszeit, differenzierte Angebote und offene Lernformen
angewiesen, um gründlich und gut arbeiten und ihre Fähigkeiten optimal nutzen zu können. Diese unterschiedlichen Lernwege müssen angekoppelt sein
an einen gemeinsamen Denk- und Lernprozess der Gruppe, der durch systematische Planung gesteuert und durch (je nach Thema unterschiedlich dosier-
te) direkte Instruktion begleitet wird. Es kommt also nicht darauf an, die eine
Unterrichtsform gegen die andere auszuspielen, sondern darauf, ihre Vorteile
durch sinnvolle Kombination zu nutzen. Hier ein Beispiel für ein solches Zusammenwirken im Rahmen einer Doppelstunde.

„Advanced organizing": Das Thema „Jungenspiele – Mädchenspiele" beginnt (wie jede Stunde) mit einem kurzen einführenden Gespräch: Worum geht
es heute? Wie gehen wir vor? Diese Form des „classroom management" wird
in jüngeren Publikationen zur Unterrichtsforschung (der es offenbar bisweilen
an geeigneten deutschen Begriffen mangelt) „advanced organizing" genannt.
Es soll effiziente Zeit- und Ressourcennutzung gewährleisten. Vor allem aber
kann und soll mit einem solchen gemeinsamen Beginn die Aufmerksamkeit
gebündelt und das Denken aller herausgefordert werden.

Arbeitsgleiche Gruppenarbeit: Zu diesem Thema haben alle Schülerinnen
und Schüler Erfahrungen und (zumindest implizite) Vorstellungen und Theorien. Sie gilt es zunächst zu erheben. In Dreier- oder Viererteams werden
Beispiele gesammelt und Vermutungen notiert. Diese Gruppenarbeit stellt einen ersten „Filter" dar, eine Zwischenstation auf dem Weg vom Ich über das
Wir zum Verstehen der Sache. Die Einzelnen sind gefordert, sich einzubringen,
und im Austausch mit der Kleingruppe beginnt zugleich ein Prozess der reflexiven Distanzierung von (naiven) Vorstellungen: Andere haben anderes erlebt
und andere Gedanken, die zum Vergleich mit den eigenen nötigen.

**Auftrag: Beispiele und Vermutungen zum Thema „Jungenspiele –
Mädchenspiele"**

- Bitte tragt einige Beispiele zusammen. Erinnert euch an eure eigenen Kinderspiele. Wie und womit habt ihr am liebsten gespielt,
  wenn ihr allein wart?
- Wie war es in Mädchen- oder Jungen- oder gemischten Gruppen?
- Was beobachtet ihr heute an kleinen Kindern?
- Tauscht eure Vermutungen aus zu der Frage: Gibt es typische Mäd-
  chen- und Jungenspiele?

Gelenktes Unterrichtsgespräch: Eine schwierige Phase im Wechselspiel zwischen individuellen Lernwegen und gemeinsamer Reflexion ist das Einbringen von Gruppenergebnissen. Die Arbeit der Teams muss ernst genommen werden, zugleich ist es in den meisten Fällen unmöglich oder nicht ratsam, dass alle ausführlich zu Wort kommen. In dieser Situation sollte die Lehrerin/ der Lehrer ordnen, systematisieren, der zunächst diffusen Menge von Äußerungen eine erkennbare und einsichtige Struktur geben. Hier ist das leicht zu leisten durch ein Tafelbild oder ein Plakat. Unter der Hypothese (das Wort muss natürlich geklärt sein) „Es gibt typische Jungen- und Mädchenspiele" werden Beispiele in zwei Spalten eingetragen (solche, die dafür, und andere, die dagegen sprechen). Die Gruppen werden aufgefordert, nur solche Beispiele zu nennen, die sie für besonders markant halten, und nur solche, die noch nicht erwähnt worden sind.

Eine abschließende Reflexion soll in Form einer möglichst prägnanten Zusammenfassung geleistet werden. Jede Schülerin, jeder Schüler notiert einen Satz: „Die Beispiele zeigen, dass …" Einige dieser Sätze werden vorgelesen mit dem Ziel einer Zwischenbilanz, die in diesem Fall (wie auch sonst meistens) keinen Konsens ausdrückt, sondern unterschiedliche Positionen.

Offene Diskussion: In Ethik-Fragen gibt es selten endgültige, eindeutig richtige oder falsche Antworten. Gerade sie fordern zu kontroversen Debatten heraus, in denen Jugendliche sich geradezu leidenschaftlich ereifern können. So fühlten sich die Jungen zu heftigem Protest herausgefordert, als es um die Frage ging, ob Mädchen „von Natur aus" einfühlsamer und hilfsbereiter seien als Jungen. Mit beleidigtem Sarkasmus hielten sie den Mädchen vor, diese hätten ein Zerrbild von Männlichkeit verinnerlicht: Als Kinder spielen Jungen mit Waffen und Autos, als Männer sind sie rücksichtslose Raser und Machos, die hilflose Kinder und in Not geratene Mitmenschen achtlos stehen oder liegen lassen. – Solche Gespräche können leicht ausufern. Aber müssen wir als Lehrer immer alles „unter Kontrolle" halten? Ich meine, hitzige Debatten sind um vieles besser als keine oder künstliche Debatten, also solche, bei denen der Lehrer auf ein bestimmtes Ergebnis zusteuert, das nur scheinbar offen ist. Es steht uns gut an, in Gesprächen über offene Fragen aus der traditionellen Lehrerrolle auszusteigen, selbst nachdenkliche Gesprächsteilnehmerinnen und -teilnehmer zu sein, die *nicht* alles besser wissen. Den Jugendlichen sind gerade solche wirklich offenen Gespräche besonders wichtig. Ein vorgegebener Zeitrahmen kann gewährleisten, dass sie nicht ausufern, und eine abschließende Bilanz (Wo stehen wir jetzt? Welche Zwischenergebnisse gibt es? Welche Positionen zeichnen sich ab? Welche Fragen sind offengeblieben?) kann den Übergang zu anderen Arbeitsformen bilden.

Wechsel zwischen Groß- und Kleingruppengesprächen: Martin Wagenschein warnt mit Recht: Es ist ein sehr schwer erreichbares Ziel, dass wirklich alle verstehen. Wenn alle mitdenken, ist schon viel erreicht. Solche kognitive Aktivierung kann durch gelegentlichen Wechsel der Gesprächsform begünstigt werden, zum Beispiel durch „Murmelphasen", in denen sich Kleingruppen über das bisher Gesagte austauschen, Fragen und Überlegungen notieren, die dann in der Gesamtgruppe wieder zusammenkommen. Gerade bei schwierigen Themen oder unübersichtlichen Gesprächen kann eine solche „Zehn-Minuten-Denkfrage" entzerrend, beruhigend und anregend wirken.

Beispiel für eine Zehn-Minuten-Denkfrage: Was ist Ehre?
Wir haben festgehalten, dass Ehre ein ähnlich schillernder Begriff wie Glück ist. Beide haben etwas mit „innen" und etwas mit „außen" zu tun.

- Überlegt euch ein Beispiel oder mehrere für „Ehre innen" und ebenso für „Ehre außen".
- Wie hängt das „Innen" mit dem „Außen" zusammen? Notiert eure Überlegungen in Stichworten.

Direkte Instruktion: Solche offenen und gelenkten, individuellen und gemeinsamen Formen der Annäherung an ein Thema können einen sehr guten „Humusboden" für direkte Instruktion abgeben. Jetzt sind alle durch eigenes Nachdenken so eingestimmt, dass sie (im günstigsten Fall) begierig darauf sind, zu erfahren, was andere zu dem Thema gedacht und herausgefunden haben. In diesem Fall wird die Lehrerrolle von einer Expertengruppe übernommen, die knapp und übersichtlich darstellt, welche Beobachtungen und Experimente von Wissenschaftlern durchgeführt wurden, zu welchen Ergebnissen sie gelangt sind und wie sie diese interpretieren.

Einzelarbeit: Der Lernprozess zu diesem Thema wird am Ende individuell abgeschlossen durch die Arbeit an einer für alle verbindlichen Aufgabe mit unterschiedlichen thematischen Zugängen (s. o.). Dass die geleistete Denkarbeit und das erworbene Wissen darin eingehen, gilt als Qualitätskriterium.

2.2.6 Arbeitsformen und Arbeitszeit

In der beschriebenen Unterrichtsreihe sind wir mehrfach von der Planung abgewichen. Diese Umwege waren meistens besonders spannend. Aktuelles konnte aufgegriffen, die „hier und jetzt" auftauchenden Fragen und Gedanken der Schülerinnen und Schüler konnten vertieft werden. Auf diese Weise ist es generell möglich, Fragen konstruktiv aufzugreifen, zum Beispiel neue Aufgaben oder „Forschungsvorhaben" daraus abzuleiten, wie die zuvor nicht geplante Umfrage zeigt. Solche Umwege können besonders produktive Lernwe-

Entweder:

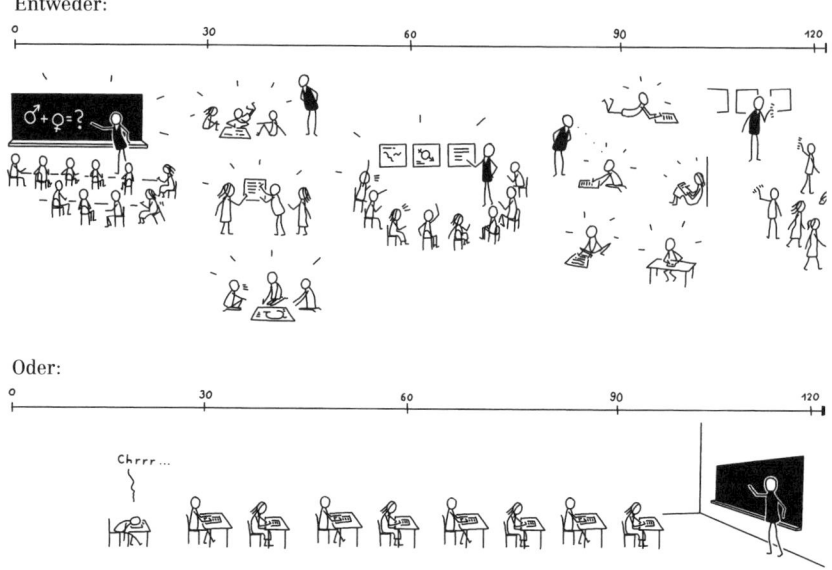

Oder:

ge, solche „geopferte" Lernzeit kann besonders intensiv genutzte Lernzeit sein. Das setzt einen flexiblen Umgang mit Arbeitsformen und Arbeitszeit voraus.

Flexibler Umgang mit der Zeit: In diesem Unterricht standen pro Woche zwei Zeitblöcke zur Verfügung, einmal 60 und einmal 120 Minuten. Die Doppelstunde war in der Regel in ähnlicher Weise strukturiert wie eben beschrieben: kurze Einstiegsphase und Einteilung der Stunde (advanced organizing), Unterrichtsgespräch (offen oder gelenkt), Gruppenarbeit, Präsentation und Diskussion der Ergebnisse, Einzelarbeit.

Ein solcher Zwei-Stunden-Block bietet besonders günstige Voraussetzungen für individualisierenden Unterricht, weil diese Wechsel möglich sind und eine methodisch geplante mehrschichtige und mehrperspektivische Auseinandersetzung mit dem Thema erlauben. Ein untrügliches Zeichen für das Gelingen einer Stunde ist das Zeitempfinden aller Beteiligten. Bekanntlich können Menschen „im Eifer des Gefechts" buchstäblich Zeit und Stunde vergessen. Auch im Fachunterricht kann es passieren, dass die Schülerinnen und Schüler noch weiter in die Pause hinein arbeiten. Aber in der Regel wird solche Motivation (wenn sie überhaupt entsteht) meistens durch die starren Stundengrenzen und das Läuten der Pausenglocke beendet. Die Schulen tun sich also einen Gefallen (im Interesse des Lernens!), wenn sie die Zeiträume großzügig planen. Dann können (und müssen) die Aufgaben anspruchsvoll, die Anforderungen hoch und jeweils so differenziert bemessen sein, dass alle Schülerinnen und Schüler ihnen nachkommen können.

Flexibler Umgang mit Arbeitsformen: Im Wechsel zwischen Einzelarbeit, Gruppenarbeit und Unterricht in der Gesamtgruppe kommt der Gruppenarbeit eine besondere Bedeutung zu. Viele Modelle, die insbesondere in Gesamtschulen entwickelt wurden (zum Beispiel das Team-Kleingruppen-Modell), sind darauf gerichtet, durch strukturelle Vorgaben eine intensive Kooperation in heterogen zusammengesetzten Gruppen zu begünstigen. Aber auch frei gewählte Arbeitsformen oder Zufallsgruppen können sinnvoll sein – je nach dem inhaltlichen Zusammenhang.

In Unterrichtsreihen wie der hier beschriebenen spielen die *Expertengruppen* eine besondere Rolle. Schülerinnen und Schüler ordnen sich, je nach Interesse, einem Thema zu. Oft kombinieren sie das mit persönlichen Vorlieben; dann können Freundschaftsgruppen entstehen oder solche, die sich, was die Motivation und Leistungsbereitschaft der Mitglieder betrifft, deutlich unterscheiden. In solchen Fällen kann es sinnvoll sein, gegenzusteuern durch gesetzte Gruppen. Sie sollten unbedingt von der Sache her begründet sein und nicht als Disziplinarmaßnahme oder gar als Strafe empfunden werden. Es ist einsichtig, dass im Zusammenhang mit bestimmten Fragen die Gruppenzusammensetzung vorgegeben wird (in diesem Fall zum Beispiel durch Mischung der Jahrgänge in einigen Phasen). Häufiger ist die Arbeit in *Wahlgruppen* zu bestimmten Themen.

Beispiel für eine zeitlich begrenzte Wahlgruppenzuordnung: Vorbereitung einer Podiumsdiskussion

Für unsere Podiumsdiskussion über geschlechterbewusste Pädagogik sind drei wissenschaftliche Positionen zu besetzen.

Die *Soziologen* vertreten ihre Gender-Position. Sie plädieren dafür, dass geschlechtsspezifisches Rollenverhalten gesellschaftlich bedingt ist und dass die Schule durch Aufklärung gegensteuern muss.

Die *Psychologen* berufen sich auf neuere Erkenntnisse der Neurobiologie und plädieren dafür, dass die „natürlichen" Unterschiede zwischen den Geschlechtern auch in der Schule stärker berücksichtigt werden müssen.

Die *Pädagogen* wollen allen Kindern und Jugendlichen als Mädchen und Jungen individuell gerecht werden und müssen sagen, wie sie sich eine Schule vorstellen, die diesen Anspruch verwirklicht.

Bitte ordnet euch einer dieser drei Gruppen zu. In der Expertenrunde sollt ihr zunächst eure Argumente sammeln (Stichworte notieren!) und euch dann absprechen, wer während der Podiumsdiskussion was vortragen soll.

Ergänzend zu diesen Arbeitsformen ist die Kooperation in Tandems zu nennen, die von vielen Schülerinnen und Schülern bevorzugt wird. Auch diese Form sollte sich nicht verabsolutieren; sonst ergeben sich leicht „Gewohnheitsspanne" oder Tandems „unzertrennlicher" Freundinnen oder Freunde, und wer keinen solchen Tandempartner hat, bleibt ein „einsamer Wolf" oder landet in einer ungeliebten Zweisamkeit. Darum ist es wichtig, das Tandem funktional zu definieren. Es ist besonders geeignet für die gegenseitige Überprüfung und Optimierung von mündlichen oder (in der Regel) schriftlichen Leistungen. Solche Formen reziproken Lernens stellen eine sehr effiziente Übungsform dar (mehr dazu im folgenden Kapitel).

Beispiel für eine Tandem-Aufgabe: Überarbeitung von Essays
Ihr habt einen ersten Entwurf für eure Essays geschrieben. Bevor ihr ihn überarbeitet, sollt ihr eure Entwürfe mit einem selbst gewählten Partner/einer Partnerin besprechen, mit dem Ziel, Ideen, Anregungen und Tipps für die Überarbeitung zu bekommen.
Grundlage für eure Arbeit ist unsere Checkliste („Wie schreibe ich einen Essay?"). Bitte überprüft zunächst eure eigenen Texte und tauscht sie dann aus. Beim Lesen des Partner-Textes notiert ihr am Rand Stichworte zur Gliederung und zum Inhalt. Anschließend werden beide Texte nacheinander besprochen. Danach notiert ihr zu euren eigenen Texten Stichworte: Was soll überarbeitet, geändert oder hinzugefügt werden?

2.2.7 Arbeitsaufträge und Methoden

Die dargestellte Unterrichtsreihe beginnt damit, dass die Schülerinnen und Schüler zunächst einen persönlichen Text zum Thema schreiben. Diese Texte sollen und dürfen individuell ganz unterschiedlich sein. Die Schülerinnen und Schüler bekommen dazu jeweils Rückmeldungen, aber die Texte werden nicht korrigiert.

Diese Form der Individualisierung bedeutet keineswegs eine Absage an systematisch-fortschreitendes Lernen. Im Gegenteil: Der singuläre Prozess der Aneignung ist Grundlage für die nachfolgende Stufe des Vergleichens, aus der sich die gemeinsame Annäherung an die Sache ergibt. Das ist der Ansatz einer von Urs Ruf und Peter Gallin entwickelten dialogischen Didaktik, die im folgenden Kapitel näher vorgestellt wird. Hier geht es zunächst um das generelle Prinzip, das Singuläre nicht nur gelten zu lassen, sondern es zunächst durch möglichst vielfältige Anregungen herauszufordern.

Das aufeinander bezogene und jeweils neu auszutarierende Wechselspiel zwischen individuellem und gemeinsamem Lernen bedingt die Wahl der Arbeitsaufträge und Methoden – nicht umgekehrt. Das erscheint selbstverständlich, ist es aber nicht. Viele Schulen haben Arbeitsformen und Methoden systematisch trainiert und eigene Curricula dazu entwickelt, natürlich mit dem Ziel, dass die Schülerinnen und Schüler dann – je nach Inhalt – souverän über das Gelernte verfügen. Viele von ihnen neigen aber dazu, sich an einmal bewährten Methoden (zum Beispiel Mindmaps, Plakate) festzuhalten.

Darum ist es wichtig, Arbeitsaufträge und Methoden jeweils neu aus der Sache abzuleiten und durch sie zu begründen. Daraus ergeben sich jeweils auch die Qualitätskriterien.

Einzelaufgaben: Sie dienen einerseits der persönlichen Auseinandersetzung mit einem Thema. Dabei kommt es darauf an, wie dieser Weg verläuft und dokumentiert wird.

Sie dienen aber auch dazu, dass verbindliche Anforderungen mithilfe genauer Vorgaben erfüllt werden können, zum Beispiel bei der Einübung in bestimmte Textsorten, und werden entsprechend bewertet. Im Sinne gelingender Individualisierung ist es darum wichtig, diese Einzelaufgaben so zu stellen, dass jeweils unterschiedliche Lernzugänge möglich sind.

Aufträge an Spezialistengruppen: Die Spezialisten sind zuständig dafür, Informationen über einen Teilbereich des Thema zu beschaffen und diese den anderen in geeigneter Form weiterzugeben. Dabei kommt es darauf an, die Informationen zu verstehen, gründlich und vollständig zu sammeln und so zu verarbeiten und zu präsentieren, dass die anderen Schülerinnen und Schüler davon profitieren können.

Beispiel: Auftrag für die Spezialistengruppe „Wissenschaft"
Eure Aufgaben:
- Ihr lest zwei Artikel aus der Zeitschrift „Gehirn und Geist". Bitte notiert schon beim Lesen Stichworte zum Inhalt, unterstreicht Fachbegriffe, markiert unklare Stellen, die ihr anschließend gemeinsam klären müsst.
- Die in den Texten gebotenen Informationen solltet ihr zunächst in einer Übersicht zusammenstellen. Überlegt euch eine Form (Plakat? Mindmap? Kurzfassung?) und eine der Form entsprechende Gliederung.
- Für die Präsentation und Diskussion eurer Ergebnisse habt ihr 30 Minuten Zeit. Bitte legt vorher den Ablauf fest und sprecht die Rollenverteilung unter euch ab.

- Ihr sollt das, was ihr gelesen habt, den anderen so weitergeben, dass sie es nicht nur verstehen, sondern auch behalten. Dazu ist es notwendig, dass sie selbst aktiv werden. Ihr könnt zum Beispiel Experimente vorstellen, ohne die Ergebnisse zu nennen, und fragen, was die anderen vermuten. Ihr könnt auch aus den Texten Diskussionsfragen ableiten für ein abschließendes Gespräch, das ihr moderiert. Ihr könnt gemeinsam mit der Gesamtgruppe eine Mindmap erarbeiten. Ihr könnt eine Unterrichtsstunde vorbereiten und dafür eine Planung entwickeln, die wir gemeinsam absprechen.

Diese Aufgaben müssen natürlich so gestellt sein, dass sie von der Spezialistengruppe zu bewältigen sind. Bisweilen sind diese Gruppen sehr heterogen zusammengesetzt, was eine produktive Herausforderung für alle darstellt. Häufig finden sich in ihnen aber auch Schülerinnen und Schüler, die ähnliche Interessen haben und ähnlich leistungsstark sind.

Die „Wissenschaftsgruppe" bestand in unserem Beispielunterricht überwiegend aus leistungsstarken Jugendlichen. Andere wären mit dieser Aufgabe überfordert gewesen. Die geplanten Arbeitsaufträge und Aufgaben müssen also gegebenenfalls überarbeitet werden, entsprechend der Zusammensetzung der Gruppen.

Referate: Solche Einzelaufträge sind eine Sonderform der Spezialisierung, die häufig der Referentin/dem Referenten viel abverlangt, aber dem Publikum wenig bringt. Insbesondere für lernschwächere Schülerinnen und Schüler bedürfen daher beide Prozesse der Begleitung: die Erarbeitung und die Präsentation. Referate sollten in der Thematik genau begrenzt sein, nicht länger als maximal 15 Minuten dauern und mit einer Aufgabe an die Gruppe verknüpft sein.

Beispiel für ein Referatthema: Kinderspielzeug zu Beginn des 20. Jahrhunderts
Wie und womit spielten Kinder in dieser Zeit?
Historische Fotos und Texte zeigen, wie sie schon als kleine Jungen und Mädchen auf Kriegszeiten eingestimmt wurden. In dem Buch „Gegen den Krieg" von Klaus Bergmann und Gerhard Schneider sind im Kapitel 2 solche Texte und Fotos zusammengestellt.
Hier einige Vorschläge, wie du vorgehen kannst:
- Wähle einige Fotos aus, vergrößere sie auf Plakatgröße und stelle sie im Kursraum aus.

▶

- Interpretiere die Fotos, indem du auf alle Besonderheiten eingehst, die dir auffallen (zum Beispiel Haltung, Kleidung, Gesichtsausdruck der Kinder, dargestellte Handlungen ...). Gehe auch darauf ein, welche Vorstellung von Erziehung und Kindheit in den Fotos zum Ausdruck kommt, wie Mädchen und Jungen dargestellt sind und was das mit Geschlechterrollen zu tun hat.
- Wähle zwei oder drei Texte aus, die zu den Fotos passen. Arbeite heraus, worin die Texte und die Fotos übereinstimmen. Gehe auch auf sprachliche Besonderheiten ein.
- Vergleiche die damalige mit der heutigen Zeit, indem du kurz auf heutiges Spielzeug eingehst.
- Überlege, wie die Gruppe in dein Thema einbezogen werden kann. Du kannst ein Bild und/oder einen Text zur Interpretation anbieten oder eine Frage zur Diskussion stellen, etwa: Ist das heutige Kinderspielzeug besser als damals? Du kannst auch eine Pro-und-Contra-Diskussion vorschlagen zum Thema: Soll Kriegsspielzeug verboten werden?

Beobachtungs- und Forschungsaufgaben: Solche Aufgaben sind in Umfang und Schwierigkeitsgrad in nahezu allen Abstufungen möglich und darum sehr sinnvoll in heterogenen Lerngruppen. Auch hier kommt es darauf an, die Aufgaben so genau zu begrenzen und zu formulieren, dass sie nicht zu diffusen Suchbewegungen, sondern zu gezielten Recherchen führen. Das Internet kann für solche Aufgaben eine hilfreiche Quelle oder auch ein unübersehbarer Sumpf sein, in dem man sich verliert. Die Anweisung „Seht mal, was ihr im Internet findet" kann (in seltenen Fällen) ratsam sein, wenn es sich um kluge, medienerfahrene Jugendliche handelt, die aus dem Wust von Informationen die für sie relevanten herauszufiltern wissen und dieses Wissen auch auf komplexe unbekannte Aufgaben übertragen können. Dann ist dies die eigentliche Leistung. Im Allgemeinen aber muss gerade die Internetrecherche gut vorstrukturiert werden – eine Aufgabe, die von solchen klugen Jugendlichen häufig besser geleistet werden kann als von Lehrkräften, die mit dem Medium weniger vertraut sind.

Beobachtungs- und Forschungsaufgaben sollten, soweit das Thema es zulässt, auf Realsituationen und leicht zugängliche Quellen bezogen sein, weil diese mehr zu eigener Denktätigkeit herausfordern. Es geht ja nicht nur darum, *was* beobachtet und erforscht werden soll, sondern auch *wie*. Der eigentliche Lernprozess besteht darin, die „forschungsleitende" Frage zu präzisieren, Methoden zu überlegen, Beobachtungen festzuhalten und auszuwerten. Auch schwächere Schülerinnen und Schüler können im Kontext der „forschenden Gruppe" (s. o.) solche problemorientierten Aufgaben gut bewältigen. Hier ein Beispiel für eine Beobachtungsaufgabe. Dazu ist anzumerken, dass die Laborschule eine eigene Primarstufe mit integriertem Vorschuljahr hat. Die Jugendlichen dieser Kursgruppe haben diese Primarstufe durchlaufen, kennen sich also aus, können sich mit ihren „alten" Lehrerinnen absprechen und die lange Mittagspause für die Beobachtungsaufgabe nutzen.

Beispiel für eine Beobachtungs- und Forschungsaufgabe: Pausenspiele

Wie und womit spielen fünf- bis siebenjährige Kinder? Gibt es deutlich erkennbare Unterschiede im Spielverhalten von Mädchen und Jungen?

- Ihr sollt dazu einzeln oder in Teams selbst Beobachtungen anstellen. Sprecht euch mit euren ehemaligen Lehrerinnen ab, informiert sie über euer Vorhaben und bittet sie um Unterstützung.
- Ihr könnt nicht alle Kinder beobachten. Wählt euch je ein Mädchen oder einen Jungen aus und achtet darauf, wie und womit „euer" Kind allein und mit anderen spielt. Wenn alle Beteiligten einverstanden sind, könnt ihr auch Fotos machen, die eure Beobachtungen belegen.
- Legt einen Beobachtungsbogen an (mit Datum), in dem ihr Eintragungen vornehmt (Stichworte!). Überlegt euch eine passende Form für den Bogen. Er sollte auch Platz für eure Überlegungen und Fragen bieten.
- Haltet die Beobachtungen über „euer" Kind möglichst genau fest und fasst sie am Ende in einigen Sätzen zusammen. „Mir ist aufgefallen, dass ..."
- Vergleicht eure Beobachtungen mit denen der anderen. Was stimmt überein, was nicht? Überlegt euch eine geeignete Darstellungsform für eine zusammenfassende Übersicht.
- Überlegt euch, wie ihr eure Beobachtungen auswerten könnt. Wenn ihr zu gemeinsamen Ergebnissen gelangt seid, stellt diese dar und begründet sie. Wenn nicht, notiert, worin eure Ergebnisse und Vermutungen sich unterscheiden.

Szenische Darstellung: Unter diesem Begriff sollen hier unterschiedliche methodische Zugänge zusammengefasst werden, eher „theatralische" wie Pantomime oder Rollenspiel und eher „intellektuelle" wie Fishbowl, Podiumsdiskussion, Planspiel. Ihnen ist gemeinsam, dass die Schülerinnen und Schüler ihre Gedanken nicht als persönliche Positionen darstellen, sondern in distanzierender Verfremdung. Manchen liegen solche Aufgaben besonders, andere scheuen sich davor. Szenische Darstellungen müssen darum so dosiert werden, dass Schülerinnen und Schüler sich nicht vorgeführt, sondern produktiv herausgefordert fühlen.

Beispiel für eine szenisch-pantomimische Darstellung: X trifft Y
Wir haben über „Typen" von Männern und Frauen gesprochen, die durch ein bestimmtes Rollenverhalten auffallen. Aber wie sieht das konkret aus?
Überlegt euch – in Wahlgruppen zu zweit oder zu viert – Begegnungsszenen. Aufgrund einer Kontaktanzeige haben sich je zwei Menschen miteinander verabredet und treffen sich nun.
Hier drei Vorschläge:
- Macho trifft Mauerblümchen
- Unternehmerin trifft Softie
- Model (weiblich oder männlich) trifft Ökofreak (weiblich oder männlich)

Die Begegnungen sollen möglichst ohne Worte ablaufen. Vor allem an Bewegungen, Blicken, Verhaltensweisen soll deutlich werden, wie die Personen sind. Was sie sagen (Minimaltext!), kann die Rolle zusätzlich verdeutlichen. Die Beobachter werden euch zurückmelden, wie eure Darstellung auf sie gewirkt hat.

2.2.8 Differenzierende Aufgaben

Mit diesem Begriff sind nicht unterschiedliche Arbeitsaufträge gemeint, wie in den vorigen Abschnitten beschrieben, sondern solche Aufgaben, die mögliche Differenzierungsstufen in sich enthalten: unterschiedliche Lösungswege oder Schwierigkeitsgrade.

Für Unterricht in heterogenen Gruppen sind besonders zwei Typen von solchen Aufgaben interessant, weil sie individuelle Zugänge ermöglichen und begünstigen. Ich nenne sie hier verkürzt „Du kannst"-Aufgaben und „Blumen"-Aufgaben.

Durch sie können undifferenzierte Arbeitsanweisungen wie „Analysiere den Text X" oder „Nimm Stellung zu Y" so operationalisiert werden, dass ein für alle Schülerinnen und Schüler hilfreiches Gerüst entsteht (die Lernforschung nennt das „Scaffolding"; vgl. Wellenreuther 2005, S. 170), das unterschiedliche Zugänge erlaubt und begünstigt.

„Du kannst"-Aufgaben: Sie ermöglichen unterschiedliche Lernwege und Arbeitsmethoden in unterschiedlichen Schwierigkeitsgraden zu einem Thema und sprechen unterschiedliche Lernertypen an. (Die Frage, ob es sinnvoll ist, Menschen solchen Typen zuzuordnen oder ob diese eher eine Orientierungshilfe für die Konstruktion von Aufgaben darstellen, kann hier nicht vertieft werden.)

Solche Aufgaben können ein Gerüst liefern, wie es oben am Beispiel eines Referatthemas gezeigt wurde. Sie können Anregungen und methodische Hilfen und Strukturierungsvorschläge geben. Sie können aber auch unterschiedliche Fähigkeiten und Vorlieben ansprechen, indem sie verschiedene Verstehenswege anbieten.

Am Beispiel einer Textanalyse (Grabrede auf eine „Vorbildfrau" aus dem 17. Jahrhundert) kann das etwa so aussehen:

Beispiel für eine „Du kannst"-Aufgabe: Analyse einer Grabrede

- Du kannst eine Liste der Verhaltensweisen und Eigenschaften dieser Frau zusammenstellen und sie kurz kommentieren.
- Du kannst dich in die Frau hineinversetzen. Vielleicht sieht sie sich selbst ja ganz anders? Lass sie zu Wort kommen mit einem Selbstgespräch: „Wenn ihr wüsstet, ihr Männer …"
- Du kannst einen Tag im Leben dieser Frau beschreiben.
- Du kannst ein Interview mit ihr führen und aufschreiben.
- Du kannst ein Gespräch zwischen Mutter und Tochter erfinden, in dem die Mutter die Tochter auf ihre künftigen Aufgaben vorbereitet: „Weißt du, mein Kind …"
- Du kannst einen Brief an die Frau schreiben, in dem du ihr erzählst, wie heutige Frauen leben und wie sich die Vorstellungen von einem guten Leben geändert haben: „Liebe Frau S.!"
- Du kannst (mit einem Partner/einer Partnerin) einen Ehestreit spielen: Der Mann hält seiner Frau vor, wie sie zu sein hat, und sie wehrt sich dagegen.

Eine für heterogene Lerngruppen besonders geeignete Leistungsanforderung dieses Typs ist das *Lesetagebuch*. Es stellt eine besonders ansprechende und anspruchsvolle Form aktiver Aneignung dar und ist – angesichts der Fülle und Unterschiedlichkeit geeigneter Lektüren – nahezu beliebig differenzierbar. Ziel des Lesetagebuchs ist, dass die Jugendlichen sich das Buch in einer Weise aneignen, die sie selbst bestimmen, und diesen Prozess in einer besonderen Weise dokumentieren. Das Lesetagebuch soll eine herausragende individuelle

Leistung darstellen und entsprechend gestaltet sein (anschauliche Beispiele dazu s. Kaiser/Mann 2001). Darum muss die Anleitung möglichst vielfältige Anregungen enthalten. (Beispiel s. S. 129)

„**Blumen**"-**Aufgaben:** Dieser Begriff stammt von Regina Bruder und bezeichnet „offene Aufgaben, insbesondere mehrschrittige, bei denen wie eine Blüte aus einer elementaren geschlossenen Teilaufgabe weitere Teilaufgaben ‚mit offenem Ende' herauswachsen" (Bruder 2006, S. 141). Bruder begründet, warum solche Aufgaben insbesondere für den Unterricht in heterogenen Lerngruppen geeignet sind (www.sinus-transfer, Modul 1): Sie basieren auf einer Grundaufgabe mit niedrigschwelligem Niveau, aus der sich Differenzierungsmöglichkeiten in unterschiedlichen Richtungen und mit unterschiedlichen Anforderungen ergeben. Dieses Prinzip der Aufgabenkonstruktion lässt sich auf alle Fächer übertragen. Über Fragen der Ethik zum Beispiel lässt sich in einfacher Alltagssprache, aber auch auf hohem philosophischem und sprachlichem Niveau reden; entsprechend unterschiedlich können Aufgaben gestellt werden. (Beispiel s. S. 61)

2.2.9 Präsentation als Leistung

Leistungen können auf vielfältige Weise präsentiert werden. In heterogenen Gruppen kommt es darauf an, dass *alle* Schülerinnen und Schüler die Möglichkeit haben und dazu aufgefordert werden, ihre Leistungen wirksam und gut zu präsentieren. Dafür müssen drei Voraussetzungen erfüllt sein: (1) Die Präsentationsmöglichkeiten müssen der Verschiedenartigkeit der Aufgaben entsprechen – nicht umgekehrt. (2) Die Präsentation gehört als wichtiger Bestandteil zu der erwarteten und geforderten Leistung, und (3) die Adressaten müssen in geeigneter Weise einbezogen werden.

Präsentation ist für ein Publikum bestimmt. In den meisten Fällen ist es die Lerngruppe. Eine Präsentation kann aber leicht zu einer langweiligen Berieselung werden, wenn Einzelne oder Gruppen ihr Ergebnis vortragen, ohne dass die Gesamtgruppe einbezogen wird. In solchen Fällen ist eigentlich der Lehrer der Adressat und die Präsentation nur eine Soll-Erfüllung vor Schein-Publikum. Damit daraus ein Lernerlebnis für alle Beteiligten werden kann, muss die Präsentation methodisch auf die Einbeziehung des Publikums angelegt sein. Das passiert natürlich nicht von selbst; die Schülerinnen und Schüler müssen dazu angeleitet werden. Wenn das noch nicht der Fall war, empfiehlt es sich, an einem Beispiel zusammenzustellen, was zu einem guten Vortrag gehört (frei sprechen, stehend vortragen, das Publikum durch Blickkontakt einbeziehen, klare Gliederung, einfache Sprache, Kürze …) und wie man Ergebnisse visualisieren kann (Bilder, Grafiken, Plakate, Mindmaps …). Die Frage, ob Powerpoint-Präsentationen verwendet werden, sollte von Fall zu Fall (je nach Alter und inhaltlichem Zusammenhang) entschieden werden; die technische Perfektion ist zwar bestechend, erschwert aber eine Aktivierung der Zuhörenden.

Wie kann methodisch abgesichert werden, dass die Zuhörenden sich nicht entspannt zurücklehnen und innerlich abschalten? Hier einige Beispiele für häufig verwendete Präsentationsformen.

Referat: Eine Schülerin referiert über das Thema „Kinderspielzeug zu Beginn des 20. Jahrhunderts" (s. S.72 f.). Sie stellt Fotos aus und interpretiert diese. Dann verteilt sie einen Text mit der Aufforderung, Übereinstimmungen zwischen Bildern und Text herauszuarbeiten (Kleingruppen, zehn Minuten, Stichworte); die Ergebnisse werden zusammengetragen, die Referentin trägt danach ihre Analyse eines weiteren Textes vor.

Buchvorstellung: Alle Mitglieder der Kursgruppe stellen in einem Jahr mindestens ein Buch vor oder, wenn sie die Tandem-Form bevorzugen, zwei. Dazu gehört eine kurze Inhaltsangabe, die an alle verteilt wird und auch die üblichen Informationen zu dem Buch enthält. (Diese Blätter werden in dem Kursordner unter der Rubrik „Literatur" gesammelt.) Ziel der mündlichen Buchvorstellung ist es auch, Interesse zu wecken.

Dazu kann der Referent eine spannende Stelle auswählen, die in der Gruppe gelesen wird, und eine Leitfrage für eine kurze anschließende Diskussion vorgeben. Die Gruppe kann auch durch eine dialogische Darbietungsform einbezogen werden: Eine Hauptperson (dargestellt von der/dem Vortragenden) wird befragt und antwortet „live".

Ausstellung/„Museumsführung": Eine Gruppe hat zum Thema „Frauenbilder in der Kunst" eine Ausstellung vorbereitet. Einige Abbildungen werden von den Vortragenden interpretiert. Dann werden die Zuhörenden aufgefordert, durch die Ausstellung zu wandern, sich allein oder zu zweit je ein Bild auszuwählen und dazu Beobachtungen zu notieren. Diese werden zusammengetragen und von den Vortragenden durch Informationen und/oder eigene Überlegungen ergänzt.

Szenisches Spiel: Eine Gruppe hat zum Thema „Das erste Date" Spielszenen erarbeitet. Bevor die Darstellung beginnt, wird dem Publikum eine Beobachtungsaufgabe gestellt (Stichworte). Anschließend werden die Beobachtungen gesammelt und von den Darstellenden kommentiert, möglicherweise durch eine zweite Vorführung geklärt. Am Schluss steht ein Feedback der Gruppe für die Vorführung.

Disputation/Streitgespräch: Eine Gruppe hat sich über neuere Experimente und Forschungsergebnisse zum Thema Geschlechterrollen informiert. Diese werden vorgestellt und durch ein Plakat visualisiert. Anschließend werden die Zuhörenden aufgefordert, Stichworte zu einer Pro-und-Contra-Diskussion zu notieren. Thema: „Sind wir Sklaven unserer Gene?"

Eine andere, in diesem Kurs besonders wichtige Funktion hat das **Portfolio** als Form einer individuellen Leistungspräsentation. Diese „direkte Leistungsvorlage" wird von den Schülerinnen und Schülern selbst zusammengestellt. Es gibt unterschiedliche Formen von Portfolios (dazu und zu ihrer pädagogisch-didaktischen Funktion vgl. Winter 2004).

Gerade in heterogenen Gruppen ist das Portfolio ein hervorragendes Instrument der individuellen Dokumentation und Präsentation von Leistungen. In diesem Kurs lauteten die Vorgaben: Das Portfolio muss die von allen verlangten Leistungen enthalten und soll darüber hinaus eure individuelle Jahresleistung in möglichst ansprechender Form präsentieren. Material, Texte, Entwürfe, Mitschriften etc. gehören also nicht in das Portfolio, sondern werden im Ordner gesammelt. Die im Portfolio enthaltenen Leistungen sollen in Bestform präsentiert werden.

Durch diese vorgegebene Anforderung ist das Verhältnis der Schülerinnen und Schüler zu ihren Leistungen von vornherein „gepolt". Sie wissen, dass ihre Gesamtleistung im Portfolio dokumentiert wird und dass jeder Baustein dafür wichtig ist. Sie arbeiten also in erster Linie für sich selbst und nicht für den nächsten Test oder für die Lehrerin/den Lehrer und schon gar nicht für den Papierkorb.

Leider sieht die Realität vielfach immer noch so aus, dass Aufgaben und Materialien nur bis zum erwarteten Kontrolltermin aufbewahrt und dann weggeworfen werden; in den Papierkörben häuft sich dann so viel „totes" Material wie in den Köpfen „totes" Wissen. Das Portfolio stellt hingegen den hohen Anspruch, die eigene Bestform jeweils neu anzustreben und die Einzelleistungen in der nach eigenen Vorstellungen gestalteten Sammelmappe zu einer möglichst guten Gesamtleistung zusammenzufassen. – Dieses Instrument ist leicht anzuwenden und bietet immense Vorteile:

● Es nötigt zu selbstkritischer Überprüfung: Ist mein Produkt jetzt fertig für das Portfolio bzw. wie kann ich es noch verbessern? Die Kriterien für Leistungsbewertung gehen auf diese Weise in die Köpfe der Schülerinnen und Schüler über und damit auch der Anspruch, das Lernen verantwortlich selbst zu steuern.

● Es ermöglicht allen Schülerinnen und Schülern, ein Gesamtprodukt zu erreichen, auf das sie stolz sein können. Das setzt natürlich voraus, dass die im Unterricht gestellten Aufgaben und Anforderungen individuelle Bestleistungen ermöglichen und begünstigen und dass diese auch gewürdigt werden. Lernfreude und Motivation hängen entscheidend davon ab, ob Leistung auf diese Weise als persönliche Bereicherung erlebt werden kann, als etwas, das Lust auf mehr macht.

● Es nötigt zu klarer Ordnung und ansprechender Gestaltung. Für viele Schülerinnen und Schüler klären sich bei der Gestaltung zugleich die Gedanken.

Vorformen, oft wirr und unansehnlich, müssen ausgefeilt werden. Dazu
gehört auch die optische Gliederung, die zuvor gedanklich geklärt sein muss.
Wie ästhetisch anspruchsvolle Gestaltung und inhaltliche Qualität einander
bedingen, ist eine Frage, die hier nicht vertieft werden kann. Viele Erfahrungen zeigen: Die Wechselwirkungen sind immens.

● Es erlaubt und begünstigt das Lernen von anderen. Nichts ist motivierender
und wirksamer als gute Beispiele, an denen man sich inspirieren kann. Was
das Feedback für gemeinsames Lernen im Unterricht leistet, leistet der
Vergleich von Portfolios für die Präsentation von Leistungen: Anregung,
Bestätigung, Ermutigung.

„Verschiedenheit nutzen" – dieser Titel könnte auch über einem Buch zum
Thema Portfolios stehen.

2.2.10 Diagnostik und Beratung

Eines der beschämenden Ergebnisse von PISA ist bekanntlich die Tatsache,
dass die schwächsten Leser unter den Schülerinnen und Schülern von ihren
Lehrerinnen und Lehrern nur zu einem geringen Prozentsatz (11 Prozent) als
solche erkannt werden (Deutsches PISA-Konsortium 2000, S. 119 f.). Seitdem
ist Diagnostik zu einem Schwerpunkt-Thema in der pädagogischen Diskussion
geworden.

Schwierig an diesem Begriff, so scheint mir, ist der Anspruch, den er sug-
geriert: Wenn wir nur genau genug Bescheid wüssten, könnten wir mit Sicher-
heit die richtigen Maßnahmen treffen. Diese Eindeutigkeit – darauf weisen
viele Autoren hin – gibt es jedoch in der Pädagogik nicht. Der Vergleich mit der
Medizin (man diagnostiziert eine Krankheit, um daraus Therapiemöglichkeiten
abzuleiten) hinkt auch darum, weil Pädagogen nicht „Defekte" diagnostizieren,
sondern vor allem Stärken wahrnehmen sollten (Werning 2003). Am einpräg-
samen Beispiel des Zappelphilipps ist Marianne Horstkemper (2004, S. 210 f.)
solchen Schein-Gewissheiten zu Leibe gerückt. Ihre Argumentation: Ein Lehrer,
der den Zappelphilipp als einen „Fall von Hyperaktivität" diagnostiziert und
damit zu einem „Fall für den Schulpsychologen" erklärt, verschließt seine
Augen vor der vielleicht wichtigeren Erkenntnis, dass hier ein „Fall mit" vor-
liegt, in dem die Gruppe eine ebenso bedeutsame Rolle spielt wie das eigene
Lehrerhandeln, und dass das Zappeln des Schülers Philipp vielleicht ein Ausdruck unerkannter und ungenutzter Potenziale ist. (Man weiß, dass hochbe-
gabte Kinder häufig durch störendes Verhalten signalisieren, dass sie sich nicht
wohl fühlen.) Pädagogische Diagnostik ist, wie das von Horstkemper dargestellte Beispiel zeigt, vorfokussiert durch unsere Einstellungen zum Unterricht,
zu den Schülerinnen und Schülern und auch, wie sie betont, durch das Bil-
dungssystem (S. 206). Vereinfacht gesagt: Eine selektive Diagnostik ist stärker

darauf gerichtet, dass die Schülerinnen und Schüler eine gesetzte Norm erfüllen, und orientiert sich primär an Produkten. Eine Förderdiagnostik ist stärker darauf gerichtet, wie sie ihre individuellen Möglichkeiten nutzen können, und orientiert sich primär an Prozessen. Auch wenn Lehrerinnen und Lehrer in der Regel versuchen werden, beide Aspekte zu berücksichtigen, messen sie dabei doch – bewusst oder unbewusst – einer der beiden Wege eine höhere Priorität zu.

Ein Unterricht wie der hier beschriebene ist in hohem Maße davon abhängig, dass er von allen Beteiligten als Gemeinschaftsleistung wahrgenommen wird, zu der alle beitragen. Die Qualität des Unterrichts und der individuellen Lernentwicklungen ist abhängig vom *Prozess* dieses Zusammenspiels. Die Rolle der Lehrkraft besteht ganz wesentlich darin, alle Schülerinnen und Schüler in dem Bewusstsein zu bestärken: Dein Beitrag ist wichtig, deine Leistung ist gefordert, du bist mit verantwortlich dafür, dass wir zusammen etwas Gutes zustande bringen, du sollst deine Möglichkeiten voll ausschöpfen, um am Ende stolz auf deine Leistung sein zu können.

Diese scheinbar einfachen Sätze sind nicht nur sehr voraussetzungsvoll, sondern beschreiben zugleich den vielleicht am schwersten einzulösenden Anspruch des Unterrichts in heterogenen Gruppen. Die Leistungen der Einzelnen sind sehr unterschiedlich – die Kinder und Jugendlichen selbst wissen das ganz genau. Wie kann dann zugleich jede und jeder ermutigt und in dem Bewusstsein bestärkt werden, „gut" sein zu können? Antwort: durch einen anderen Blick auf Leistung, genauer: durch eine andere Gewichtung der Bezugsnormen.

Die Unterscheidung zwischen individueller, sozialer und sachlicher Bezugsnorm ist in der Unterrichtsforschung seit langem bekannt (Zusammenfassung bei Rheinberg 2004). Diese Bezugsnormen spiegeln das Spannungsfeld der Leistung wider, das im ersten Kapitel vorgestellt wurde. Die Frage, wie sie aufeinander bezogen und gewichtet werden, ist zugleich *die* Kernfrage im Unterricht mit heterogenen Gruppen. Wir können nicht, ohne unsere Glaubwürdigkeit zu verlieren, einer Schülerin oder einem Schüler bestätigen, er oder sie habe große Fortschritte gemacht und viel geleistet, und diese Leistung zugleich „mangelhaft" oder „ungenügend" nennen. Wir können aber auch nicht so tun, als seien alle Leistungen „irgendwie" gut und die Qualitätsunterschiede zwischen ihnen unwichtig. Was also tun?

In diesem Kurs kommen Jugendliche aus drei Jahrgängen mit individuell sehr unterschiedlichen Voraussetzungen zusammen. Sie sollen in einer förderlichen Gemeinschaft je einzeln und gemeinsam gut lernen und arbeiten. Damit das gelingen kann, müssen sie wissen, was ihnen geboten und was von ihnen erwartet wird. Diese Vorgaben werden zu Beginn des Schuljahrs sinngemäß so skizziert:

Wir werden in diesem Jahr zusammen eine „Reise" machen, die durch viele Gebiete unserer Kultur und anderer Kulturen führt und auch mehrere Abstecher in eine teilweise weit entfernte Vergangenheit vorsieht. Ausgangspunkt sind Fragen, die ihr euch stellt und die Menschen sich schon immer gestellt haben. Aus ihnen werden wir gemeinsam Themen auswählen. Ihr werdet viel Neues kennenlernen, euch mit sehr unterschiedlichen Themen, Texten und Standpunkten auseinandersetzen, daran euer eigenes Denken schulen und euch an diesem Prozess mit eigenen Leistungen aktiv beteiligen.

Der wichtigste Anteil an eurer Jahresleistung ist das Mitdenken, Mitreden, Mithandeln. Gefragt sind eure Ideen und Vorschläge, eure Fragen und Gesprächsbeiträge und natürlich die Produkte eurer Arbeit. Die schriftlichen Aufgaben werden nur zum Teil für alle gleich sein. Ihr werdet auch persönliche Texte schreiben und euch Expertengruppen zuordnen, die ein selbst gewähltes Thema erarbeiten und die Ergebnisse dieser Arbeit den anderen präsentieren. Darüber hinaus gibt es viele Anregungen für besondere Leistungen wie Forschungsaufträge, Referate, Buchvorstellungen. Diese Leistungen sind die „Schätze", die ihr während der Reise sammelt und in einer „Kiste" aufbewahrt, genannt Portfolio. Es soll nicht ein Sammelsurium von Zetteln enthalten, sondern alle Leistungen, die euch gut gelungen sind. Wichtig ist also, dass ihr an euren Aufgaben so lange feilt, bis ihr damit zufrieden seid. Das Portfolio soll nicht „irgendein Ordner" sein, sondern eine schöne, persönlich gestaltete Mappe, auf die ihr stolz sein könnt.

Die Beurteilung, die ihr am Ende des Jahres bekommt, fasst dies alles zusammen. Eine besondere Rolle spielt dabei, wie ihr eure Kräfte genutzt habt, um euch – allein und gemeinsam mit anderen – die Themen anzueignen, euer Denken daran zu schulen und dies in möglichst gute persönliche Leistungen umzusetzen.

Für einen so konzipierten Unterricht sind Diagnostik und Beratung von entscheidender Bedeutung. Sie können im Fachunterricht nur auf die Fachleistungen begrenzt sein, umfassen also nicht das gesamte Spektrum möglicher Entwicklungen – was Beratungen mit Fachkollegen nicht aus-, sondern einschließt. Sie zielen darauf, allen Schülerinnen und Schülern zu individuellen Bestleistungen zu verhelfen. Dazu gehört:

- die Einzelnen „auf den Weg bringen";
- herausfinden, wie die Einzelnen auf eine Aufgabe zugehen, persönliche Zugänge verstehen;

Entweder: Oder:

- individuelle Lernwege zulassen, Stärken verstärken, Schwächen mit unterstützenden Maßnahmen beantworten, Hilfen und gegebenenfalls Alternativen anbieten;
- Zwischenstände erfragen, hilfreiche Korrekturen anbieten;
- individuelle Rückmeldung geben;
- individuelle Übungs- und Trainingsmöglichkeiten anbieten;
- inhaltliche Anregungen geben (Beispiele, Tipps für Lektüre/Recherchen);
- methodische Anregungen geben;
- Anregungen für die Gestaltung und Präsentation einer Aufgabe geben.

Eine wichtige Frage ist, woher die Zeit für solche Beratungen kommen kann. In einem die gesamte Lerngruppe und Lernzeit umfassenden Frontalunterricht ist sie gleich null. Hingegen bieten die Phasen der Einzel- und Gruppenarbeit, insbesondere in großen Zeitblöcken (hier: je einmal wöchentlich 60 bzw. 120 Minuten), viele Gelegenheiten, sich Kleingruppen oder Einzelnen zuzuwenden. Beratungszeit und Unterrichtsgestaltung sind also voneinander abhängige Größen: Ohne intensive Beratung kann selbstständiges, selbstverantwortetes Lernen nicht funktionieren, und dies ist umgekehrt die Voraussetzung für individuelle Beratungsgespräche. – Wichtig ist darüber hinaus, dass die Schülerinnen und Schüler auch außerhalb der Stunde Gelegenheit zu Gesprächen haben. In unserem Fall wurden zwei Pausen in der Woche als Sprechzeiten vereinbart.

Die folgenden Fallbeispiele zeigen, wie diese Beratungspraxis konkret aussehen kann. (Die Schülertexte sind rechtschriftlich korrigiert.)

Felix (Jg. 8): Felix beteiligt sich an allen Gesprächen mit lebhaftem Interesse, ist eloquent und diskussionsfreudig, ein guter Teampartner und sehr kommunikativ. Wenn es um schriftliche Aufgaben geht, wirkt er hingegen unsicher und lustlos. Seine Schrift ist schwer lesbar, sie „kippt". Die Texte sehen häufig unfertig und unschön aus. Er neigt dazu, Aufgaben anzufangen und dann liegenzulassen.

Die Aufgabe, eine Leichenpredigt aus dem 17. Jahrhundert zu analysieren (s. S. 76), löst er so:

> Als Erstes würde ich sagen, dass es diese Leichenpredigten gar nicht mehr gibt.
> Irgendwann haben die Frauen angefangen, sich zu wehren.
> Die Gesellschaft hat sich verändert (Kriege, Hunger ...).
> Das Bild der Frau hat sich verändert, weil immer mehr Frauen in verantwortliche Stellen kamen.

An diesem Beispiel und ähnlichen zeigt sich: Felix kann seine Reflexions- und Argumentationsfähigkeit nur in geringem Maße schriftlich umsetzen. Es gilt, ihn in seinen guten mündlichen Leistungen zu bestärken und die Diskrepanz zu den schriftlichen zu verringern: durch Anregungen, Hilfen und genaue Anweisungen. Er überarbeitet die Aufgabe anhand von detaillierten Vorgaben.

Felix ist produktiv herausgefordert in seiner Expertengruppe („Wissenschaft"), beteiligt sich am Exzerpieren und Zusammenfassen der Texte und übernimmt die Moderatorenrolle in einer zu diesem Thema von der Gruppe gestalteten Unterrichtsstunde. Darüber hinaus übernimmt er ein Referat, das inhaltlich und methodisch genau vorstrukturiert ist, sodass er sich an diesem Gerüst orientieren (Beispiel s. S. 72 f.) und einen klar gegliederten, zusammenhängenden Text schreiben kann, und stellt ein Buch vor.

Felix' schriftliche Leistungen zeigen eine allmähliche Steigerung: Der Schreibfluss passt sich dem Gedankengang besser an, der Stil wird flüssiger, gedankliche Verbindungen werden sprachlich adäquater ausgedrückt. Nach wie vor fällt es ihm schwer, sich in Form eines Essays schriftlich-reflexiv mit einem Thema auseinanderzusetzen. Seinen Abschluss-Essay zum Thema „Wie entstehen Geschlechterrollen?" baut er darum auf dem Fallbeispiel eines bisexuellen Jungen auf (hier ein Auszug).

> Ein Psychologe sah eine Chance zu beweisen, dass Geschlechterrollen anerziehbar sind. Er besuchte die Familie und überzeugte sie, an einem Versuch teilzunehmen. Der Junge wurde von da an als Mädchen erzogen, er spielte mit mädchentypischen Spielzeugen, wurde in Kleider gesteckt und wurde mit Mädchen konfrontiert. Die Theorie schien bestätigt zu sein.

Der Vergleich zwischen den beiden Texten zeigt eine deutliche Verbesserung des (schriftlichen) Reflexions- und Sprachniveaus.

Jenny (Jg. 8): Jenny verhält sich im Unterricht sehr zurückhaltend. Lebhafte Diskussionen, erst recht leidenschaftliche Debatten scheinen sie abzuschrecken. Dabei zeigen ihre schriftlichen Arbeiten ein hohes Reflexionsniveau und ein bemerkenswertes sprachliches Gestaltungsvermögen.

Jenny fällt es leichter, sich mündlich zu äußern, wenn sie sich gut darauf vorbereiten kann. Es gilt, solche Gelegenheiten bereitzustellen und zu nutzen und Jenny gleichzeitig zu anspruchsvollen schriftlichen Arbeiten zu ermutigen. Sie beteiligt sich an dem Rollenspiel „Das erste Date". Sie ordnet sich der Expertengruppe „Kunst" zu, beteiligt sich am Aufbau einer Bilderausstellung und führt die „Museumsbesucher" hindurch, indem sie die Bilder interpretiert. Sie liest ihre Texte zunehmend selbstbewusst in der Gruppe vor und bekommt sehr positives Feedback.

Jenny stellt hohe Ansprüche an sich und orientiert sich an den leistungsstarken Zehntklässlern. Zu vielen Themen schreibt sie mehrere Texte. In ihrem Abschluss-Essay greift sie auf Gelerntes zurück und verknüpft ihr Wissen über wissenschaftliche Positionen und über die Stellung von Frauen in verschiedenen religiös geprägten Kulturkreisen mit eigenen Reflexionen.

Auszug (Anfang und Ende) aus diesem Essay zum Thema „Wir werden nicht als Frauen geboren, wir werden zu Frauen gemacht":

> Wunderbarer Spruch. Sehr stark und mutgebend. Nur die Biologen sagen: Frauen werden als Frauen geboren. Die Unterschiede der Geschlechter beruhen auf biologischen Tatsachen. Wirklich? Soll die ganze Frauenunterdrückung auf die Biologie zurückzuführen sein?
>
> ...
>
> Wie viel Wahrheit steckt in diesem Spruch von Simone de Beauvoir? Biologisch werden wir mit bestimmten Veranlagungen geboren, also werden wir schon als Frauen geboren, aber die Gesellschaft und die Religionen geben die Position an, machen Frauen zum schwächeren Geschlecht bzw. zu dem, was sie sind. Frauen werden durch die Biologie, die Gesellschaft und die Religionen zu dem, was sie sind.
> Ein weiterer Grund, warum ich glaube, dass die Biologie nur bedingt schuld ist: Ich kann mir nicht vorstellen, dass die Natur gewollt hat/ will, dass das eine Geschlecht dem anderen unterlegen ist.

Tina (Jg. 8): Tina gehört zu den jüngsten Schülerinnen in der Gruppe. Sie beteiligt sich mit lebhaftem Interesse an Gesprächen über konkrete Lebensfragen, aber sie „schnallt ab", wenn es abstrakter wird. So ist für sie die Aufgabe, einen Essay zu schreiben, umso besser zu bewältigen, je genauer sie sich die Situation vorstellen kann. In ihrem Text zu der Frage, was eine Schule tun kann, um Mädchen und Jungen gerecht zu werden, heißt es:

> So eine Schule sollte ein gutes Konzept haben und zusätzlich nicht so streng sein.
> Mädchen wie auch Jungen sollten eine gute Lernchance haben und durch die Schule gefördert werden. Sie sollten durch Sachen wie z. B. Praktikums auf ihr späteres Leben vorbereitet werden.
> Eine Schule, die sich nicht denkt, dass sie dort vor sich 30 junge Leute sitzen hat, die etwas lernen sollen, nein, sie sollte denken, da vor mir sitzen 30 junge Leute, die alle anders sind und alle etwas anderes werden wollen.

Tina entwickelt ihr Leistungsprofil, indem sie ihre Stärken (Empathiefähigkeit, Phantasie, anschauliches Denken) nutzt, zum Beispiel durch das Zusammenstellen einer Modenschau. Die Gruppe schreibt dazu einen begleitenden Text und kommentiert die ausgestellten Modelle. Tinas Texte sind sehr konkret, lebensnah und an Beispielen orientiert. Eine reflexive Verarbeitung der Geschlechterrollen-Problematik gelingt ihr zunächst nur ansatzweise. Sie kann ihre Leistungen steigern, auch dadurch, dass sie kleinschrittig gestellte Aufgaben genau befolgt.

Sarah (Jg. 10): Sarah hat den Ethik-Kurs nicht nur aus inhaltlichem Interesse gewählt, sondern auch, um ihre Reflexions- und Schreibfähigkeit zu schulen. Sie hat vor, die Oberstufe eines als besonders anspruchsvoll geltenden Gymnasiums zu besuchen. Ihr Engagement geht weit über das erwartbare Maß hinaus. Sie übernimmt mehrere Referate, schreibt mehrere Essays und weitere Texte, um sich zu schulen. Ihr Portfolio hat den Umfang eines kleinen Buches.

Sarahs erste Arbeit zum Thema „Wer bin ich?" beginnt so:

> Die im Titel gestellte Frage soll im Zentrum dieses Essays stehen, jedoch empfinde ich die folgende als besonders wichtig zur Beantwortung: Was ist das Ich (ohne direkten Bezug auf mich selbst)?

Erkennbar ist an dieser Passage nicht nur der hohe Anspruch, den die Verfasserin an sich selbst stellt, sondern auch der bemühte, „kopflastige", bisweilen verkrampft wirkende Stil. Gemeinsam mit Sarahs Deutschlehrerin wird ein Übungsprogramm für sie entwickelt; sie soll überladene Sätze, Nominalstil und Passiv möglichst vermeiden, sich als Lesepublikum Jugendliche vorstellen, denen sie einen schwierigen Sachverhalt erklärt, ohne dabei inhaltliche Abstriche zu machen oder das ihr mögliche Reflexionsniveau zu senken.

In ihrem Essay zum Thema „Rollenbilder – naturgegeben oder gesellschaftlich bedingt?" greift Sarah auf die im Unterricht erarbeiteten Texte und Positionen zurück und versucht auf dieser Grundlage eine Typologie von Rollenbildern zu entwickeln. Deutlich kommt in ihrem Text das Bemühen zum Ausdruck, komplexe Gedankengänge strukturiert, klar und einfach auszudrücken (hier ein Auszug):

> In den unterschiedlichsten wissenschaftlichen Fachrichtungen (z. B. Biologie, Psychologie, Soziologie, Theologie) wird die Frage nach dem Ursprung der Rollenbilder behandelt. Hierbei ist umstritten, welchem der Einflüsse ein größeres Gewicht zuzuschreiben ist. Mein Essay wird sich mit den Faktoren Natur und Gesellschaft und ihrem Einfluss auf Rollenbilder beschäftigen.
>
> Wichtig ist eine Unterscheidung zwischen Rollenbild und Rolle selbst. Aus einer Rollenverteilung heraus entsteht das Rollenbild, also die Vorstellung von der Art einer Rolle. Diese Vorstellung beinhaltet auch die Überzeugung, eine bestimmte Gruppe habe die Rolle zu übernehmen.
>
> Über Rollenverteilung kann in Bezug auf unterschiedlichste Gruppen diskutiert werden (z. B. im Verhältnis zwischen gesellschaftlichen Schichten), an dieser Stelle ist aber die Rollenverteilung zwischen Mann und Frau und eine daraus entstehende Hierarchie relevant. Es muss zwischen einer gleichberechtigten Rollenverteilung und einer Hierarchie unterschieden werden.

Diese Beispiele mögen genügen, um zu zeigen, wie eine individuelle Beratung dazu beitragen kann, Schülerinnen und Schüler auf dem ihnen erreichbaren Niveau zu fördern. Das gelingt selbstverständlich nicht immer und nicht immer gleichermaßen. In diesem Kurs konnte in zwei Fällen keine deutliche Leistungssteigerung erreicht werden; im einen Fall aufgrund besonderer persönlicher Belastungen, im anderen, weil ein Schüler sich nicht wirklich auf die Anforderung einließ, ein persönliches Optimum anzustreben. Er fragte jeweils, was er tun müsse, um eine Drei zu bekommen – und verpasste so die Chance, sich wirklich auf die Themen einzulassen und sein Lernen in die eigene Hand zu nehmen. Was er leistete, war „befriedigend", gemessen an der Sachnorm, aber „mangelhaft", gemessen an der Individualnorm.

2.2.11 Individuelle Leistungsbegleitung und -bewertung

An den vier Fallbeispielen lässt sich das Problem der Leistungsbewertung zeigen. Wie kann man diesen vier Jugendlichen und ihren Leistungen gerecht werden? Zwischen den Leistungen der drei Achtklässler gibt es erkennbar große Unterschiede. Aber keine von ihnen ist, legt man eine Jahrgangsnorm (die hier ja nicht gegeben war) zugrunde, „ungenügend" oder „mangelhaft", nach meiner Einschätzung auch nicht „ausreichend". Wenn aber nur die drei oberen Zensuren vergeben werden, können die Unterschiede nicht adäquat in Zensuren ausgedrückt werden. Was ist die Konsequenz?

Die einfachste und radikalste, an der Laborschule zum Strukturmerkmal erhoben, lautet: keine Zensuren. Sie sind zu ungenau, werden den Jugendlichen und ihren Leistungen nicht gerecht. Die Fallbeispiele sollen auch zeigen, dass und wie es möglich ist, individuelle Leistungen auf unterschiedlichem Niveau zu fordern und zu fördern, auch wenn es keine Zensuren gibt. Aus Sicht der Laborschule würde der Nachsatz lauten: *gerade* wenn es keine Zensuren gibt.

Die drei vorgestellten Achtklässler haben nach meiner Einschätzung je einzeln eine gute oder sehr gute Jahresleistung erreichen können und auch gezeigt, weil sie das ihnen Mögliche leisten sollten, also weder unter- noch überfordert waren.

Ein konsequent individualisierender Unterricht braucht ein adäquates System individueller Leistungsbegleitung und -bewertung. Eine andere Gewichtung der Bezugsnormen ist dafür maßgeblich. Die besonderen Bedingungen der Laborschule (Zensuren erstmalig am Ende des neunten Schuljahrs) sind normalerweise nicht gegeben.

An jeder Schule und in jedem Unterricht aber ist es möglich, die „Alleinherrschaft" von Tests und Zensuren durch ein flexibles System von unterschiedlichen, aufeinander bezogenen Formen der Leistungsbegleitung und -bewertung zu ersetzen. Dazu gehören:

- eine stärkenorientierte individuelle Beratung, bezogen auf die individuelle Bezugsnorm,
- individuelle Rückmeldungen für schriftliche Arbeiten,
- ein ausgeprägtes und eingeübtes Feedback-System,
- Formen der Selbst- und Fremdbewertung durch „kollegiale Beratung" im Tandem oder Team, bezogen auf transparente Kriterien,

- Beratungsgespräche mit Eltern und den beteiligten Schülerinnen und Schülern (zum Halbjahr),
- individuelle Vereinbarungen oder Verträge,
- eine ausführliche Würdigung der Jahresleistung durch einen individuellen Lernbericht,
- eine Jahresnote (hier nur für den neunten und zehnten Jahrgang), bezogen auf den gesamten Leistungsprozess und seine Ergebnisse.

Die Kritiker solcher Verfahren verteidigen ein normierendes System von standardisierten Kontrollen und Zensuren mit dem Argument der Genauigkeit und Gerechtigkeit. Die Befürworter halten dagegen: Gerade weil es um Genauigkeit und Gerechtigkeit geht, müssen wir Instrumente und Verfahren entwickeln, mit deren Hilfe wir individuelle Entwicklungen und Leistungsstände genauer beschreiben und gerechter bewerten können.

Tests können dabei wichtige diagnostische Hilfsmittel sein, sie können individuelle Kompetenzprofile sichtbar machen, auf deren Grundlage eine genauere Beratung möglich ist. Als Selektionsinstrumente sind sie hingegen kontraproduktiv. In diesen Positionen kommen offensichtlich unterschiedliche Vorstellungen von Gerechtigkeit zum Ausdruck, die bereits erwähnt wurden und auf die später noch genauer einzugehen sein wird. Hier sei das Problem an einem Beispiel verdeutlicht.

Beispiel für eine Jahresleistung, ihre Begleitung und Bewertung: Tina hat den Ethik-Kurs im achten Schuljahr gewählt, ist im Unterricht zunächst scheu und zurückhaltend und tut sich auch mit den ersten Aufgaben schwer, bis sie verstanden hat, dass es um ihre Gedanken geht.

Ich stelle hier eine Auswahl aus ihren schriftlichen Arbeiten vor: den ersten Text, den sie im Kurs geschrieben hat, und zwei Beiträge zum Thema „Geschlechterrollen".

Ihr erster Text zum Thema „Wer bin ich?" lautet:

Was bin ich?
Wer ist mein Ich?
Was ist überhaupt das Ich?
Bin ich das Ich oder lenkt irgendjemand mich und mein Ich?
Wenn ich ich bin, warum weiß ich dann so wenig über mich?
Wenn mein Ich und mein Ich doch zusammengehören, warum gibt es dann Unentschlossenheit?
Habe ich viele und verschiedene Ichs und kämpfen sie gegeneinander?
Woraus bestehe ich?

Gut, aus Knochen, Fleisch und allem Erdenklichen, aber woraus besteht mein Ich? Es muss doch etwas in mir sein, was mir sagt, was ich tun soll.

Warum fühle ich? Was sagt mir, dass ich Freude, Wut, Glück oder Enttäuschung empfinde?

Wenn ich werden soll, was ich bin, dann müsste ich ja schon diejenige sein und würde gar keine Andere mehr werden.

Der Gedanke macht mir Angst. Dann heißt es ja, dass ich mich nicht mehr verändere. Nie jemand anderes werde.

Oder deute ich diesen Gedanken falsch?

Denn es ist ja so, dass ich mich jede Sekunde verändere. Das kann man doch gar nicht aufhalten!

Außerdem weiß ich ja auch gar nicht, wann ich die Tina bin, die ich werden soll ...

Im Großen und Ganzen denke ich aber, dass es eigentlich völlig egal ist, ob ich nun schon die bin oder ob ich sie erst noch werde. Denn ich bin ich und werde auch nie jemand anderes sein.

Ich kann nicht weglaufen. Nicht vor mir und auch sonst vor niemandem.

Denn ich bin ich.

Tina bekommt ein ausführliches Feedback durch die Gruppe und eines in Form eines persönlichen Beratungsgesprächs. Die Rückmeldung lautet sinngemäß:

Du hast einen persönlichen, zugleich nachdenklichen Zugang zum Thema „Wer bin ich?" gewählt, in dem du es durch immer weiter gehende Fragen eingekreist hast. Als Kerngedanken entwickelst du daraus zwei Fragen, die zusammengehören: (1) ob es *ein* Ich gibt oder so etwas wie eine übergeordnete Instanz, die dem „unteren" Ich Anweisungen erteilt, und (2) ob das eine Ich in der Art eines „vorprogrammierten" Ziels die Entwicklung des anderen steuert. Dein Text ist sehr persönlich und sehr schön geschrieben, in klarer, einfacher Sprache. Zugleich ist der Aufbau genau durchdacht, du hast deinen Text fast wie ein Gedicht „komponiert". Der Schluss fällt gegenüber dem Anfang und dem Mittelteil etwas ab: Wenn es um die eigene Entwicklung geht, ist nichts „völlig egal", schon gar nicht solche Grundsatzfragen, wie du sie gestellt hast. Was du meinst, wird durch die folgenden Sätze klarer, aber mir scheint, dass du diese Gedanken noch nicht zu Ende gedacht hast.

Bei der Auswahl und Ausführung ihrer weiteren Arbeiten bestätigt sich der Eindruck, dass Tina über eine bemerkenswerte Empathiefähigkeit verfügt, sehr gefühlsbetont denkt und schreibt und ihre Texte bewusst und sprachlich ausdrucksstark gestaltet.

Sie wählt zum Beispiel die Aufgabe, einen Dialog mit einem Gedicht aufzuschreiben, der drei maschinengeschriebene Seiten umfasst. Rückblickend gesehen ist das aus ihrer Sicht ihre beste Leistung im Jahr. Die üblichen Kriterien für Textanalyse und -interpretation hat sie völlig außer Acht gelassen und „nur" ihre Gedanken aufgeschrieben.

Als persönliche Auseinandersetzung mit einem Gedicht ist diese Leistung als sehr gelungen zu werten, als normale Deutschaufgabe (die allerdings auch nicht „normal" gestellt war) nicht. Die Rückmeldung ist in dieser Weise differenziert.

Im Laufe des Jahres zeichnen sich Tinas Stärken und Schwächen immer deutlicher ab. Intuition, einfühlendes Verstehen und kreative Gestaltung sind ihre Stärken, die rational-diskursive Auseinandersetzung mit Themen, zumal in schriftlicher Form, fällt ihr schwerer. Sie nimmt bereitwillig Anregungen an, die darauf zielen, ihre Stärken auszubauen und ihre Schwierigkeiten zu überwinden.

Zum Halbjahr kommen Tinas Eltern mit ihr zum Beratungsgespräch, das in diese Richtung geführt wird. Wir vereinbaren, dass Tina ihre kreativen Fähigkeiten weiterhin erproben und verstärken soll und dass sie sich parallel dazu intellektuell anspruchsvollen Aufgaben stellt, die mehr ihre diskursive Schreibfähigkeit herausfordern.

Zum Thema „Geschlechterrollen" sieht ihre Leistungsbilanz so aus: Sie hat zusammen mit drei anderen Schülerinnen einen Auszug aus dem Buch „Die Kunst des Liebens" von Erich Fromm gelesen und der Gruppe vorgestellt. Sie hat die Ausstellung „Frauenbilder in der Kunst" mit vorbereitet und den gemeinsam verfassten Text in ihrem Portfolio abgeheftet. Sie hat einen persönlichen Text zum Thema „Traumpartner" geschrieben, eine Kurzgeschichte zum Thema „Jungen weinen nicht" und einen Essay zum Thema „Wir werden nicht als Frauen geboren, wir werden zu Frauen gemacht".

Für ihre beste Leistung hält Tina die Kurzgeschichte „Jungen weinen nicht". Sie erzählt von einem Jungen, der an der Anforderung, möglichst viele Klimmzüge zu machen, scheitert, weil er, vom Ehrgeiz getrieben, nicht aufhören kann und schließlich abstürzt. Die Geschichte endet so (siehe folgende Seite):

Im Spiegel schaut er sich an. Es fühlt sich an, als ob grade ein Hochhaus über seinem Kopf zusammengebrochen wäre. Oder ein riesiger Pottwal versucht hätte, seinen Schädel als Parkbank zu benutzen – schreien möchte er, laut losbrüllen. Tränen rinnen ihm über seine Wangen, er unterdrückt sie erst, doch keine Chance. ‚Du Weichei‘, denkt er, ‚schon beim kleinsten Sturz heulst du los. Hör auf, hör sofort damit auf...! Lass es aufhören.‘ Er hält seinen Kopf unter den kühlen Wasserstrahl des Waschbeckenhahns und ertränkt seine Tränen damit. Hätte der Adler denn ihn nicht einfach mitnehmen können. Weg von dieser Situation!? „Bist du endlich fertig da drin?", ruft Fabian von draußen durch die Tür.

Ein letztes Mal schaut er sich an. Sein Gesicht ist ganz rot und geschwollen. Jeder wird sehen, dass er geweint hat. Alle, Franziska, Fabian ... Der Drang, auf der Stelle laut zu schluchzen, überkommt ihn abermals.

„Mann, kommst du, Tim? Was machst du denn so lange da drin? Heulst du etwa?" Er schluckt noch einmal, wischt sich mit seinem Ärmel die Tränen weg und macht die Tür auf. Er setzt ein (unechtes) Grinsen auf. „So ein Quatsch! Hey, komm, so ein leichter Sturz macht mir doch nichts. Also wirklich, ich hab' nur die fette Beule an meiner Birne bewundert. Vielleicht sollte man anbieten, darauf Skispringen zu machen. Da werde ich noch richtig reich mit, Mann!" Sagt er und rennt in die Halle.

Tina erntet in der Gruppe viel Bewunderung und Anerkennung für diesen Text. Er wird zum Auslöser für zahlreiche ähnliche Versuche anderer. Beim Schreiben hat Tina nicht um Rat gefragt, sie war sich ihrer Sache sicher. Auch von mir bekommt sie nur eine Würdigung ihrer besonderen Leistung und der Stärken des Textes, keine Kritik.

Der Abschluss-Essay ist für Tina fast eine Angstpartie. Wir gehen vorher in der Gruppe der Achtklässler noch einmal die von der Gruppe erarbeitete Checkliste „Wie schreibe ich einen Essay?" durch (s. S. 54 f.) durch. Gemeinsam überlegen wir, was in die Einleitung, in den Hauptteil und in den Schluss gehört und wie das im Kurs erworbene Wissen produktiv genutzt werden könnte.

Tina arbeitet lange und gründlich an ihrem Essay zum Thema „Wir werden nicht als Frauen geboren, wir werden zu Frauen gemacht". Schließlich entsteht der folgende Text:

Das Zitat von Simone de Beauvoir ist eine gesellschaftliche Aussage. Ich denke, es meint, dass die Gesellschaft Frauen nicht als die Frauen annimmt, wie sie geschaffen/geboren wurden. Nicht die Frau muss her, sondern die „Überfrau". Von Frauen wird mehr verlangt als von Männern. Auch in der heutigen Zeit noch. Und mit der Hilfe der Politik, der Medien und anhand von gewissen Paradebeispielen werden Frauen immer mehr unter Druck gesetzt, auch eine dieser Vorzeigefrauen zu werden.

Die heutige Frau muss nicht nur „einfach" eine gute und mehrfache Mutter sein und zum ständigen Wachstum Deutschlands beitragen, nein, sie muss außerdem einen guten und erfolgreichen Job haben, muss zu Hause den Haushalt im Griff haben, gebildet sein, attraktiv mit einer guten Figur, jung geblieben, fit, zukunftsplanend und zivilisiert sein. Alles ist im Schwanken, alles verändert sich, immer schneller. Täglich werden neue Gesetze bestimmt und alte überholt und wo bleibt da noch die Zeit zum Ausprobieren? Frauen wie Ursula von der Leyen gelten als die neue Generation der Frau, mit mindestens drei Kindern, einem festen Partner und einer gut bezahlten Stelle in der Tasche. Das alles wäre doch so einfach, sagen die Politik und die Medien, doch warum kehren immer noch 40 Prozent der Frauen nach der Geburt ihrer Kinder nicht wieder ins Berufsleben zurück?

Rutschen wir vielleicht wieder in die alten Rollenbilder? Oder wird es neue geben, wie manche meinen? Ein Wechsel der Geschlechterrollen sozusagen? Wie ist es überhaupt zu so einer Aufteilung gekommen? Ist so etwas denn nötig? Ist die „neue Generation" der Frauen besser für diesen Konflikt? Und was kann eine Regierung (speziell in Deutschland) für die Stellung der Frauen tun?

Im Prinzip müssen sich Frauen doch immer noch entscheiden: Karriere oder Familie? Und diese Entscheidung ist, denke ich, auch sehr abhängig von der eigenen Erziehung. Auf jeden Fall müsste die Regierung die Arbeitslage so verändern, dass die Entscheidung leichter oder vielleicht auch gar nicht mehr fallen muss. Es muss eine bessere Aufteilung und mehr Unterbringungseinrichtungen für Kinder mit berufstätigen Eltern geben, damit man nicht, nachdem man Kinder bekommen hat, seinen Beruf aufgeben muss. Vielen gelingt beides gleichzeitig natürlich auch, doch manche schaffen es eben auch nicht. Doch mal abgesehen vom Beruf etc., noch eine Frage: Warum gibt es eigentlich Männer und Frauen? Wäre es nicht viel schlauer gewesen von der Natur, wenn es nur ein Geschlecht geben würde? Und jeder unabhängig seine gewählten Ziele verfolgen könnte? Doch wahrscheinlich würde dann auf die Dauer das Leben trist und eintönig werden. Dann wären wir doch alle wie Regenwürmer immer alleine unterwegs durch die selbst gegrabenen Gänge durch die Erde/das Leben. Ich verstehe auch gar nicht, warum Frau zu sein als so etwas Negatives abgestempelt wird. Ich finde im Großen und Ganzen, jetzt mal abgesehen von der Gleichberechtigung etc., eine Frau zu sein hat auch viele Vorteile. Und ich finde nicht, dass, wenn man unabhängig und gleichberechtigt sein will, alles machen muss, was Männer auch machen. Genauso wenig wie andersrum. Es gibt halt Sachen, die sind naturbedingt und man sollte es mit der Emanzipation auch nicht übertreiben.

Ich glaube, die Menschen sollten aufhören, ständig über dieses Thema zu streiten, und lieber damit anfangen, Männer und Frauen versuchen zu verstehen und die anderen so zu akzeptieren, wie sie sind. Auch Frauen andere Frauen. Ich denke, jeder ist doch für sein eigenes Leben verantwortlich und es ist auch die Aufgabe jedes Einzelnen, seine Ziele selbst zu verfolgen und aus den Wegen, die einem gegeben werden, das Beste zu machen. Ich denke auch, dass viele Frauen vieles auch einfach nur auf ihr Frau-Sein schieben.

Ich bin natürlich froh darüber, dass es die Emanzipation gab, und wüsste auch nicht, ob ich selbst die Kraft hätte, wie die Frauen früher so um die Gleichberechtigung zu kämpfen. Wahrscheinlich hätte ich mich mit meiner mir zugeteilten Rolle abgefunden, ganz einfach deshalb, weil ich es ja nicht anders gekannt hätte. Und trotzdem rege ich mich heute immer wieder über Mädchen auf, die sich nicht um ihre Zukunft kümmern, weil sie denken, dass sie sowieso nach der Schule heiraten, eine Familie haben werden und sich ihr Mann dann um alles andere kümmern wird. Haben solche Mädchen etwa noch immer nicht gemerkt, dass wir schon im 21. Jahrhundert leben, und finden sie das nicht auch ihren Männern gegenüber unfair, dass er dann sozusagen die Verantwortung des Lebens von zwei Menschen und sogar der ganzen Familie übernehmen muss?

Ich könnte mir auch nicht vorstellen, in einer Kultur wie z. B. dem Islam zu leben, doch kann ich mir vorstellen, dass viele Frauen sich auch einfach mit ihrer Rolle abgefunden haben und mit ihr vielleicht auch zufrieden sind. Ich weiß natürlich, dass sich noch einiges verändern muss. Aber ich finde, wenn, dann sollte dies für alle Menschen geschehen, für Männer und Frauen.

Denn Gleichberechtigung heißt ja nicht umsonst Gleichberechtigung.

Wie ist diese Leistung zu bewerten? In einer Diskussion mit Studierenden und bei einer Fortbildungsreihe mit etwa 200 Lehrerinnen und Lehrern, denen der Text vorlag, lagen die Notenvorschläge meistens zwischen 4+ und 2+. Einige Male wurde die Arbeit als „sehr gut" bewertet, einige Male mit „mangelhaft", einmal mit „ungenügend".

Die Differenz war, wie aus vielen ähnlichen Fallbeispielen bekannt, darauf zurückzuführen, dass Bewertungskriterien unterschiedlich gewichtet wurden. Im Kontext einer Jahresleistung entschärft sich dieses Problem, weil eine Einzelleistung nicht isoliert „an sich", sondern als Teil eines Prozesses gesehen wird.

Gemessen an der Individualnorm hat Tina ihr Bestes gegeben. Gemessen an der Sachnorm zeigt die Arbeit deutliche Stärken und Schwächen. In einem Beratungsgespräch gehen wir den Text miteinander durch. Die Rückmeldung an Tina lautet (hier in Auszügen):

> Man merkt deinem Text an, wie viel Mühe du dir gegeben hast. Es steckt sehr viel Denk- und Schreibarbeit darin. Du hast eine Fülle von Gedanken ausgebreitet, einiges von dem erworbenen Wissen verwendet und mit eigenen Überlegungen verknüpft und deine eigene Position überzeugend begründet. Du hast dir Mühe gegeben, deine Arbeit klar zu gliedern. Allerdings ist dir im mittleren Teil sozusagen die Regie entglitten. Da gehen die Gedanken ein bisschen wie Kraut und Rüben durcheinander und du verlierst das Thema aus dem Blick; der Leser könnte nicht sagen, worum es in diesem Abschnitt geht, weil „alles und alles" darin steckt: die Rollenproblematik, die Politik, das Frau-Sein an sich, die Beziehungsproblematik, die Frage der Gleichberechtigung. Das Bild vom Regenwurm, der sich einsam durch seine Gänge gräbt, ist sehr stark und könnte der Kern eines ganz anderen Textes sein. Vielleicht magst du ihn schreiben? Übrigens: Auch Regenwürmer paaren sich …
>
> Zusammengefasst: Dieser Essay steht am Ende eines mühsamen, stetig aufsteigenden Weges, den du zurückgelegt hast, und stellt insofern eine ganz besondere Leistung dar.

Zum Schuljahrsende erhält Tina einen Lernbericht, der aus zwei Teilen besteht. Der erste ist für alle gleichlautend und beschreibt, was im Unterricht vorgekommen ist. Der zweite richtet sich an sie persönlich. Hier zunächst (als Hintergrund für den individuellen Lernbericht) die Unterrichtsbeschreibung, ab Seite 99 folgt der persönliche Teil.

Beschreibung des Unterrichts

Liebe … (es folgen die Namen der Schülerinnen und Schüler)

Ihr wart die Gruppe, die sich zu Beginn dieses Schuljahres zusammengefunden hat. Heute könnt ihr auf eine gemeinsame „Reise" durch das weite Land der Ethik, Philosophie und Religion zurückblicken, deren Stationen wir gemeinsam festgelegt haben und die euch Einblicke in unsere Kultur eröffnet hat, aber auch in andere Kulturen und andere Zeiten.

Vier große Themen haben wir in diesem Jahr bearbeitet.

„Wer bin ich?"

Begonnen haben wir mit uns selbst. Ausgangspunkt war ein Kinderbuch („Die große Frage" von Wolf Erlbruch), in dem ein Kind ganz unterschiedliche Antworten erhält auf die Frage, wozu es auf der Welt sei. Diese Antworten haben wir verglichen mit zwei Maximen, die aus der griechischen Philosophie überliefert sind. Am Eingang zum Heiligtum von Delphi stand der Satz „Erkenne dich selbst". Und von Pindar stammt der Spruch: „Werde, der du bist".

Diese Sätze waren Thema einer ersten schriftlichen Betrachtung. Darüber hinaus habt ihr eigene „Ich"-Texte geschrieben. Viele von ihnen wurden in der Gruppe vorgelesen. Die Rückmeldungen der anderen sollten für den Verfasser/die Verfasserin des Textes konstruktiv und hilfreich sein; darum haben wir bestimmte „Feedback"-Regeln vereinbart.

Eine Gast-Studentin hat euch die Theorie der Ich-Identität von Erikson vorgestellt.

Parallel dazu haben wir viele Ich-Gedichte aus verschiedenen Zeiten gelesen. Ihr habt euch je eines dieser Gedichte ausgewählt und eure Gedanken dazu aufgeschrieben.

Schließlich haben wir einen Text von Max Frisch gelesen: „Der andorranische Jude". Darin geht es um die Frage, wie das Selbstbild durch die Wahrnehmung der anderen geprägt wird.

Die Suche nach Glück und Liebe

Nach den Herbstferien begann die Arbeit an diesem Thema, zu dem ihr vorher Ideen und Vorschläge gesammelt hattet. Wir haben mit der Lektüre des Märchens „Hans im Glück" begonnen. Ist Hans glücklich? Wenn ja, was ist das für ein Glück? Eine Gruppe hat zu der Geschichte verschiedene Fortsetzungen geschrieben und vorgespielt. Die Übrigen haben sich mit anderen Märchentexten auseinandergesetzt.

▶

Ihr habt auch zu diesem Thema persönliche Texte geschrieben: „Was bedeutet für mich Glück?" Diese Texte waren so unterschiedlich wie ihr selbst. Viele wurden in der Gruppe vorgelesen.

Parallel dazu haben wir uns mit der Bedeutung des Wortes „Glück" auseinandergesetzt, verschiedene Übersetzungen gesammelt und deren Bedeutungen verglichen. Immer gibt es eine Grundunterscheidung: das Glück, das von außen kommt (Zufall), und das Glück als innerer Zustand.

Was sagen die Philosophen dazu? Ihr habt verschiedene Theorien kennengelernt und wir haben zusammen zwei Texte aus der Antike gelesen (von Epikur und Seneca).

Danach habt ihr euch unterschiedlichen Themen zugeordnet. In der „Glückswerkstatt" gab es kleine Gruppen, die den anderen ihre Ergebnisse vorgestellt haben.

- Gedankenexperimente: Kann die Menschheit durch geeignete Apparate oder Medikamente glücklich werden?
- Glück auf Bestellung: Was sagen die Kontaktanzeigen im Internet und in Zeitungen?
- Lieder zum Thema
- Die „Flow"-Theorie von Mihaly Cikszentmihaly
- „Die Kunst des Liebens" von Erich Fromm

Schließlich haben wir gemeinsam einen Text aus dem Neuen Testament gelesen, eine Rede über Glück und Liebe: die Bergpredigt. Ihr habt die Seligpreisungen als Umkehr aller „normalen" Vorstellungen von Glück interpretiert. In den nachfolgenden Stunden waren die Gespräche „am Text entlang" darauf gerichtet, die Kerngedanken herauszuarbeiten und nach der Bedeutung für unser Leben zu fragen: Wie kommt es, dass dieser Text eine so große Wirkung gehabt hat und hat, obwohl „die Welt" doch nicht so ist?

Weiblich/männlich

Zu diesem Thema hat eine Gruppe aufgrund der gesammelten Vorschläge einen Unterrichtsplan entwickelt. Wir haben uns mit historischen Frauenbildern beschäftigt, haben Texte aus Jugendzeitschriften gelesen, haben eine Befragung in der Laborschule durchgeführt zur Frage, wie Mädchen und Jungen sich jeweils ihren Partner/ihre Partnerin vorstellen und wünschen. Im Kern stand die Frage, ob Geschlechterrollen eigentlich angeboren oder kulturell bedingt sind. Wir haben dazu Ergebnisse von (natur)wissenschaftlichen

Untersuchungen und feministisch-soziologische Positionen kennengelernt. Wir haben zwei Filme über Frauenschicksale gesehen („Yasmin"
und „Osama"). Und wir haben über die Frauenbilder verschiedener
Religionen gesprochen, verschiedene Jugendbücher dazu vorgestellt
und die Schöpfungs- und Paradiesgeschichte aus dem Alten Testament
gelesen. Schließlich haben wir Frauenbilder in der Kunst verglichen,
die Geschichte der Mode an Beispielen verfolgt, die Entwicklung des
Patriarchats und die Entstehung der Frauenbewegung im Überblick
kennengelernt.

Auch bei diesem Thema habt ihr euch verschiedenen Untergruppen
zugeordnet, die ihre Ergebnisse in der Gesamtgruppe vorgetragen haben.

„Faust"

Zum Abschluss dieses Jahres haben wir das Theaterstück „Faust I" von
Goethe gelesen. Diese Lektüre ist inhaltlich und sprachlich sehr anspruchsvoll und gilt darum als Stoff für die Oberstufe. Weil in dem
Stück aber alle Themen, die wir behandelt hatten, in irgendeiner Weise
wiederkehren, auch von Jugendlichen verstanden werden können und
weil der Text zu den größten Dichtungen gehört, haben wir uns daran-
gewagt. Faust, der von Unruhe und Sehnsucht getriebene Mensch,
wird zum Gegenstand einer Wette zwischen Gott und Teufel. Warum
Faust sich mit den Kräften des Bösen (Mephisto) verbündet, um alles,
was Menschen möglich ist, zu erleben, wie daraus eine Tragödie wird
durch die Liebe zwischen Faust und Gretchen – um diese und andere
Themen ging es in unseren Gesprächen, vor allem aber um die Schuld-
frage. Ihr habt euch immer tiefer auf den Text und auf Goethes Sprache eingelassen, Szenen allein erarbeitet und den anderen vorgetragen, woran sich jeweils ein Gespräch über die von euch benannten
Kernstellen und -fragen anschloss.

Ethik aktuell/ Bücher und Gedichte

Im Laufe des Jahres haben wir über viele aktuelle Themen gesprochen: den Krieg im Irak, die Bundestagswahl, aktuelle Filme und
Zeitungstexte und vieles mehr. Wir haben uns gegenseitig Bücher vorgestellt, die zu den Unterrichtsthemen passten, aber auch Lieblings-
bücher eigener Wahl. Wir haben bei verschiedenen Gelegenheiten
Gedichte gelesen.

Für mich war das Jahr mit euch eine erfüllte, sehr schöne Zeit. Ich
danke euch allen für viele gute Gespräche und viele gute Leistungen.

Zum Lernverhalten von Tina

Liebe Tina!

Zu Beginn dieses Jahres gab es einen großen Wechsel im Leistungskurs Ethik: euch. Sieben Mädchen und ein Junge kamen aus dem Jahrgang 8 dazu, haben „frischen Wind" und neuen Schwung für die gemeinsame Arbeit mitgebracht.

Daran hattest du einen großen Anteil. Neugierig, aufgeschlossen und interessiert hast du dich auf den Leistungskurs eingelassen und uns bisweilen mit deinen Leistungen alle in Erstaunen versetzt. Du hast eine bemerkenswerte Gabe, dich in Personen und Lebenssituationen hineinzuversetzen. Das Fremdwort dafür ist Empathie. Empathie ist die Voraussetzung für jede Ethik, für Verständigung, Mitgefühl und Mitmenschlichkeit.

Insofern hast du für dieses Fach sehr gute Voraussetzungen, und ich kann dir nur empfehlen, auch im nächsten Jahr in diesem Kurs zu bleiben.

Für mich war es eine Freude, deine Entwicklung in diesem Jahr zu begleiten und dich als Schülerin zu haben. Manchmal hätte ich mir mehr mündliche Beteiligung von dir gewünscht. Bei schwierigen Themen hast du bisweilen lieber die Älteren reden lassen.

Wie viel du zu sagen hast und wie intensiv du dich mit den Themen auseinandersetzt, hast du ganz besonders dann unter Beweis gestellt, wenn ihr in Gruppen gearbeitet habt. Du hast viel mit Jenny und Heike zusammen gearbeitet und dies fast immer mit hervorragenden Ergebnissen.

Deine schriftlichen Arbeiten hast du in einem schönen Portfolio zusammengefasst. Es ist ein richtiges Glanzstück mit sehr „gehaltvollen" und liebevoll gestalteten Texten. Die zeigen, dass dir besonders der gefühlsmäßige und kreative Zugang zu Ethik-Themen liegt, mehr als der intellektuelle.

Als besondere Leistung möchte ich darum hervorheben, wie viel Mühe du dir bei den Essays gegeben hast und wie gut das Ergebnis ist, gemessen an den Schwierigkeiten, die du damit hattest. Du hast mit großer Ausdauer daran gearbeitet, schwierige Überlegungen in eine gute sprachliche und inhaltliche Form zu bringen. Bisweilen gehen dir die Gedanken noch durcheinander oder sind nicht klar herausgearbeitet, aber es gelingt dir zunehmend besser, deine Gedanken zu ordnen und deine Texte zu strukturieren. Da du in Zukunft öfter solche Texte schreiben wirst, hat sich diese Mühe doppelt gelohnt!

Zum Thema „Ich" hast du einen sehr schönen persönlichen Text geschrieben und eine bemerkenswerte, sehr persönliche und ganz sorgfältig ausgearbeitete Interpretation zu dem Gedicht „Trauriger Tag" von Sarah Kirsch.

Zum Thema „Die Suche nach Glück und Liebe" hast du eine Assoziation von Bildern aufgeschrieben, die sich fast schon der Gedichtform nähert. Zusammen mit Heike und Jenny hast du dich dann auf eine sehr anspruchsvolle Aufgabe eingelassen: Ihr habt eine Zusammenfassung des Buches „Die Kunst des Liebens" von Erich Fromm gelesen, daraus ein Referat schriftlich ausgearbeitet und den anderen vorgetragen. Das war eine große und besondere Leistung!

Zum Thema „weiblich-männlich" hast du eine Kurzgeschichte geschrieben, mit der du uns alle in Erstaunen versetzt hast. Sie handelt von dem Sportunfall eines Jungen, eigentlich aber von dem Satz „Jungen weinen nicht". Ein wunderbarer, sehr beeindruckender Text! Du hast zusammen mit Tanja, Jenny und Heike ein Referat zum Thema „Frauen in der Kunst" ausgearbeitet und vorgetragen. Du hast einen nachdenklichen Text zum Thema „Traumpartner" geschrieben und einen abschließenden Essay zu dem Satz „On n'est pas nées femmes, on est faites femmes" von Simone de Beauvoir, in dem du das im Kurs erworbene Wissen mit eigenen Überlegungen verbindest.

An der Lektüre von „Faust" hast du dich mit großem Interesse beteiligt, du hast dich tief in den Text hineingedacht und ihn nach meinem Eindruck gut verstanden.

Alle diese Leistungen ergeben zusammengenommen ein beeindruckendes Gesamtbild. Du hast ein sehr erfolgreiches und schönes erstes Leistungskursjahr hinter dir und nach meinem Eindruck auch viel davon gehabt. Ich danke dir für die gute Zusammenarbeit und wünsche dir alles Gute!

Ein individualisierendes Beurteilungssystem dieser Art wird an öffentlichen Schulen nur selten praktiziert. Es soll hier beispielhaft zeigen, wie konsequent Individualisierung betrieben werden kann, wenn Unterrichts- und Schulentwicklung zusammenwirken. Die Unterrichtsbeschreibung lässt erkennen, wie das am Beispiel des Themas „Geschlechterrollen" dargestellte Prinzip der Differenzierung und Gemeinsamkeit die gesamte Arbeit des Jahres prägt. Der Lernbericht zeigt, wie es aussieht, wenn die Prioritäten bei der Leistungsbewertung im Sinne der Individualisierung anders gesetzt werden.

Das aber ist kein Privileg von Reformschulen. In jedem Unterricht und in jeder Schule ist es möglich, bei der Leistungsbewertung andere Prioritäten zu setzen als gemeinhin üblich. Die oben genannten unterschiedlichen Formen der Leistungsbegleitung und -bewertung können jederzeit und überall angewandt werden, man muss es nur wollen. Schriftliche Lernberichte können durch Gespräche ersetzt werden. Die Zensuren können durch andere Formen der Bewertung ergänzt (wo nicht ersetzt) werden und müssen es, wenn wir der Unterschiedlichkeit unserer Schüler Rechnung tragen wollen.

Abschließend sei die Frage nach der Benotung dieser Jahresleistung gestellt. In der realen Situation hat sie sich erübrigt, da Laborschülerinnen und -schüler zum Ende der achten Klasse noch keine Zensuren erhalten. Wäre es anders, welche Note hätte Tina dann verdient? Ich möchte die Frage offenlassen, sie also den Leserinnen und Lesern zur Beurteilung vorlegen und sie bitten, die folgenden abschließenden Thesen einer nachdenklichen Prüfung zu unterziehen.

- Individualisierung ist ein Sammelbegriff für das systematisch-methodische Bemühen, der Unterschiedlichkeit der Schülerinnen und Schüler im Fachunterricht gerecht zu werden.
- Die Systematik des Unterrichts wird nicht allein und nicht primär aus den Gegenständen abgeleitet, sondern aus den Möglichkeiten der Aneignung.
- Der Unterricht wird den Schülerinnen und Schülern dann gerecht, wenn jede/r einzelne auf dem je individuellen Niveau möglichst gute Leistungen erreichen kann, dazu herausgefordert und dabei unterstützt wird.
- Die Unterschiedlichkeit der Schülerinnen und Schüler wird dadurch nicht kleiner, sondern größer: „Steigende Leistungsheterogenität ist Ergebnis erfolgreichen Unterrichts" (Baumert 2006, S. 43). Eine gerechte Schule, das heißt eine Schule, die jede einzelne Schülerin, jeden einzelnen Schüler möglichst intensiv fördert, kann demnach nicht gleiche Ergebnisse von allen erwarten (ebd.).
- Eine gerechte Bewertung von Leistungen muss darum von der Individualnorm, bezogen auf die Anforderungen der Sache, ausgehen. Als „gut" gilt eine Leistung nach diesem Maßstab dann, wenn ein Schüler/eine Schülerin dem individuell erreichbaren Optimum möglichst nahe kommt. Die objektiven Unterschiede zwischen den Leistungen werden dadurch nicht verwischt, sondern anders gewichtet und bewertet nach dem Maßstab: Es ist normal, verschieden zu sein.
- Die Verschiedenheit der Schülerinnen und Schüler, ihrer Potenziale, ihrer Denk- und Lernwege kann zur produktiven Bereicherung, ihre Nutzung zum obersten Qualitätskriterium für Unterricht werden: Unterricht ist dann gut, wenn alle Schülerinnen und Schüler gleich gut und erfolgreich lernen können und das auf ihre je eigene Weise auch tun.

2.2.12 Motivation und Lernklima

Dass diese beiden Größen hier an letzter Stelle genannt werden, drückt keineswegs eine Priorität aus. Im Gegenteil: Sie sind den anderen vor-, eigentlich übergeordnet und von fundamentaler Bedeutung für das Gelingen von Unterricht. Zu beiden gibt es eine umfangreiche Forschung, die zu referieren hier nicht der Ort ist. Einige wenige Andeutungen mögen genügen.

„In der Psychologie hat Motivation den Status eines explikativen Konstrukts, also einer aus dem Verhalten erschlossenen Variablen, die bestimmte Regelmäßigkeiten menschlichen Handelns verständlich machen soll. Im Besonderen sind Zielgerichtetheit, Energetisierung und Aufrechterhaltung von Verhalten die Bereiche, auf die sich motivationspsychologische Aussagen beziehen." So belehrt uns das Lexikon „Pädagogische Grundbegriffe" (Lenzen 1997, S. 1072). Vereinfacht gesagt und auf unsere Schülerinnen und Schüler bezogen: Wir erkennen ihre Motivation daran, dass sie ein Ziel vor Augen haben, ihre Kräfte mobilisieren, um es zu erreichen (Energetisierung) und „dranbleiben" (Aufrechterhaltung von Verhalten).

Wie aber kann das geschehen und wie lassen sich solche Prozesse induzieren oder steuern? In der Auseinandersetzung mit diesen Fragen haben sich unterschiedliche Theorieansätze herausgebildet. Die einen betonen mehr den Inhaltsaspekt, die anderen mehr den Prozess, wieder andere gehen von menschlichen Grundbedürfnissen aus. In der Pädagogik gehört die Unterscheidung von Primär- und Sekundärmotivation sowie intrinsischer und extrinsischer Motivation zum Basiswissen. Alle diese Theorien haben gemeinsam, dass sie das Wechselspiel zwischen dem Handeln von Menschen, den Gefühlen, die es begleiten oder bestimmen, dem sozialen Kontext, in dem es sich vollzieht, und dem Ziel, dem es dient, zu erklären versuchen (Zusammenfassung bei Rheinberg 2004).

Im Kontext pädagogischen Handelns ist die Bewertung von Motivation und Lernklima selbstverständlich ebenso abhängig von normativen Vorgaben wie der Unterricht selbst. Beide sind ja nicht per se gut. Um ein Extrembeispiel heranzuziehen: Das Klima in einer Napola wäre wahrscheinlich von vielen Beteiligten als gut bezeichnet worden – gemessen am „Geist" der Einrichtung, und sicherlich waren viele Schüler dort hoch motiviert. Die Bewertung von Motivation und Unterrichtsklima muss sich also an den Prinzipien und Qualitätskriterien des Unterrichts orientieren.

Motivation kann auch durch eine noch so präzise Planung nicht garantiert, ein gutes Klima nicht „gemacht" werden. Beide sind instabile Größen. Es lassen sich aber Bedingungen angeben, die für motiviertes Arbeiten und ein gutes Klima förderlich sind. Für einen Unterricht, der sich an den hier beschriebenen Merkmalen orientiert, würden solche Motivationsfaktoren aus Schülersicht wie folgt aussehen:

- Ich kann meine Ideen und Vorschläge in den Unterricht einbringen, und sie werden beachtet.
- Ich kann über mein Arbeitsprogramm mit entscheiden und bin dafür verantwortlich.
- Ich kann an Themen und Aufgaben arbeiten, die mich wirklich interessieren. Die Aufgaben sind so gestellt, dass ich sie bewältigen kann. Ich bekomme Hilfe, wenn ich sie brauche.
- Was ich tue und leiste, ist wichtig für das Gelingen der gemeinsamen Vorhaben.
- Von mir wird, ebenso wie von allen anderen, verlangt, dass ich mich anstrenge und das leiste, was ich leisten kann.
- Ich bekomme Rückmeldung von der Gruppe und von der Lehrerin/dem Lehrer. Ich weiß, was ich tun muss, um eine möglichst gute Leistung zu erbringen. Die Bewertung zeigt mir, ob und wie das gelungen ist.
- Wir präsentieren die Ergebnisse unserer Arbeit. Ich bin für die Gestaltung meiner Beiträge und Leistungen verantwortlich.

Diese Sätze können ebenso als Faktoren für ein förderliches Lernklima gelesen werden, wenn man als Subjekt jeweils „wir" einsetzt. Motivation und Unterrichtsklima stehen in einem engen Wechselverhältnis. Beide drücken den Zustand einer Stimmigkeit aus, des ausgewogenen Zusammenwirkens von Faktoren, die den Unterricht prägen. Motivation bezeichnet diesen Zustand, bezogen auf die einzelne Person, Lernklima bezogen auf die Gruppe.

In heterogenen Lerngruppen muss es eine Selbstverständlichkeit sein, dass die Kinder und Jugendlichen einander in ihrer Unterschiedlichkeit akzeptieren. Wenn dieser „Klimafaktor" nicht gegeben ist, werden alle Bemühungen um Differenzierung letztlich erfolglos bleiben. Schülerinnen und Schüler wissen meistens sehr genau, dass die einen schneller arbeiten, eloquenter reden, leichter schreiben, differenzierter denken als die anderen. Sie können trotzdem fair und freundlich miteinander umgehen, sehr gut und mit je eigenen Bestleistungen zusammenarbeiten, wenn eine gemeinsame Sache im Mittelpunkt steht und das Bemühen darum sie eint.

Wird die Sache hingegen nur als Mittel zum Zweck gesehen, mit kalkulierbarem Arbeitsaufwand auf vorgeschriebenen Wegen möglichst viele Punkte im nächsten Test zu bekommen, kann sie ihre Faszination und ansteckende Wirkung kaum entfalten. Dann können auch Schülerinnen und Schüler, die in diesem Wettlauf hinter anderen zurückbleiben, ihre Stärken nicht entfalten, obwohl sie mit ihren Fähigkeiten sehr viel zum Gelingen der gemeinsamen Sache beizutragen haben. Leicht entfalten sich hingegen unter solchen Bedingungen in der gesamten Lerngruppe Neid, Missgunst und Verachtung, die größten „Klimakiller" überhaupt.

Unser Bemühen um Individualisierung im Unterricht, um einen respektvollen Umgang miteinander und um ein Klima des Vertrauens und der Anerkennung lässt sich unter folgenden Maximen zusammenfassen, die uns Lehrerinnen und Lehrern aufgegeben sind:

1. Wir müssen unseren Unterricht auf Vertrauen aufbauen. Alle Kinder und Jugendlichen wollen lernen. Wir können und müssen sie darin bestärken, ihnen viel zutrauen und zumuten, indem wir ihnen herausfordernde und spannende Lernerfahrungen ermöglichen. Wir müssen nicht alles im Griff haben, sondern ihnen Freiheit und Selbstständigkeit zugestehen und verantwortliches Handeln abverlangen, weil sie nur so Freiheit, Selbstständigkeit und Verantwortung lernen können.

2. Wir müssen unser Lehrerhandwerk im Hinblick auf das Ziel Individualisierung ständig weiterentwickeln. Wir müssen die Unterrichtsvorbereitung stärker auf die Konstruktion von Aufgaben konzentrieren und dabei sehr genau sein. Wir müssen die Lernwege nicht nur unterschiedlich anlegen, sondern zu jedem auch hilfreiche Anregungen, methodische und inhaltliche Vorgaben entwickeln. Die Kinder und Jugendlichen können nur dann selbstständig arbeiten, wenn sie genau wissen, wie sie vorgehen können, und Hilfen bekommen, die sie brauchen.

3. Wir müssen mit den Leistungen der Schülerinnen und Schüler anders umgehen, sie dazu ermutigen und herausfordern, das ihnen Mögliche zu leisten, stärker auf Diagnostik, Beratung und individuelle Rückmeldung setzen als auf normierende Kontrollen und defizitorientierte Bewertung.

2.3   Auf einen Blick: Mosaik der Individualisierung

Beteiligung und Verantwortung

- Schülerinnen und Schüler beteiligen sich (in sach- und altersgerechter Form) an der Planung des Unterrichts, an der Sammlung von Ideen und Vorschlägen.
- Sie übernehmen durch die Wahl von Aufgaben und Übungen Verantwortung für das eigene Lernen.
- Sie übernehmen als Experten für spezielle Bereiche Verantwortung für den gemeinsamen Unterricht.

Gemeinsames Lernen und Spezialisierung

- Der Unterricht ist gleichzeitig auf Gemeinsamkeit und auf Spezialisierung angelegt.
- Das gemeinsame „Fundamentum" ist für alle Schülerinnen und Schüler erreichbar.

● Das „Additum" besteht aus vertiefenden Zusatzaufgaben unterschiedlicher Art und unterschiedlichen Schwierigkeitsgrads. Jede Schülerin, jeder Schüler kann sich ein individuelles Additum in Form eines passenden „Pakets" zusammenstellen.

Bildungsziele, Inhalte, Kompetenzen
● Der Unterricht orientiert sich an leitenden Bildungszielen, die die Auswahl der Inhalte vorgeben.
● Die im Fundamentum vermittelten Kompetenzen müssen von allen Schülerinnen und Schülern erreicht werden können.
● Alle Schülerinnen und Schüler können ihre individuellen Fähigkeiten optimal nutzen (Additum) und dabei zusätzliche Kompetenzen erwerben.

Die „forschende Gruppe"
● Die Gruppe ist das Subjekt des gemeinsamen Lernens. Alle sind mitverantwortlich für diesen Prozess.
● Individuelle Leistungen gehen von der Gruppe aus und kommen dort wieder zusammen. Ritualisierte Formen sichern die Rückmeldung auf individuelle Leistungen und die aktive Rezeption der Ergebnisse durch die Gruppe.
● Ritualisierte Formen sichern die gemeinsame Reflexion des Lernprozesses der Gruppe: Tagebücher, „advanced organising", Bilanzgespräche.

Gesprächs- und Unterrichtsformen
● Das Zusammenspiel unterschiedlicher Gesprächs- und Unterrichtsformen entspricht dem des gemeinsamen und individuellen Lernens.
● Eingeübte Gesprächs- und Unterrichtsformen werden funktional eingesetzt: direkte Instruktion (Wissensvermittlung), arbeitsgleiche Gruppenarbeit (Vertiefung, Reflexion, Übung), arbeitsteilige Gruppenarbeit (Spezialisierung, Erwerb von Expertenwissen), Einzelarbeit (individuelles Lernen), Arbeit im Tandem (reziprokes Lernen), gelenktes Unterrichtsgespräch (gemeinsame Erarbeitung), freie Diskussion.

Arbeitsformen und Arbeitszeit
● Die Einteilung der Zeit entspricht dem Zusammenspiel von Lern- und Unterrichtsformen. Große Zeitblöcke ermöglichen mehr Flexibilität.
● Die Lehrkraft steuert das Zusammenspiel zwischen individuellem Lernen, kooperativem Lernen in Kleingruppen und gemeinsamem Lernen in der Gesamtgruppe.
● Die Formen kooperativen Lernens ergeben sich aus ihrer Funktion im Unterricht: Einzel- und Tandemarbeit, Zufallsgruppen, zeitlich begrenzte Wahlgruppen, Expertengruppen.

Arbeitsaufträge und Methoden

● Arbeitsaufträge und Methoden werden aus den Bildungszielen und Inhalten abgeleitet.

● Ihr Zusammenspiel entspricht dem der Lern- und Unterrichtsformen: Einzelaufgaben, Aufträge für Expertengruppen, Referate, Beobachtungs- und Forschungsaufgaben, szenische Darstellung.

● Alle Aufgaben sind so gestaffelt, dass Schülerinnen und Schüler mit unterschiedlichen Voraussetzungen sie (allein oder kooperativ) erfolgreich bearbeiten können.

Differenzierende Aufgaben

● Differenzierende Aufgaben ermöglichen die Aneignung einer gemeinsamen Sache durch unterschiedliche Zugänge und Schwierigkeitsstufen.

● Die Aneignungsformen sind entweder nach Anforderungsstufen gestaffelt („Blumen"-Aufgaben) oder geben Alternativen zur Wahl vor („Du kannst"-Aufgaben).

Präsentation als Leistung

● Die Präsentation gehört als wichtiger Bestandteil zur Leistung.

● Die Präsentationsmöglichkeiten entsprechen der Verschiedenartigkeit der Aufgaben. Alle Schülerinnen und Schüler können ihre Leistungen wirkungsvoll und gut präsentieren.

● Die Adressaten werden in angemessener Weise in die Präsentation einbezogen.

● Präsentationsformen werden im Unterricht vorgestellt, eingeübt und in ritualisierter Weise inszeniert, zum Beispiel: Buchvorstellung, Referat, Ausstellung, „Museumsführung", szenisches Spiel oder Disputation/Streitgespräch.

● Das Portfolio als Form der direkten Leistungsvorlage stärkt die Verantwortung der Einzelnen für die eigenen Lernwege und -ergebnisse und ermöglicht eine optimale Präsentation individueller Leistungen.

Diagnostik und Beratung

● Diagnostik im individualisierenden Unterricht ist darauf gerichtet, die Einzelnen auf den Weg zu bringen, individuelle Zugänge zu verstehen und zuzulassen, Stärken zu sehen und zu verstärken, Hilfen und gegebenenfalls Alternativen anzubieten.

● Beratung ist darauf gerichtet, den Lernprozess zu steuern, Rückmeldungen und Anregungen zu geben sowie Übungs- und Trainingsmöglichkeiten anzubieten.

● Beratungszeiten können teilweise in den Unterricht integriert werden.

Individuelle Leistungsbegleitung und -bewertung

- Die Begleitung und Bewertung individueller Leistungen orientiert sich zuerst und vor allem an der individuellen Bezugsnorm, bezogen auf die Anforderungen der Sache.
- Die dafür entwickelten Formen werden funktional genutzt:
  - eine stärkenorientierte individuelle Beratung,
  - individuelle Rückmeldungen für schriftliche Leistungen,
  - Feedback in der Gruppe,
  - eingeübte Formen der Selbst- und Fremdkontrolle (Wochenplan, Pensenbücher, Lerntagebücher, Kompetenzraster, Portfolios),
  - verpflichtende Beratungsgespräche mit Schülern und Eltern,
  - individuelle Vereinbarungen (Verträge),
  - Würdigung der Jahresleistung durch individuelle Lernberichte,
  - eine Jahresnote, die auf den gesamten Lernprozess gerichtet ist.

Motivation und Unterrichtsklima

- Motivation und Unterrichtsklima sind Indikatoren für die Balance zwischen Individuum, Sache und Gruppe; sie können nicht „gemacht" werden, sondern zeigen an, ob das Zusammenwirken der Kräfte „stimmt".
- Motivation zeigt den Zustand der Stimmigkeit, bezogen auf das Individuum.
- Das Unterrichtsklima zeigt den Zustand der Stimmigkeit, bezogen auf die Gruppe (einschließlich der Lehrkraft).

3. Das Lernen anders anlegen

Unterricht planen und entwickeln

Dieses Kapitel ist wie ein Workshop angelegt, kann aber selbstverständlich auch individuell und selektiv genutzt werden. Es geht darum, wie wir systematisch auf das Ziel Individualisierung hinarbeiten können.

Anknüpfend an das vorige Kapitel wird an konkreten Beispielen gezeigt, wie Unterrichtsplanung und -entwicklung mit diesem Ziel aussehen können. Die Beispiele sind als Anregungen zu verstehen, also in der Regel nicht „eins zu eins" übertragbar. Sie müssen den bei Ihnen gegebenen Voraussetzungen angepasst werden. Die Inhalte sind darum in diesem Zusammenhang sekundär. Sie stehen für unterschiedliche Unterrichtssituationen und -ziele, teils fachlicher, teils überfachlicher Art.

Für gemeinsame kollegiale Arbeit – im Jahrgangsteam, in der Fachgruppe oder während einer schulinternen Fortbildung – kann dieses Kapitel als Grundlage für einen Workshop dienen. Sie finden dafür zusätzliche Anregungen, die Sie, entsprechend den Bedürfnissen und Voraussetzungen Ihrer Schule, flexibel nutzen können.

Das Kapitel besteht aus drei Teilen. Sie antworten auf drei Kernfragen des Unterrichts in heterogenen Gruppen:

1. Wie können wir Aufgaben so stellen, dass alle Schülerinnen und Schüler zu produktivem problemlösendem Lernen herausgefordert sind und zu guten Leistungen gelangen können?
2. Wie können wir Lern- und Übungsformen so anlegen, dass die individuelle Passung „stimmt", dass Über- und Unterforderung vermieden, eigenverantwortliches und kooperatives Lernen ermöglicht und Zeiten und Ressourcen gut genutzt werden?
3. Wie können wir nachhaltiges Lernen durch aktive Aneignung und verantwortliches Handeln ermöglichen?

An Beispielen soll gezeigt werden, wie Unterricht auf dieser Grundlage geplant werden kann. „Unterrichtsentwicklung braucht eine Vorstellung von gutem Unterricht" (Bastian 2007, S. 31). Im vorigen Kapitel wurden Elemente einer individualisierenden Didaktik entwickelt, die diesem als Theorieleitfaden zugrunde liegen. Sie sind hier in einer strukturierenden These zusammengefasst:

These: Im Umgang mit Heterogenität kommt es, ebenso wie auf der Makro-Ebene, auch auf der Mikroebene der Unterrichtsgestaltung darauf an, verschiedene Ebenen miteinander in Einklang zu bringen:

- Verstehen kann gelingen durch aktives, konstruktives Lernen an herausfordernden Problemen, die allen Schülerinnen und Schülern prinzipiell zugänglich sein müssen.
- Üben muss so angelegt werden, dass die individuelle Passung gewährleistet ist.
- Lernen ist umso wirksamer und nachhaltiger, je mehr es handelnd erfahren und in Sinnzusammenhängen angewendet wird.

Individualisierung im Unterricht wird ermöglicht und begünstigt durch das Zusammenwirken dieser Ebenen.

3.1 Intelligenz(en) aktivieren und herausfordern: problemorientiertes Lernen

Gegenwärtig geschieht viel, um Unterricht durch genauer konstruierte Aufgaben zu verändern und zu verbessern. Seitdem PISA gezeigt hat, dass deutsche Schülerinnen und Schüler zwar geübte Formeln und Schemata in der Regel richtig anwenden können, aber Schwierigkeiten haben, ihr Wissen zur Lösung von Problemen produktiv zu verwenden, gibt es verstärkte Bemühungen zur Verbesserung des Unterrichts, im mathematisch-naturwissenschaftlichen Bereich, zum Beispiel durch das Programm SINUS. Auch die vom Institut für Qualität im Bildungswesen (IQB) entwickelten Aufgabenpools zielen darauf, Lernprozesse stärker auf problemlösendes Denken zu lenken.

Solche Aufgabensammlungen sind fachimmanent, auf die Vermittlung von Grundkompetenzen angelegt und dienen der Konkretisierung von fachlichen Standards, wie zum Beispiel das vom IQB herausgegebene Buch „Bildungsstandards Mathematik: konkret" (Blum et al. 2006). Im Vorwort der KMK-Präsidentin Ute Erdsiek-Rave heißt es: „Dieses Kompendium unterstützt also Lehrkräfte und Akteure in der Lehrerausbildung sowie in der Lehrerfort- und -weiterbildung dabei, den Mathematikunterricht an der ‚Philosophie' der Bildungsstandards zu orientieren" (S. 13). Mit ähnlichen Begründungen operieren alle Aufgabensammlungen, die jetzt zahlreich auf dem Markt sind.

Wie aber kann eine Schule vorgehen, die es sich zum Ziel macht, den Unterricht *generell* stärker zu individualisieren und die unterschiedlichen Voraussetzungen und Fähigkeiten der Schülerinnen und Schüler möglichst produktiv zu nutzen? Wie kann dieses Vorhaben nicht nur pädagogisch, sondern auch didaktisch begründet und operationalisiert werden? Immer neue Aufgabensammlungen helfen dabei nicht, wenn ein Kollegium nicht bereit ist, über die Fächergrenzen hinaus Unterricht neu zu denken. Der pädagogische „rote Faden", der ein solches Entwicklungsvorhaben leitet, besteht in dem Grundkonsens, Unterschiede zu bejahen. Der didaktische „rote Faden" besteht in dem Grundkonsens, das Lernen „anders", nämlich auf aktive Aneignung und problemlösendes Denken hin anzulegen.

Der erste Abschnitt dieses Kapitels gibt Beispiele und Anregungen zur Entwicklung solcher Aufgaben. Das geschieht teilweise fachimmanent, teilweise fächerübergreifend. Es ist ebenso sinnlos, die Fachdidaktiken künstlich zusammenzuzwingen, wie es unproduktiv bleibt, wenn sie isoliert nebeneinanderher arbeiten. Solche Gegensätze lassen sich vermeiden und produktiv aufheben, wenn man konsequent von der Sache her *und* von den Kindern her denkt. Themen wie „Wasser", „Mittelalter", „Umgang mit Geld" erfordern und erlauben von der Sache her das Zusammenwirken unterschiedlicher Fachkompetenzen. Von den Kindern her gedacht erfordern und erlauben sie differenzierte Lernwege und individuelle Leistungsprofile. Fachliches Lernen kann und soll dadurch nicht beschnitten werden. Am Beispiel vieler Schulen lässt sich zeigen, dass es im Gegenteil besser gedeiht, wenn es anders, umfassender angelegt wird.

Aber kommen wir nicht in Konflikt mit den fachlichen Standards, wenn wir fächerübergreifend über Lernen nachdenken, um daraus Konsequenzen zu ziehen? Zu dieser Frage hier ein Mini-Exkurs zur Klärung des Problems und des Vorgehens.

3.1.1   Was macht Lernen „problemorientiert"?

Um zu verstehen, was „problemorientiertes Lernen" heißen kann, müssten wir „nur" Martin Wagenschein lesen. Er vermeidet solche Begriffe. Stattdessen lesen wir bei ihm Sätze wie „Nicht das Wissen steckt an, sondern das Suchen" (Wagenschein 1965, S. 159), die wunderbar klar und einfach sagen, was der Ausdruck „problemorientiertes Lernen" mehr verschleiert als erklärt. In seiner Einführung zu Wagenscheins Buch „Verstehen lehren" (1999) beschreibt Hartmut von Hentig das Besondere dieser Didaktik so: „Wagenschein nennt sein Vorgehen ‚genetisch' und meint damit: den Schüler in die Lage versetzen, in der das noch unverstandene Problem so vor ihm steht, wie es vor der Menschheit stand, als es noch nicht gelöst war" (S. 14 f.).

Schnee von gestern? In einem aktuellen Aufsatz heißt es: „In der Schule geht es darum, Kinder bei der Rekonstruktion von im kulturellen Kontext entstandenen Wissen zu unterstützen. Sie müssen die Schrift, die Mathematik oder naturwissenschaftliche Gesetzmäßigkeiten zwar nicht erfinden, aber sie müssen sie entdecken und rekonstruieren" (Stern 2006, S. 46). Das geschieht immer an der Sache, „bereichsspezifisch", wie man heute sagt.

Die Vorstellung von einem allgemeinen Gehirntraining nach dem Motto, mit Latein lerne man zugleich logisch denken, ist aus heutiger Sicht falsch: „Das Gehirn kann nicht unspezifisch trainiert werden" (ebd.). Dabei werden aber zugleich übergreifende Fähigkeiten („metastrategisches Wissen") aufgebaut, deren Verwendung in anderen Kontexten auf dem inhaltlichen Vorwissen beruht. Ein Profi-Radfahrer wird einen Text über die Qualität von Mountainbikes anders lesen als ein normaler Mensch, so ein Beispiel aus „PISA 2000" (Deutsches PISA-Konsortium 2001, S. 72). Beide aber bauen beim Lesen ein „internes Modell im Sinne einer analogen, inhaltsspezifischen, anschaulichen Repräsentation" auf (ebd.).

Beim Versuch, dieses moderne „Verstehen des Verstehens" zu verstehen und auf den Unterricht zu übertragen, stößt man in der Praxis auf zahlreiche Lücken und Widersprüche. Generell wird die Bedeutung des fachspezifischen Wissens und Lernens betont, was ja nicht neu ist. Zugleich gibt es zunehmend spezielles Wissen über Lernen allgemein, wie die oben genannten Zitate andeuten. In den Bildungsstandards für die einzelnen Fächer verschwindet das Allgemeine des Lernens jedoch hinter dem Besonderen der Fachspezifik. Da hilft auch das allgemeine Kompetenzmodell nicht, das den Bildungsstandards zugrunde liegt. Ein Vergleich der Fächer erzeugt mehr Verwirrung als Klarheit; ein übergreifendes Lern- und Unterrichtsverständnis wird dabei nicht sichtbar. Für Deutsch wird zum Beispiel unter der Überschrift „Kompetenzbereiche" eine aus älteren Lehrplänen bekannte inhaltliche Einteilung angeboten („Sprechen und Zuhören"). Für die Naturwissenschaften heißen die Kompetenzbereiche „Fachwissen, Erkenntnisgewinnung, Kommunikation, Bewertung", liegen also auf ganz unterschiedlichen Ebenen (teils inhaltlich, teils prozessural). Nur die Mathematik-Standards sind konsequent von einem Prozessmodell des Lernens abgeleitet: Die allgemeinen Kompetenzen heißen „mathematisch argumentieren", „Probleme mathematisch lösen", „mathematisch modellieren", „mathematische Darstellungen verwenden", „mit symbolischen, formalen und technischen Elementen der Mathematik umgehen".

Was heißt das alles, bezogen auf das Lernen unserer Schülerinnen und Schüler? Lernen sie in der Mathematikstunde argumentieren, in Deutsch sprechen und zuhören, in Naturwissenschaft bewerten? Das ist natürlich unsinnig, sie lernen all das in allen Fächern und alle diese Prozesse wirken dabei in inhaltlich unterschiedlicher Weise zusammen. Wenn man in den ersten drei

Mathematikkompetenzen das Wort „mathematisch" durch „sprachlich" oder „naturwissenschaftlich" ersetzt, macht das sehr viel Sinn. Wenn man es ganz weglässt, bleiben die Prozesse „argumentieren", „Probleme lösen", „modellieren" übrig, die für jedes Lernen konstitutiv sind.

Die Standards geben also keine Antwort auf die Frage nach dem „roten Faden" des Lernens. In der sie begründenden Expertise „Zur Entwicklung nationaler Bildungsstandards" (Klieme et al. 2003) wird auf der Grundlage moderner Lernforschung ein allgemeines Kompetenzmodell entwickelt; zugleich wird die Bedeutung fachlichen Lernens betont, der von Klafki begründete didaktische Ansatz des Lernens an Schlüsselproblemen kritisiert, das fächerübergreifende Lernen zwar nicht ausgeschlossen, aber deutlich begrenzt: „Die Forschung legt nahe, dass die Entwicklung fächerübergreifender Kompetenzen das Vorhandensein gut ausgeprägter fachbezogener Kompetenzen voraussetzt. Die Frage der Reichweite von Kompetenzmodellen ist daher nicht durch die Gegenüberstellung von fachbezogen versus fächerübergreifend zu beantworten. Vielmehr stellen fachbezogene Kompetenzen eine notwendige Grundlage für fächerübergreifende Kompetenzen dar" (S. 75). Offenbleibt, wie diese zeitliche Reihenfolge zu denken ist. Welche und wie viele fachliche Kompetenzen müssen vorausgesetzt werden, damit sie „später" (wann?) sinnvoll zusammenwirken können? In einer Ethik-Kommission kommen Experten unterschiedlicher Provenienz zusammen, um ihr Wissen zur Lösung von aktuellen Problemen, die Grundfragen unseres Lebens betreffen, einzubringen. Heißt das, dass solche Fragen in der Schule ausgespart werden müssen, weil die Schülerinnen und Schüler keine Experten sind? Das wäre eine unvertretbare Position. Mir scheint, dass die Frage nach dem fachlichen und überfachlichen Lernen sinnvollerweise nur durch das Wie ihres Zusammenwirkens zu beantworten ist, nicht durch ein Entweder-oder. Auch das Lernen an Schlüsselproblemen soll ja den Erwerb von fachlicher Expertise nicht beschränken, sondern im Gegenteil befördern, was sich durch viele Beispiele guten Unterrichts belegen lässt. Sie sprechen dafür, dass das Zusammenwirken unterschiedlicher kognitiver Prozesse beim Lernen und bei der Unterrichtsplanung nicht allein auf der Basis der Fachdidaktiken reflektiert werden kann, was zurzeit – begünstigt durch die Standards – immer stärker geschieht. Dadurch gerät nicht nur der didaktische „rote Faden" aus dem Blick, sondern auch der pädagogische.

An zwei didaktischen Konzepten soll hier illustriert werden, dass gegenwärtig auch theoretisch fundierte und praktisch erprobte Unterrichtsmodelle ganz anderer Art auf dem Markt sind und in Schulen großen Anklang finden. Das eine, entwickelt von Urs Ruf und Peter Gallin, ist aus dem Versuch entstanden, über die Fächergrenzen hinweg zu denken. Aus dieser Kooperation zwischen einem Germanisten und einem Mathematiker entstand ein Konzept, dargestellt in dem Buch „Dialogisches Lernen in Sprache und Mathematik. Grundzüge einer interaktiven und fächerübergreifenden Didaktik" (Ruf/Gallin 1998). Dieses didaktische Konzept ist als „Dialogisches Lernen" bekannt geworden. Es verlangt von den Lehrenden, mindestens so viel Zeit aufzuwenden, um ihre Schülerinnen und Schüler zu verstehen, wie diese umgekehrt brauchen, um sie zu verstehen. Es basiert auf dem hermeneutischen Prinzip, dass Verstehen immer ein individueller Prozess ist und dass es im Unterricht darum zuallererst darauf ankommt, dieses Singuläre zu sehen und gelten zu lassen. Auf dem Weg des singulären Denkens zum gesicherten Wissen, vom Ich zum verallgemeinernden Wir klären sich die Gedanken im methodisch gesicherten Austausch mit anderen. Das Lernen wird jeweils durch ein herausforderndes Problem ausgelöst, eine „Kernidee", aus der sich sehr unterschiedliche individuelle Lernwege entwickeln können. Nicht der schnellste Weg von der Frage zur Lösung ist nach diesem Konzept also der angemessene Weg des Verstehens, sondern der „Umweg" vom Ich über das Du zum Wir. Dieser Weg wird festgehalten in sogenannten Reisejournalen, die dialogisch aufgebaut sind.

Die auf diese Weise entstandenen Lerngeschichten sollten eine Pflichtlektüre für alle Lehramtsstudierenden sein. An ihnen zeigt sich nicht nur, wie unterschiedlich Kinder und Jugendliche denken und vorgehen, sondern auch, was es heißt, sie zu verstehen und angemessen auf sie einzugehen. Nichts anderes heißt ja „individualisieren". Solches Lernen stellt große Herausforderungen an Metakognition, an Problembewusstsein und Selbstreflexion. Sie gelten für die Lehrenden ebenso wie für die Lernenden.

Ein anderer, dem dialogischen Lernen verwandter, aber noch allgemeiner begründeter Ansatz ist das von der Robert Bosch Stiftung geförderte, von Peter Fauser in Zusammenarbeit mit dem Kultusministerium von Thüringen entwickelte Konzept des „Verständnisintensiven Lernens" (www.bosch-stiftung. de und www.thueringen.de). Ausgehend von der Bedeutung des imaginativen Lernens (Fauser 2003), zurückgreifend auf Martin Wagenscheins Didaktik, auf die reformpädagogische Tradition und die moderne Lernforschung entwickelt Fauser das Modell eines Tetraeders, das Lernen unter vier grundlegenden Aspekten zusammenfasst: Erfahrung/Wahrnehmung, Vorstellung, Begreifen und Metakognition. Am Beispiel der Mondsichel erläutert er, „dass wir zum Verstehen auf Wahrnehmung, Beobachtung, *Erfahrung*, auf eigenen aktiven Umgang mit der Wirklichkeit angewiesen sind. *Zweitens* kann ich in diesem Fall das Gesehene nur dann interpretieren, wenn ich die Konstellation von Sonne, Mond und Erde und deren Bewegung zueinander in meinem Kopf wie in einem Modell vergegenwärtigen und bearbeiten kann – also mithilfe einer *Vorstellung. Drittens* muss ich beim Verstehen auf allgemeine Konzepte zurückgreifen – ich muss begriffen haben, was mit Raum, Bewegung, Richtung, Umlaufbahn etc. gemeint ist; ich nenne diesen Aspekt *Begreifen. Viertens* schließlich bedarf ein solches Verstehen einer (selbst)kritischen Reflexion, mit deren Hilfe wir die Folgerichtigkeit, aber auch die Reichweite und die Grenzen unserer Interpretation beurteilen und Korrekturen vornehmen können. Dies nennen wir *Metakognition*" (S. 269, Hervorhebungen im Original).

Wie aber können wir ein solches Theoriemodell in Unterrichtsplanung umsetzen? Das Konzept des Dialogischen Lernens antwortet darauf mit einer Methode, die auf bestimmten Voraussetzungen beruht und auf eine grundsätzliche Veränderung des Unterrichts zielt. Für den „ganz normalen" Alltag „ganz normaler" Schulen erscheint es sinnvoll, mit kleineren Schritten zu beginnen, die dem gleichen Ziel dienen: einem Unterricht, der den Individuen besser gerecht wird, indem er ihre Fähigkeiten produktiv herausfordert.

Dazu brauchen wir Methoden und Strategien der kognitiven Aktivierung. Die größte Leerstelle in der Unterrichtsentwicklung scheint mir zu sein, dass ein fächerübergreifendes Konzept solcher Formen von aktiver Aneignung noch gar nicht oder nur in Ansätzen vorhanden ist. Gemeint sind grundlegende Fähigkeiten wie argumentieren, experimentieren, erfinden, modellieren, verfremden, imaginieren etc., die zwar in den Fachdidaktiken ihren je unterschiedlichen Platz haben, die aber eigentlich Grundfiguren geistiger Tätigkeiten darstellen und sich alle im Medium Sprache individuell und kooperativ vollziehen. Der Kern einer solchen Reformarbeit läge also in der Aufgabe, Lehrerinnen und Lehrer dazu zu ermutigen, dass sie Lern*prozesse* anders anlegen. Dazu gehört, Aufgaben so zu konstruieren, dass sie drei Bedingungen genügen: sie müssen (1) produktive Lerntätigkeiten anstoßen, (2) allen Schülerinnen und Schülern zugänglich sein und (3) unterschiedliche, zugleich individuell gute und gemeinschaftliche Leistungen ermöglichen. Hier einige einfache Beispiele.

- Nicht: Lernt die Flüsse, Städte, Gebirge Europas, sondern: Entwerft ein Europa-Spiel, in dem geografisches Grundwissen auf spannende und anschauliche Weise vermittelt wird.
- Nicht: Referiert die Ereignisse der Französischen Revolution, sondern: Erstellt eine Zeitung aus dem Jahr 1792.
- Nicht: Schreibt einen Aufsatz über die Ballade „Herr von Ribbeck auf Ribbeck im Havelland", sondern: Präsentiert die Ballade in einer Radiosendung, die ihr selbst zusammenstellt.
- Nicht: Nehmt Stellung zu Kants kategorischem Imperativ, sondern: Könnt ihr euch in der Gruppe auf ein Gebot einigen, das eurer Meinung nach von allen vernünftigen Menschen der Welt uneingeschränkt akzeptiert werden kann? Formuliert einen solchen Satz als euren kategorischen Imperativ.
- Nicht: Stellt die Argumente für und gegen ein allgemeines Rauchverbot in Gaststätten zusammen, sondern: Veranstaltet eine Podiumsdiskussion, in der Vertreter des Gaststättengewerbes ebenso zu Wort kommen wie Ärzte, Politiker, engagierte Bürgerinnen und Bürger.
- Nicht: Macht fünf Übungen zur Silbentrennung, sondern: Stellt ein Silbenrätsel her für die Rätselsammlung der Klasse.

Hier kann nicht der Anspruch eingelöst werden, eine solche fächerübergreifende Systematik des Lernens lerntheoretisch, methodisch und didaktisch zu begründen und aufzubauen, weil dieses Kapitel „nur" pragmatisch angelegt ist. Gleichwohl ist diese Entwicklungsarbeit nicht theorielos, sondern vom oben genannten „roten Faden" pädagogisch-didaktischer Grundüberzeugungen geleitet, der auch diesem Buch zugrunde liegt. Es ist möglich und sinnvoll, Verschiedenheit zu nutzen:

- die der Schülerinnen und Schüler mit ihren unterschiedlichen Voraussetzungen und Fähigkeiten,
- die der Lehrerinnen und Lehrer mit ihren unterschiedlichen Kompetenzen und Erfahrungen,
- die der Fächer mit ihren unterschiedlichen Anforderungen und Möglichkeiten,
- die der Lernzugänge und Methoden,

um Lernprozesse ansprechend, anspruchsvoll, nachhaltig und individuell „gerecht" zu gestalten.

Im vorigen Kapitel wurde am Beispiel einer Unterrichtseinheit gezeigt, wie solches Lernen aussehen kann. Ein Planspiel, eine Umfrage, eine Podiumsdis-

Entweder:

Oder:

kussion, Denk-, Schreib- und Gestaltungsaufgaben unterschiedlichen Schwierigkeitsgrads – an solchen Beispielen lassen sich einige grundlegende Merkmale problemorientierten Lernens ablesen.

Merkmale problemorientierten Lernens

- Problemorientiertes Lernen setzt eine „andere" Unterrichtsplanung voraus: Ausgangspunkt ist nicht das möglichst schnelle Erreichen erwarteter, feststehender Ergebnisse, die in Aufgaben zurückverwandelt werden, sondern die Aktivierung von Lernkräften und -prozessen durch produktive Herausforderungen, die auf unterschiedliche Weise bewältigt werden können.

- Problemorientiertes Lernen verlangt, Wissen produktiv zu verwenden und anzuwenden.
- Problemorientiertes Lernen ist in der Regel ergebnisoffen. Es lässt unterschiedliche Verfahren und Produkte zu.
- Problemorientiertes Lernen erfordert selbstständiges Planen, Absprachen über Verfahren und Regeln, über Arbeitsteilung, angestrebte Ergebnisse und deren Präsentation.
- Problemorientiertes Lernen begünstigt kooperatives Arbeiten und Teamgeist.
- Problemorientiertes Lernen verlegt den Schwerpunkt von den Produkten auf die Prozesse, fordert und begünstigt individuelle Lösungsansätze, ist fehlerfreundlich, ermöglicht den Lehrenden Einsicht in das Wie des Lernens, in Stärken, Schwächen und erforderliche Hilfen.

Akteure solchen Lernens sind natürlich die Schülerinnen und Schüler. An solchen Prozessen lernen sie, ihr Lernen von der Sache her abzuleiten und zu reflektieren, sich quasi „problemorientiert" gegenüber dem eigenen Lernen zu verhalten und es selbst zu steuern. In dem Maße, wie das gelingt, können solche operativen Verfahren wirksam werden. Akteure einer Unterrichtsplanung und -entwicklung, die in diese Richtung geht, können nur wir Lehrerinnen und Lehrer sein (vgl. Bastian 2007 S. 78 ff.). Darum ist die Wirkung von Aufgabensammlungen begrenzt; so hilfreich und anregend solche Programme und Pools sein mögen: Die Aufgabe, Lernprozesse eigenverantwortlich zu planen, zu begleiten und dafür geeignete Lernanlässe, -herausforderungen und -hilfen zu entwickeln, kann uns nicht abgenommen werden. Wir haben immer *diese* Schülerinnen und Schüler in *dieser* Schule und in *dieser* Situation vor uns und müssen entscheiden, was *jetzt und hier* sinnvoll und richtig ist. Ein Unterricht, der sich nur auf das Lehrbuch oder auf ausgearbeitete Aufgabenpools verlässt, kann nicht greifen, mögen die Bücher und Aufgaben noch so gut sein.

Eine oder besser *die* vorrangige Aufgabe der Unterrichtsentwicklung muss demnach die Stärkung der Kollegien, aller Lehrerinnen und Lehrer in ihrer Professionalität sein: *Sie* sind für den Unterricht verantwortlich, *sie* sind für ihr Fach und dessen Vermittlung ausgebildet und *sie* müssen folglich die Passung zwischen fachlichen Lernzielen und den Schülerinnen und Schülern, die sie vor sich haben, herstellen.

Das geschieht wesentlich durch die Art der Aufgabenstellung. Wie können wir, insbesondere in heterogenen Lerngruppen, Aufgaben so stellen, dass *alle* Schülerinnen und Schüler produktiv herausgefordert sind und zu guten Leistungen gelangen können? Der Begriff „problemorientiertes Lernen" soll hier als Selbstverpflichtung verstanden werden, als produktive Herausforderung für Unterricht in heterogenen Gruppen. Wir müssen selbst „problemorientiert" vorgehen, indem wir Unterricht nicht auf rezeptives Lernen anlegen, sondern offener und zugleich systematisch, indem wir anders planen und Aufgaben anders konstruieren.

3.1.2 Differenzierende Aufgaben entwickeln

In diesem Abschnitt stelle ich drei häufig vorkommende Aufgabentypen mit je drei Beispielen vor, die auf problemorientiertes Lernen hin angelegt sind. Sie sollen zur Entwicklung ähnlicher Aufgaben anregen. Der mögliche Transfer auf andere Unterrichtsfächer wird aus der Anlage der Aufgaben leicht ersichtlich.

Typ 1: Aufgaben, die unterschiedliche Kompetenzen und Anforderungsstufen enthalten

Solche Aufgaben müssen so konstruiert sein, dass alle Schülerinnen und Schüler sie erfolgreich bearbeiten können. Sie sollen Interesse wecken und produktive Lernkräfte herausfordern. Sie sollen in sich so gestuft sein, dass dies auf unterschiedlichem Niveau möglich ist. Die Pointe dabei ist, dass diese Aufgaben *nicht* in der Weise zur Differenzierung verwendet werden, dass lernschwache Schülerinnen und Schüler nur die leichtesten Varianten bearbeiten, begabte nur die schwierigsten und die „mittleren" die mittleren. Damit wäre die Chance der Individualisierung verschenkt.

Vielmehr soll die Staffelung dazu dienen, dass die Schülerinnen und Schüler unterschiedliche Wege erproben können und sollen und dass die Lehrenden an den Ergebnissen erkennen können, wie diese Lernwege verlaufen sind. Auf welche Anforderung haben die Schülerinnen und Schüler wie reagiert? Wie sind sie bei der Lösung der Aufgaben vorgegangen, welche Lernstrategien zeichnen sich ab? Welche Stärken sind erkennbar und wo liegen die Probleme?

Solche Aufgaben sind für individualisierenden Unterricht von großem Nutzen, weil sie nicht nur die Schülerinnen und Schüler produktiv herausfordern, sondern ebenso uns Lehrerinnen und Lehrer. Sie kommen nicht nur den unterschiedlichen Lernvoraussetzungen der Schülerinnen und Schüler entgegen, sondern auch den Interessen und dem Arbeitstempo der Einzelnen. Nicht alle müssen alle Varianten bearbeiten, aber alle sollen durch ihre Ergebnisse nachweisen, dass sie einen fortschreitenden Lernweg zurückgelegt haben. Die Teilaufgaben können unterschiedlich kombiniert werden. Welche Sie zur Pflichtaufgabe für alle erklären und welche Sie zur Wahl stellen, hängt von der Gruppe und von der Unterrichtssituation ab. In der Regel wird ein Grundpensum für alle vorgegeben; die übrigen Aufgaben stehen zur Wahl. Eine offene Vorgabe könnte lauten:

> Stelle dir aus den angebotenen Teilaufgaben einen eigenen Lernweg
> zusammen, der dich zu einer möglichst guten Leistung bringt. Wenn du
> eine Aufgabe auslässt, begründe bitte (kurz), warum du meinst, dass
> sie dir nichts bringt.

Auf diese Weise werden die Schülerinnen und Schüler in die Verantwortung
für ihr Lernen hinein genommen und reflektieren selbst, welche Anforderungen für sie förderlich sind.

Beispiel 1: Eine Kleinbildverpackung berechnen (Mathematik, Jg. 9/10, nach
Blum et al. 2006, S. 27 f.)
Ein häufig zitiertes Mathematikbeispiel dieser Form („Blumen"-Aufgabe, s.
S. 77) ist die fußballförmige Verpackung von Kleinbildfilmen, die eine Firma
anlässlich der Weltmeisterschaft entwickelt hat. Die Oberfläche dieser Schachtel besteht aus Quadraten und Dreiecken. Die einfachsten Aufgaben fragen
nach der Zahl dieser Quadrate und Dreiecke und nach der Größe der Oberfläche der Verpackung. Die anspruchsvollste Aufgabe erfordert komplexes mathematisches Denken. Die Aufgabe ist so gestaffelt, dass alle Grundkompetenzen auf unterschiedlichen Anforderungsstufen angesprochen werden:

- Aus wie vielen Quadraten und wie vielen Dreiecken besteht die Ver-
  packung?
- Berechne die Größe der Oberfläche der Verpackung.
- Wichtig ist auch, wie viel Platz überhaupt in der Verpackung ist. Die
  Designer geben an, dass das Volumen (gerundet) 528 cm^3 beträgt.
  Mache zwei Vorschläge, wie du das Volumen berechnen könntest.
  Rechne mit einem deiner Vorschläge nach: Bekommst du auch
  528 cm^3 heraus?
- Jeder der vier Filme steckt in einem zylinderförmigen Döschen
  (Durchmesser: 3,1 cm; Höhe: 5,2 cm). Wie viel Prozent der Film-
  schachtel bleiben leer, wenn die vier Filme eingepackt sind? Schätze
  zuerst die Prozentzahl und berechne erst danach das Ergebnis.
- Begründe folgende Aussage: Zwei solcher Filmdosen passen in der
  Schachtel nicht übereinander.
- Ein Fotogeschäft hat den Preis für die Filme in dieser Schachtel von
  6,99 € auf 5,99 € reduziert. Wie viel Prozent Preisermäßigung sind
  das?

Beispiel 2: Eine Kontaktanzeige analysieren (Gesellschaftslehre/Ethik, Jg. 9/10)

Ein wirklicher Traummann zum Verlieben und zum Heiraten! Ein sehr attraktiver, schlanker, eleganter Weltmann von Jeans bis Smoking – ein „Fels in der Brandung", allerbester familiärer Unternehmerbackground, erstklassige Erziehung & Ausbildung, promoviert ... ein Gewinner, in der (Medien-)Öffentlichkeit stehend und zur gesellschaftlichen Weltelite zählend ... trotz allem Erfolg ein Mann des Understatements, authentisch, rücksichtsvoll & fair.

Den schönen Dingen zugetan von Kunst, Kultur bis zur Musik (er ist selbst musikalisch), Reisen um den Globus, Shoppen in Paris, Kunstgalerien in New York, Wellness, ein stilvolles Zuhause ... es erwartet Sie ein spannendes, abwechslungsreiches Leben. Er ist DER perfekte Mann für eine junge, anspruchsvolle „Lady", ebenfalls traditionellen Werten verbunden. Zärtlich, romantisch und schwungvoll wird er seine Braut über die Schwelle tragen!

Viel Glück! Rufen Sie an: ...

In dieser Kontaktanzeige stellt ein Mann sich als „Traummann zum Verlieben und zum Heiraten" dar. Setze dich kritisch mit diesem Text auseinander. Hier einige Arbeitsvorschläge, unter denen du wählen kannst.

- Welche Erwartungen werden durch diese Überschrift bei den Leserinnen (und Lesern) geweckt?
- Stelle die Eigenschaften zusammen, mit denen der Kontaktsuchende sich selbst beschreibt. Gehe dabei auch auf die sprachlichen Besonderheiten der Darstellung ein.
- Schreibe ein „Gegenstück" zu diesem Text: die Kontaktanzeige einer „Traumfrau zum Verlieben".
- Interpretiere dieses Selbstbildnis und begründe deine Meinung dazu.
- Stelle die Besonderheiten der Textsorte „Kontaktanzeige" dar und begründe sie durch eine Analyse des vorliegenden Textes.
- Stelle in einem Kommentar dar, welche Vorstellungen von Glück und gutem Leben in diesem Text zum Ausdruck kommen, und interpretiere diese, indem du andere Vorstellungen dagegenstellst. Schreibe eine abschließende persönliche Stellungnahme.

Beispiel 3: Wortfamilien (Grammatik, Jg. 5/6)

Bei den Wörtern gibt es Familien, ebenso wie bei den Menschen. Das Verb „sehen" hat zum Beispiel eine sehr große Familie: es gibt „ansehen", „einsehen", „versehen", „umsehen" … Daraus entstehen dann wieder neue Wörter wie „die Ansicht", „die Einsicht", „das Versehen", „die Umsicht" … Und aus ihnen kann man wiederum Adjektive ableiten wie „ansehnlich", „einsichtig", „versehentlich", „umsichtig".

Sieh dir zum Beispiel die Familie „Gabe" an: Da gibt es viele „Töchter": die Angabe, die Abgabe, die Ausgabe, die Eingabe, die Hingabe, die Zugabe und noch einige andere.

Die „Eltern" sind immer von Verben abgeleitet, also zum Beispiel „Gabe" (von „geben"), „Stand" (von „stehen"), „Zug" (von „ziehen"), „Schnitt" (von „schneiden").

- Schreibe die „Töchter" der Familie „Gabe" auf und die „Söhne" der Familien „Stand", „Zug" und „Schnitt".
- Male ein „Familienbild" zu einer der Familien.
- Sieh dir die Familie „Stand" näher an. Aus ihr kann man Adjektive entwickeln wie „anständig". Wie viele findest du? Schreibe zu jedem einen kurzen Beispielsatz.
- Lege eine Tabelle mit vier Spalten an. Links stehen die Vorsilben (Präfixe), mit denen aus einem Verb neue gebildet werden können. Einige kennst du schon aus den Beispielen: an-, ab, auf-, aus- … Welche findest du noch? In der Mitte steht der Familienstamm. Er kann manchmal zwei oder drei Formen haben, zum Beispiel „seh" und „sicht" oder „geb" und „gab". Rechts davon trägst du die Nomen ein, die zu den abgeleiteten Verben gehören, und daneben die Adjektive, die aus ihnen entstehen können. Es soll ein schönes Schaubild werden. Überlege dir eine passende Überschrift.
- Schreibe eine „Familiengeschichte" zu einer der Familien. Sie könnte so beginnen: „Es war einmal ein Zug, der gern schick gekleidet sein wollte. Deshalb verwandelte er sich in einen Anzug." Oder „Es war einmal ein Stand, der nichts mit anderen zu tun haben wollte. Deshalb verwandelte er sich in einen Abstand."
- Findest du ein einfaches Beispiel für eine englische Wortfamilie? Meinst du, dass die „Familienbildung" im Englischen ähnlich funktioniert wie im Deutschen? Was meinst du: Gibt es in allen Sprachen Wortfamilien?

Anregung für die Workshop-Arbeit in der Fachgruppe:
1. Entwerfen Sie (allein oder im Team) je eine oder mehrere Aufgaben dieses Typs für Unterrichtsthemen, an denen Sie gerade arbeiten. Erproben Sie die Aufgaben in den nächsten Stunden.
2. Vergleichen Sie Ihre Beispiele mit denen der Kolleginnen/Kollegen. Überlegen Sie, wie Aufgaben dieses Typs dazu dienen können, die individuellen Potenziale Ihrer Schülerinnen und Schüler besser zu fördern und herauszufordern.
3. Sprechen Sie ab, ob und wie Sie weiter an der Konstruktion solcher Aufgaben arbeiten wollen. Einigen Sie sich auf Ziele für die Unterrichtsentwicklung in diesem Bereich und sprechen Sie ab, wer welche Gebiete bearbeitet.

Typ 2: Aufgaben, die kooperative Lösungen für ein Problem erfordern
Solche Aufgaben müssen so konstruiert sein, dass sie kooperatives Lernen und Handeln produktiv herausfordern und dafür unterschiedliche Möglichkeiten bieten. Alle Schülerinnen müssen ein gemeinsames Pensum erarbeiten und dann arbeitsteilig vorgehen. Die Pointe daran ist, dass *sie* diese Arbeit strukturieren, sich Ziele setzen, die Rollen verteilen, arbeitsteilig vorgehen und die Ergebnisse dann wieder zusammenfügen.
　　Diese Aufgaben müssen also so offen gestellt werden, dass die Planung, die Wahl der Arbeitsschritte und -methoden zum gemeinsamen Lernpensum wird. Das wird umso besser gelingen, je mehr die Schülerinnen und Schüler an diese Art selbstständigen Lernens gewöhnt sind. Wenn sie darin noch ungeübt sind, brauchen sie Anregungen und Strukturierungshilfen, die in den folgenden Beispielen mit genannt sind.

Beispiel 1: Eine Ballade erschließen (Deutsch, Jg. 7)
In einer Unterrichtsreihe über Balladen soll als Gemeinschaftsprodukt ein Hörbuch zusammengestellt werden, das aus Radiosendungen zu verschiedenen Balladen besteht. Die Schülerinnen und Schüler haben sich Wahlgruppen zugeordnet. Jede Gruppe entscheidet, wie sie die (vorgegebene) Sendezeit einteilen, inhaltlich strukturieren, die Arbeitsaufträge und Rollen verteilen will. Zuvor sind Ideen und Vorschläge gesammelt, allgemeine Vorgaben vereinbart worden, die Grundlage für die folgende Strukturierungshilfe waren.

Vorschläge zu unserem Projekt „Balladen-Hörbuch"
Wir haben im Unterricht eure Ideen und Vorschläge zu unserer Balladen-Werkstatt gesammelt. Hier eine Übersicht. Sie soll euch helfen, für euer Gedicht ein spannendes und abwechslungsreiches Programm zusammenzustellen. Ihr könnt unter den Vorschlägen auswählen und natürlich auch weitere Ideen entwickeln.
- Die Hörerinnen und Hörer kennen euer Gedicht nicht. Ihr wollt es ihnen nicht nur vorstellen, sondern auch „schmackhaft" machen. Wie macht ihr das? Wie tragt ihr den Text vor? (Eine Person oder verteilte Rollen? Mit oder ohne Hintergrundgeräusche?)
- Wie sollen die Hörerinnen und Hörer angesprochen werden? Wie leitet ihr eure Sendung ein und wie führt ihr hindurch? Wer übernimmt diese Aufgabe?
- In welcher Zeit spielt euer Gedicht? Brauchen die Hörerinnen und Hörer Hintergrundinformationen? Ihr könnt sie vorab geben. Ihr könnt auch ein „Feature" einbauen. Oder ihr lasst einen Menschen berichten, der an dem Geschehen beteiligt war und vorab einige Erklärungen gibt.
- Wie sollen die beteiligten Personen zu Wort kommen? Ihr könnt Interviews mit ihnen führen. Ihr könnt euch vorstellen, dass sie Tagebuch geführt oder in einem Brief über die Ereignisse berichtet haben, und aus dem Tagebuch oder Brief vorlesen. Ihr könnt sie auch miteinander reden lassen und dieses Gespräch „live" übertragen.
- Ihr könnt auch andere Personen reden lassen, die in dem Gedicht nicht vorkommen: Zeitgenossen, die das Geschehen beschreiben oder beurteilen.
- Ihr könnt eure Reporter von verschiedenen Stellen „live" berichten lassen.
- Ihr könnt darüber berichten, wie das Ereignis in der Presse dargestellt wurde. Ihr erfindet also zeitgenössische Journalisten und lasst sie schreiben.

- Ihr könnt zum Schluss ein Gespräch über das Gedicht einblenden:
  Heutige Leserinnen und Leser reden darüber. Wie wirkt das Gedicht
  auf sie? Wie beurteilen sie es? Vielleicht verteilt ihr eure Sendung
  auf zwei Tage und leitet den zweiten Teil mit Äußerungen von Hörerinnen und Hörern ein, die euch nach der ersten Sendung angeru-
  fen haben.
- Ihr könnt eure Sendung durch Hintergrundgeräusche wirksamer
  machen. An welcher Stelle soll was eingebaut werden? Wie könnt
  ihr das technisch hinkriegen?

Beispiel 2: Informationen vermitteln, eine Diskussion strukturieren
(Ethik, Jg. 9/10)
Eine Expertengruppe zum Thema Geschlechterrollen soll die Klasse über wissenschaftliche Positionen und Forschungsergebnisse informieren und eine
Diskussion zu diesem Thema vorbereiten und strukturieren. Die Aufgabe ist
also auf zwei Ebenen angesiedelt, der fachlichen und der didaktischen. Die
Jugendlichen müssen zunächst die Texte lesen und verstehen, sie dann so
präsentieren, dass die Gruppe gut folgen kann, und methodisch planen, wie
die Mitschülerinnen und -schüler zu aktivem Mit- und Nachdenken angeregt
werden können. (Wortlaut der Aufgabe s. S. 46)

Beispiel 3: Verpackungen entwerfen (nach Blum et al. 2006, S.130ff.)

Für ein Fruchtsaftgetränk soll eine Verpackung („Trinkpäckchen") entworfen werden.
- Das Trinkpäckchen soll 250 ml enthalten und genau bemessen sein.
- Das Material soll kostengünstig und stabil sein (das Päckchen darf beim Transport nicht kaputtgehen).
- Der Strohhalm soll beim Trinken nicht hineinrutschen.
- Das Design soll ansprechend sein.

Ihr müsst in eurer Gruppe gut zusammenarbeiten, um ein gutes Produkt zu erzielen. Die mathematische Vorarbeit müsst ihr gemeinsam machen, um die Vorgaben zu entwickeln. Dann könnt ihr arbeitsteilig vorgehen, Aufgaben unter euch verteilen und euch dann die Ergebnisse mitteilen.

Vorschläge:
- Vorhandene Trinkpäckchen untersuchen: Wie sind die Vorgaben dort erfüllt? Was könnt ihr übernehmen?
- Informationen über Materialien und deren Kosten einholen: Wie könnt ihr möglichst billig produzieren?
- Unterschiedliche Lösungen für das Strohhalm-Problem ausprobieren: Welche wählt ihr?
- Unterschiedliche Entwürfe für das Design entwickeln: Wen wollt ihr ansprechen und was wirkt am besten auf eure Zielgruppe?

Anregung für die Workshop-Arbeit in der Fachgruppe:
1. Entwerfen Sie (allein oder im Team) je eine oder mehrere Aufgaben dieses Typs für ein Unterrichtsthema, an dem Sie gerade arbeiten. Erproben Sie die Aufgaben in den nächsten Stunden.
2. Holen Sie ein Feedback Ihrer Schülerinnen und Schüler ein. Wie sind sie mit der Gruppenaufgabe zurechtgekommen, was fanden sie daran gut, was nicht? Sie können die Schülerinnen und Schüler in die Planung ähnlicher Gruppen zum Thema einbeziehen.
3. Analysieren Sie in der Fachgruppe ein Vorhaben aus Ihrem schuleigenen Curriculum. Prüfen Sie, ob kooperative Aufgaben dieses Typs darin produktiv genutzt werden, und überarbeiten Sie es gegebenenfalls. Daraus können sich weiterführende Ziele für die Unterrichtsentwicklung an Ihrer Schule ergeben.

Typ 3: Aufgaben, die individuelle Aneignungs- und Lernwege zulassen

Solche Aufgaben müssen so konstruiert sein, dass sie unterschiedlichen Lernständen und „Lerntypen" entgegenkommen. Das Wort „Lerntypen" ist hier in Anführungszeichen gesetzt, weil es umstritten ist, ob es solche „Typen" in einem präzise zu definierenden Sinn überhaupt gibt. Immer und überall haben wir es im Unterricht aber mit unterschiedlichen Lernständen, Interessen und Begabungen zu tun.

Aufgaben dieses Typs sind dem Typ 1 sehr ähnlich. Der Unterschied besteht darin, dass hier keine eingebaute Progression vorgesehen ist, sondern eine eher additive Zusammenstellung unterschiedlicher Lern- und Aneignungsmöglichkeiten. Die Pointe daran ist, dass die Schülerinnen und Schüler frei sind, unterschiedliche Zugänge nach Belieben zu kombinieren.

Solche Aufgaben stellen zugleich eine pädagogische Herausforderung für die Lehrerinnen und Lehrer dar. Es gibt Schülerinnen und Schüler, die den „Weg des geringsten Widerstands" suchen, möglichst schnell fertig werden wollen und dann erklären, sie seien fertig. Sie müssen verstehen, dass solche Aufgaben nicht dazu da sind, möglichst bequeme Lernwege zu ermöglichen, sondern eine möglichst gute Leistung. Ein Gespräch über die Fähigkeiten und Vorlieben des Schülers und seine bestmögliche Leistung ist also in einem solchen Fall geraten.

Es gibt andere, die immer gleichartige Aufgaben wählen. Sie müssten verstehen, dass ein einseitiges Training auf die Dauer nicht weiterführt. Eine Beratung ist in solchen Fällen geraten, vielleicht auch eine sanfte Überredung, manchmal eine klare Vorgabe bei der Wahl der Aufgaben.

Beispiel 1: Analyse einer Grabrede (Gesellschaftslehre/Ethik, Jg. 9/10)

Textauszug: Grabrede auf eine vorbildliche Frau
Im Zentrum der Predigten steht die Beschreibung des idealen Verhaltens von Ehefrauen. Frauen verdienen Ehre, wenn sie sich durch eine „schöne, liebliche Gestalt des Leibs" auszeichnen, durch „guten Verstand und Geschicklichkeit Gott dienen" und als „Eiferin über gute Sitten, Ehr und Hauszucht" hervortreten. Die gute Frau bevorzugt wenig Schmuck und schlichte Kleidung, ist tugendsam und häuslich. Der vorbildliche Charakter einer Frau lässt sich an ihrem Charakter ablesen:

„... Sie schläft nicht bis halb zu Mittag, sie leget die Hände nicht in den Schoß, sie hält sich mit neuen Zeitungen, mit Waschen und Plaudern nicht auf, sondern ist gescheit und bereit, sie geht mit Wolle und Flachs um ... Sie nimmt der Haushaltung wahr, und greiffet entweder nach

---

ihrem Stand und Gelegenheit selber mit zu oder weiß sonst das Haus-
wesen also anzuordnen und so weislich zu führen, dass der große Nutz
von ihrer fleißlichen Auffsicht merklich und reichlich zu spüren ist."

Als besonders verabscheuungswürdig gelten Stolz und Hoffahrt, nach-
tragendes Verhalten und Ungehorsam den Eltern oder dem Ehemann
gegenüber.
   (zitiert nach: „Die Chronik der Frauen", Kuhn 1992, S.250)

In dieser Grabrede aus dem 17. Jahrhundert wird eine Frau als vorbildlich dargestellt und gerühmt. Was galt damals als „vorbildlich"?
Wie sehen wir das heute? Das sind die Leitfragen für die Auseinandersetzung mit diesem Text. Du kannst auf unterschiedliche Weise an diese Aufgabe herangehen. (Wortlaut der Aufgabe s. S.76)

Beispiel 2: Umgang mit Präpositionen (Anfangsunterricht Fremdsprachen,
hier Französisch Jg., 5)
Fremdsprachenunterricht in heterogenen Gruppen kann alle Schülerinnen
und Schüler umso besser erreichen, je mehr das gemeinsame systematische
Fortschreiten auf ein basales Niveau beschränkt, die Übungs- und Anwendungssituationen hingegen in großer Vielfalt angeboten werden. Dieses Beispiel stammt aus dem Anfangsunterricht Französisch. Auf der Grundlage eines
noch sehr begrenzten Wortschatzes und einiger elementarer Strukturen sind
Präpositionen in unterschiedlichen Anwendungssituationen gelernt worden:
- durch einfache Frage-/Antwort-Übungen;
- durch „Pyramiden" von Gegenständen, die beschrieben werden; durch
  Bilderlesen (die Maus ist unter dem Tisch, im Bett …);
- durch einfache Ratespiele (Wo hat sich die Maus versteckt? Im Schrank,
  hinter dem Schrank, unter dem Schrank?), die durch Kombination der
  Gegenstände und Präpositionen variiert und ausgeweitet werden können;
- durch „Roboter"-Spiele (ein „Kommandeur" befiehlt: Stell die Tasse auf den
  Tisch …), die entweder einfach ablaufen (Befehl-Handlung) oder mit Wiederholung des Befehls oder mit Hindernissen (der „Roboter" funktioniert
  nicht …);
- durch Beschreibung eines Zimmers und der Anordnung der Gegenstände;
- durch eine Suchgeschichte: einen Dialog zwischen Kind (im Zimmer) und
  Mutter (in der Küche): Wo ist mein roter Pullover? Die Mutter sagt, wo das
  Kind suchen soll, der Pullover ist nicht an den angegebenen Stellen (il n'est
  pas dans l'armoire) und findet sich schließlich unter dem Bett.

Zum Abschluss dieser Reihe sollen die Kinder einen eigenen Text schreiben.

Vorschläge:
- Du kannst ein Zimmer malen und dazu einen Text schreiben.
- Du kannst eine Bilderserie malen zum Thema „Wo steckt die Maus?" (mit möglichst vielen guten Verstecken) und sie beschriften.
- Du kannst Befehle für einen „Roboter" aufschreiben, die dieser später ausführt. Dazu arbeitet ihr am besten zu zweit und könnt euch dann gegenseitig herumkommandieren.
- Du kannst eine „Pyramide" von Gegenständen oder Tieren zeichnen und beschriften.
- Stell dir vor, dass ein Haus von Tieren besetzt worden ist. Im Radio soll darüber berichtet werden. Du bist an Ort und Stelle und sagst den Hörerinnen und Hörern, was du siehst: ...
- Du kannst eine oder mehrere Suchgeschichten schreiben. Am besten arbeitet ihr dabei zu zweit und führt eure Geschichten später auf.
- Du kannst dir eine eigene Geschichte ausdenken. Darin sollen die Wörter *auf, unter, vor, hinter, in, zwischen* in vielen Kombinationen vorkommen.

Beispiel 3: Lesetagebuch

Bei vielen Unterrichtseinheiten können Jugendbücher als hervorragende Anschauungs- und Erkenntnisquelle zum Thema genutzt werden. In dieser Funktion sind sie dann Bestandteil des gemeinsamen Unterrichts. Der Anfang (oder der erste Textauszug) sollte unbedingt gemeinsam gelesen werden, damit alle Schülerinnen und Schüler in das Buch „hineinkommen". Dann folgt ein Gespräch: Wie könnte es weitergehen? Wie wirken die dargestellten Personen? Wo und wie leben sie? Was ist das Besondere an ihrer Geschichte? Was interessiert uns daran? Wie könnten wir vorgehen, um aus dem Buch etwas Eigenes zu machen?

Es muss den Schülerinnen und Schülern klar sein, dass die Lektüre als wichtige Lernquelle zum Thema von ihnen gut genutzt werden soll und dass sie dabei nach ihren persönlichen Interessen vorgehen können: Alle sollen zu dem Buch ein Heft nach eigenen Vorstellungen gestalten, das Lesetagebuch. Es entsteht allmählich. In jeder Woche werden fertige Passagen vorgelesen, und die Gruppe gibt den Autorinnen und Autoren Rückmeldungen und Tipps.

Hier ein Beispiel zu einem Buch von Hans-Martin Große-Oetringhaus „Jogan haut ab" (2002). Es könnte in einer Unterrichtseinheit „Kinder in aller Welt" (Jg. 5/6) als Begleitlektüre eingesetzt werden.

Vorschläge für dein Lesetagebuch

Dein Lesetagebuch kannst du nach eigenen Vorstellungen gestalten. Es soll besonders schön aussehen. Du bekommst dafür ein eigenes Heft, das du mit Bildern, Zeichnungen, Karten ausschmücken kannst.

Alles, was in dem Lesetagebuch steht, hat etwas mit dem Buch zu tun. Wer dein Tagebuch liest, soll Lust bekommen, das Buch selbst zu lesen.

- Du kannst den Inhalt der Kapitel kurz zusammenfassen. Wer das Buch nicht kennt, soll damit informiert werden, was darin passiert.
- Du kannst eine Karte von Indien zeichnen, die großen Städte und die Flüsse eintragen und beschriften und die Orte, die in diesem Buch vorkommen, mit einer anderen Farbe besonders hervorheben.
- Du schilderst das Leben der Kinder im Dorf. Du kannst dazu Zeichnungen machen.
- Du lässt eine alte Frau oder einen alten Mann berichten, wie das Leben früher war und wie es heute ist: „Früher haben wir besser gelebt ...“
- Bei den Teppichknüpfern: Du lässt einen Radioreporter in die Werkstatt kommen. Er führt ein Interview mit den Kindern, die dort arbeiten. Schreibe den Text auf. (Das kann auch eine Gruppenarbeit sein. Dann könnt ihr ihn zu mehreren mit verteilten Rollen auf Kassette aufnehmen.)
- Du beschreibst, wie die Teppiche entstehen, und illustrierst dies mit Zeichnungen.
- Du kannst dich aus Sachbüchern informieren, wie Teppiche hergestellt werden. Berichte über verschiedene Techniken/Traditionen.
- Du kannst die Personen des Buches vorstellen, indem du sie zeichnest und einen kurzen Text zu jeder Zeichnung schreibst.
- Du kannst einen Brief an Herrn Teli, den Betreiber der Teppich-Werkstatt, schreiben oder ein Interview mit ihm führen.
- Das Leben der Bürgersteigbewohner: Du kannst dazu mit anderen ein Hörspiel entwerfen und aufnehmen. Oder du schreibst eine Reportage für eine deutsche Illustrierte.
- Du kannst Informationen über die Stadt Bombay zu einem Bericht verarbeiten (wenn möglich mit Fotos).
- Du kannst Timilis Mutter berichten lassen: „Wir lassen uns jetzt nicht mehr vertreiben. Wir sind stark! ...“
- Du kannst einen Brief an den Bürgermeister von Bombay schreiben oder ein Interview mit ihm führen.
- Jogan und Lal kommen in eure Klasse und erzählen von ihrem Leben.

Anregung für die Workshop-Arbeit in der Fachgruppe:
1. Entwerfen Sie (allein oder im Team) je eine oder mehrere Aufgaben dieses Typs für ein Unterrichtsthema, an dem Sie gerade arbeiten. Erproben Sie die Aufgaben in den nächsten Stunden.
2. Wählen Sie ein Jugendbuch als Begleitlektüre zu einem fachlichen oder überfachlichen Thema, am dem Ihre Fachgruppe oder Ihr Jahrgangsteam gerade arbeitet. Wählen Sie die Passagen für die gemeinsame Lektüre aus und sammeln Sie Anregungen und Vorschläge für ein Lesetagebuch. (Lektüre-Tipp: Ingrid Kaiser/Friedlinde Mann, Auf Schatzsuche: Lesetagebücher. In: PÄDAGOGIK, Heft 6/2001, S.10–13)
3. Wenn die Lektüre eines Jugendbuches nicht zu Ihrem aktuellen Thema passt, wählen Sie einen Sachtext und übertragen Sie das Prinzip der Angebotsvielfalt auf dessen Erschließung.

3.1.3 Unterschiedliche Verstehenswege anlegen

„Verstehen" ist ein großes Wort und das Verstehen des Verstehens hat eine große philosophische und pädagogische Tradition. Diese kann hier nicht vertieft werden und dürfte für viele Lehrerinnen und Lehrern auch nicht von vorrangigem Interesse sein. Sie folgen aber – mehr oder weniger bewusst – bei ihrer Arbeit einem verinnerlichten, durch ihre Fachausbildung und ihre Berufserfahrung geprägten Verständnis des Verstehens. Darum ist es in unserem Zusammenhang notwendig, zumindest eine pragmatische Einigung über Verstehensprozesse als Konsens vorauszusetzen. Dem diente der Exkurs zu Beginn dieses Kapitels. Aus den Aufgabenbeispielen des vorigen Abschnitts lassen sich Elemente einer Unterrichtsplanung ableiten, die darauf angelegt ist, dass und wie problemorientiertes Lernen und Individualisierung zusammenwirken können. Jetzt geht es darum, diese methodisch zu sichern.

Dafür möchte ich eine pragmatische Faustregel zur kognitiven Aktivierung vorschlagen und am Beispiel der Grammatikaufgabe (S.121) erklären. Die Kinder sollen *by doing* verstehen, wie Wortbildung funktioniert, wie aus einem Verbstamm Ableitungen entstehen, wie daraus neue Nomen und Adjektive gebildet werden können und welche Funktion Prä- und Suffixe dabei haben, und schließlich, welche Bedeutungsvielfalt durch diese „Wortfabrik" produziert wird. Die normalerweise unreflektiert gebrauchte Muttersprache muss dazu aus dem Gebrauchskontext gelöst, als Gegenstand des Nachdenkens neu „vorgestellt" und damit ein Stück verfremdet werden. Das geschieht durch die Familienmetapher. Dieser Verfremdungseffekt wird verstärkt durch die Wahlaufgabe, ein Bild zu malen (ein Zug, ein Anzug, ein Umzug...) oder eine „Familiengeschichte" zu schreiben. Dabei wird ein Denkprozess über Bedeutung in Gang gesetzt, der Anlass zu tiefgründigen sprachphilosophischen Überlegungen sein kann: Was ist denn eigentlich „der Stand" beim Anstand, Abstand, Aufstand, Einstand, Umstand? Selbstverständlich kann dies in den Jahrgangsstufen 5 und 6 weder verlangt noch vorausgesetzt werden, aber Kinder sollen zu solchem Nachdenken angeregt und ermutigt werden. Lernziel für alle ist das Verstehen des „Bauplans", nach dem Wörter entstehen. Dazu sollen die Kinder selbst Beispiele finden, die Wortbildungselemente (Präfixe) zusammenstellen und in Form einer Tabelle ein Grundmuster der Wortbildung darstellen. Schließlich wird ein generelles Nachdenken über Sprache angeregt; die Kinder sollen die Muttersprache mit der ersten Fremdsprache vergleichen, Vermutungen über Gemeinsamkeiten und Unterschiede anstellen und diese begründen.

Die Aufgabe „zerlegt" also das Lernziel in *verschiedene, unterschiedlich schwierige und prinzipiell allen Kindern zugängliche* Lernprozesse. Die Kinder sollen

- **erkunden,** wie Wörter entstehen können, indem sie Möglichkeiten der Abwandlung zu einem Stamm durchspielen,
- **ordnen,** was sie herausgefunden haben, Regeln und Modelle daraus entwickeln,
- **sich vorstellen,** was mit den Wörtern passieren könnte, wenn sie lebendig wären,
- **urteilen** und vergleichen, indem sie Vermutungen über Ähnlichkeiten und Verschiedenheiten der Sprachen anstellen, und
- **argumentieren,** indem sie diese begründen.

In dieser Aufzählung sind die Verben bewusst so gewählt, dass sich daraus eine Faustregel ableiten lässt. Es handelt sich um fünf unterschiedliche und zusammenwirkende Verstehenswege (wie die fünf Finger, die zusammen eine Faust ergeben), und damit die Faustregel noch einfacher wird, können die fünf Vokale als Merkhilfen dienen (wodurch die Wortwahl etwas künstlich wirkt).

Faustregel zur Aktivierung kognitiver Fähigkeiten:
argumentieren
erkunden
imaginieren
ordnen
urteilen

Diese Faustregel ist kein lerntheoretisches Konstrukt, sondern ein pragmatisches Hilfsmittel, um ein solches in die Unterrichtsplanung und -praxis umzusetzen. Nicht immer müssen alle diese Tätigkeiten zusammenkommen; sie werden bei verschiedenen Aufgaben/Unterrichtssequenzen unterschiedlich gewichtet sein und in unterschiedlicher Weise zusammenwirken. Die Funktion der Regel ist die einer Erinnerung: Alle diese Tätigkeiten sind kognitive Operationen, die zum Lernen gehören und Verstehen ermöglichen. Die fünf Begriffe fassen solche grundlegenden Lerntätigkeiten zusammen, die jeweils wiederum viele mögliche Wege und Methoden zulassen. Sie sind also auf einer mittleren Abstraktionsebene angesiedelt: unterhalb des Fauser-Modells und oberhalb der konkreten Tätigkeiten wie exzerpieren, befragen, illustrieren … Ihr „gemeinsamer Nenner" ist das „Verflüssigen" des Lernens in aktive und konstruktive kognitive Prozesse, die beim Lernen zusammenwirken.

Unter **A**rgumentieren sind alle Tätigkeiten zusammengefasst, die logisch-kausales Denken erfordern (fragen, warum …, Gründe angeben für …, Thesen aufstellen und verteidigen zu …), und alle Methoden, die solche Tätigkeiten operationalisieren, von einfachen Sachfragen über formal aufgebaute
Argumentationen bis zu strukturierten Gesprächsformen wie Planspiel oder Debatte oder Podiumsdiskussion.
Fragerichtung: Warum kann man es so oder anders sehen?

Unter **E**rkunden sind alle Tätigkeiten zusammengefasst, die exploratives Denken und Forschen erfordern (staunen über …, sich wundern, dass …, sich fragen, wie …, probieren, experimentieren, entwerfen, Möglich-
keiten durchspielen), und alle Methoden, die solche Tätigkeiten operationalisieren, von einfachen Suchaufgaben über experimentelle Formen des Verstehens (Theater, Kunst, Naturwissenschaft) oder methodische Formen des Fragens bis zum methodisch kontrollierten Forschungsdesign.
Fragerichtung: Was ist Sache? Wie ist es?

Unter **I**maginieren sind alle Tätigkeiten zusammengefasst, die Denken und Handeln planvoll mit Vorstellungen verbinden. Das kann ein Denken in Modellen sein, mit denen wir die Welt erklären, oder ein Eindenken in andere Menschen (Empathie) oder ein Vergegenwärtigen entfernter Vorgänge durch Phantasie oder ein Verfremden von Bekanntem, ein Erfinden, Entwerfen,

Durchspielen und Gestalten neuer oder alternativer Wirklichkeiten. Darunter fallen alle Methoden, die solche Tätigkeiten operationalisieren, von der Phantasiereise über methodischen Perspektivwechsel bis zu angeleiteten Formen kreativen Schreibens oder Schaffens.

Fragerichtung: Wie wäre es, wenn ...?

(Lektüre-Tipp: Rentschler/Madelung/Fauser: Bilder im Kopf. Texte zum imaginativen Lernen. Auch: www.imaginata.de)

Unter **O**rdnen sind alle Tätigkeiten zusammengefasst, die systematisches Unterscheiden und Zusammenfügen erfordern (Begriffe finden und ordnen, Dinge oder Beispiele sammeln und kategorisieren, Regeln finden, systematische Zusammenhänge erkennen und darstellen, Vorstellungen in größere Zusammenhänge einordnen ...), und alle Methoden, die solche Tätigkeiten operationalisieren, von einfachen Begriffsreihen oder kategorialen Suchaufgaben über grammatische oder mathematische Modelle bis zur methodisch angelegten Mindmap oder einem selbst entwickelten Computerprogramm.

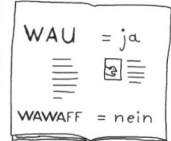

Fragerichtung: Welchem Plan folgt es? Wie passt es zu anderem?

Unter **U**rteilen sind alle Tätigkeiten zusammengefasst, die der kritischen Vernunft zuzuordnen sind (vergleichen, prüfen, interpretieren, unterschiedliche Vorstellungen verbinden und aufeinander beziehen, unterschiedliche Positionen kritisch prüfen, vergleichen und bewerten, Bekanntes in Frage stellen, Traditionen „neu denken", das eigene Handeln selbstkritisch prüfen und begründen, Beurteilungskriterien entwerfen und begründen ...), und alle Methoden, die solche Tätigkeiten operationalisieren, von einfachen Interpretationsfragen methodisch angeleitete Stellungnahmen zu Problemen bis zu komplexen Dilemma-Situationen.

Fragerichtung: Was bedeutet es für mich, für dich, für andere? Wie ist es zu beurteilen?

Nochmals: Diese Verstehenswege wirken in Denk- und Lernprozessen zusammen und Unterricht sollte daraufhin geplant sein. Diesem Zusammenwirken soll die Faustregel dienen, nicht einer Unterscheidung alternativer Planungsrichtungen.

In analytisch-empirischen Untersuchungen wie PISA werden solche unterschiedlichen kognitiven Operationen zu Testzwecken verschiedenen Kompetenzstufen zugeordnet. Es erscheint mir als ein fatales Missverständnis von PISA, wenn wir dieses Modell auf die Unterrichtsplanung übertragen, problemorientiertes Lernen also als ein Mittel der Binnen- oder Leistungsdifferenzierung verstehen in der Weise, dass die einfacher Denkenden die einfacheren Aufgaben bekommen, die Klugen die anspruchsvolleren.

Das wäre so, als ob ein Fahrradlehrling in Howard Gardners Lerndorf (vgl. Kapitel 1) im ersten Lernjahr nur Pedale anschrauben und im zweiten nur Ketten montieren und frühestens im dritten Lernjahr ein Fahrrad zu Gesicht bekommen würde. Dabei ist vielleicht der Lehrling mit den ungeschickten Händen ein pfiffiger Erfinder, er könnte seine Ideen einbringen und würde dann mit Blick auf das Ziel viel besser verstehen, warum er jetzt erst einmal lernen muss, Ketten zu montieren. Umgekehrt kann der geschickte Mitlehrling, der ihm in der praktischen Arbeit weit überlegen ist, von den pfiffigen Erfindungen seines Kumpels profitieren, weil sie ihn zu wahrer Meisterschaft herausfordern.

Das, so scheint mir, ist die Pointe an Gardners Modell. Ich wage zu behaupten, dass diejenigen, die bei PISA nur die Kompetenzstufe I (oder nicht einmal die) erreichen, viel zu selten produktiv herausgefordert wurden durch anspruchsvolle Aufgaben, die die *Sache* erfordert. Wenn wir eine Aufgabe so stellen, dass die in der Sache selbst liegenden Lernmöglichkeiten differenziert ausgelegt werden, wird diese Aufgabe selbst zu einem virtuellen „Lerndorf", in dem die „Lehrlinge" ihre Kräfte erproben, ihre Fähigkeiten ausbilden, mit- und voneinander lernen können, in dem ihr Ehrgeiz und ihre Kreativität herausgefordert werden, weil es darum geht, arbeitsteilig und gemeinsam ein gutes „Produkt" herzustellen.

Anregung für die Workshop-Arbeit in der Fachgruppe:
1. Prüfen Sie diese Faustregel, indem Sie sie auf die von Ihnen entwickelten Aufgaben anwenden.
2. Wenn Sie merken, dass einer der Verstehenswege (oder mehrere) nicht vorkommt, prüfen Sie bitte, ob Sie die Aufgabe ergänzen/ausweiten möchten oder ob sie so stimmt.
3. Beurteilen Sie anhand Ihrer Beispiele, ob diese Regel für Sie Sinn macht, und präzisieren Sie sie gegebenenfalls entsprechend Ihren Vorstellungen.

Ein Planungsbeispiel
Angenommen, Sie planen eine Unterrichtsreihe zum Thema „Wir und unsere Lieblingstiere" (Jg. 5/6). Kinder dieser Altersstufe interessieren sich sehr für Tiere. Diese naive Begeisterung soll aufgegriffen, nicht in Frage gestellt oder gar zerstört werden. Zugleich geht es darum, einen nachdenklichen und bewussten Umgang mit Tieren zu fördern: durch Wissen über ihre Lebensweise, über die wechselseitige Abhängigkeit zwischen Menschen und Tieren und über die Probleme und Aufgaben, die sich für uns daraus ergeben.

Die Kinder sollen verstehen,

- dass wir nur dann Freunde der Tiere sind, wenn wir sie respektieren,
- dass sie ein Recht haben, artgerecht zu leben, und dass wir wissen und beachten müssen, was das bedeutet,
- dass wir von Tieren abhängig sind,
- dass wir Tiere schützen müssen.

Wie könnte eine „kognitive Landkarte" aussehen, die vielfältige Wege des Lernens und Verstehens in die Planung einbezieht? Hier einige Beispiele:

Argumentieren:
- Sollten alle, die das wollen, ein Tier besitzen dürfen?
- Sind die Tierschutz-Bestimmungen ausreichend?

Erkunden:
- Woher kommen unsere Haustiere? Wie haben sie ursprünglich gelebt?
- Was brauchen sie, um gut zu leben?
- Was ist artgerechte Tierhaltung?
- Welche Haustiere werden in den Familien unserer Schule gehalten?

Imaginieren:
- Ein Hund erzählt seinen Tageslauf
- Ein einsames Meerschwein schreibt einen Brief an seine Besitzerin
- Theater: „Lasst die Tiere sprechen" (Aufstand im Tierheim)
- Nachrichten aus unserem Stadtteil – Meldungen von „Radio Katzen"

Ordnen:
- Informationen über Körperbau, Ernährung, Verhaltensweise der Tiere zusammenstellen
- Ein „Lexikon" der Sprache von Haustieren zusammenstellen

Urteilen:
- Was müsste geschehen, damit Haustiere artgerecht leben können?
- Was können *wir* dafür tun?

Anregung für die Workshop-Arbeit in der Fachgruppe:
1. Stellen Sie die kognitive Landkarte zu diesem Projekt nach Ihren Vorstellungen zusammen oder
2. entwerfen Sie ein Vorhaben, das Ihren Planungen entspricht, legen Sie die leitenden Ziele fest und skizzieren Sie eine kognitive Landkarte mithilfe der Faustregel.

3.2   Die individuelle Passung sichern: intelligentes Üben

Was macht Üben „intelligent"? Antwort: alles, was verhindert, dass es nur reproduktiv, mechanisch oder gar stumpfsinnig geschieht. Auch hier kommt es also darauf an, Lernkräfte produktiv herauszufordern (anstatt sie unproduktiv zu kanalisieren). In diesem Teil des Workshops geht es um die Frage, wie wir individualisierenden Fachunterricht durch geeignete Übungsformen und -aufgaben stützen, vertiefen und absichern können. Dafür soll der Begriff „intelligentes Üben" stehen, der sich in der Fachliteratur eingebürgert hat. „Intelligent" ist Üben demnach, „wenn nicht nur Routinen als Selbstzweck gepflegt werden, sondern wenn dabei allgemeine Begriffe ,begreifbarer' gemacht, Stoffgebiete vernetzt, neue Erkenntnisse entdeckt und begründende Kommunikation angestoßen werden" (Wynands 2006, S. 114). Dann kann eine „überlegte mehrdimensionale Passung" entstehen (Heymann 2005, S. 7), die so abgestimmt sein muss, dass alle Schülerinnen und Schüler „anschlussfähig" (wie man heute sagt) lernen und üben können. Dabei müssen, um im Bild zu bleiben, drei „Intelligenzen" zusammenwirken:

● Die *Lehrerinnen und Lehrer* müssen die Lernstände ihrer Schülerinnen und Schüler, ihre Interessen und Fähigkeiten kennen und richtige Hilfen geben können; Übungsaufgaben werden so gestellt, dass sie systematische Progression fördern und fordern und zugleich die Unterschiedlichkeit produktiv aufgreifen.

● Die *Aufgaben* müssen so vielseitig und unterschiedlich sein, dass alle Schülerinnen und Schüler erreicht werden können; sie fordern produktives Denken heraus, ermöglichen Einsicht in Ziele und Schritte (Transparenz), fördern und fordern Eigentätigkeit, gebunden an klare Vorgaben und Verfahren.

● Die *Schülerinnen und Schüler* sind bei der Wahl der Aufgaben beteiligt, sie müssen verantwortlich planen, ihr Lernen dokumentieren und reflektieren, das eigene Lernen beobachten, mit anderen kooperieren, Fortschritte und Probleme notieren, Feedback geben und nehmen. Sie sollten also eine gute Wahl treffen.

Um Missverständnissen vorzubeugen, sei vorab gesagt, was mit „intelligentes Üben" *nicht* gemeint ist: eine „Atomisierung" des Lernens in der Art, dass jeder aus einer Fülle vorgegebener Materialien das herausgreift, was er will. Das wäre für Schülerinnen und Schüler keine produktive Herausforderung und für Lehrerinnen und Lehrer kaum überschaubar, also in doppelter Hinsicht kontraproduktiv. Zwischen Beliebigkeit und „Gleichschritt" gibt es jedoch viele Abstufungen; auch hier kommt es auf eine kluge, den Bedürfnissen angepasste Balance der Übungsformen und -situationen an. Durch eine möglichst große Menge an Übungsmaterialien allein wird Unterricht nicht besser. Wichtig ist, in welcher didaktischer Absicht sie ausgewählt, angeordnet und den Bedürfnissen der Schülerinnen und Schüler angepasst werden.

In diesem Sinne nicht intelligent wären Übungsanweisungen wie „Lernt die Vokabeln von Lektion 7 und übt sie ein" oder „Geht in die Bibliothek und lest 20 Minuten" oder „Schreibt einen Essay zum Thema X". Bestimmt könnten kluge und motivierte, also „gute" Schülerinnen und Schüler auch mit solchen Aufforderungen etwas anfangen. Sie lernen ja nicht nur *mit* den vorgegebenen Methoden, sondern manchmal sogar besser ohne, notfalls auch gegen sie. Produktiv herausgefordert wären sie und ebenso die schwächeren Schülerinnen und Schüler mit der Aufgabe, aus einem vorgegebenen Methoden- und Aufgabenrepertoire ein für sie geeignetes Übungsprogramm zusammenzustellen, Auskunft darüber zu geben, warum sie was gewählt haben und wie sie vorgehen wollen, die für dieses Programm geeignete Sozialform zu wählen (Einzelarbeit, Tandem, Gruppe), den Arbeitsprozess zu dokumentieren und zu bewerten. Das setzt ein gutes Arbeitsklima, eingespielte Arbeitsformen und ein hohes Maß an Selbstverantwortung voraus, was alles andere als selbstverständlich ist. Auch für intelligentes Üben gilt also wie für gelingenden Unterricht generell: Das Gesamtgefüge der Bedingungen muss stimmen, also eine ausgewogene Balance ergeben.

Um eine möglichst genaue individuelle Passung zu gewährleisten, müssen wir auf mehreren Ebenen differenzieren. Individualisierung durch „intelligentes" Üben braucht (1) differenzierte Übungsaufgaben, (2) differenzierte Arbeitsformen, (3) differenzierte Instrumente der (Selbst-)Kontrolle. Diese drei Differenzierungsebenen werden im Folgenden durch Beispiele vorgestellt.

3.2.1   Individuell und systematisch: Übungsaufgaben differenzieren

Üben hat, einer gängigen Einteilung zufolge, drei Grundfunktionen: (1) Etwas neu Gelerntes soll angeeignet und vertieft werden, (2) das dabei erworbene Wissen soll automatisiert und (3) selbstständig in anderen Zusammenhängen angewandt werden. Diese Reihenfolge der Funktionen ist keineswegs gleich-zusetzen mit der zeitlichen Reihenfolge des Übens. Sie stellt auch keine Prio-ritätenfolge dar. Lernen und Üben *kann* in dieser Reihenfolge erfolgen, muss es aber nicht. Neu gelernte Vokabeln müssen nicht erst siebenmal „eingepaukt" und wiederholt, sondern können sofort in neuen Zusammenhängen angewandt oder durch Beispiele, Bilder etc. gesichert werden. Je aktiver und konstruktiver dieser Vorgang ist, umso leichter kann das Wissen automatisiert werden. Die drei Funktionen greifen also eng ineinander. „Individuelle Passung" heißt dann, Aufgaben so anzulegen, dass dieser Lernprozess entsprechend den in-dividuell unterschiedlichen Voraussetzungen und Fähigkeiten gelingen kann. Wie können wir das sicherstellen?

So etwas wie Gelingensbedingungen für erfolgreiches Üben stellt Hilbert Meyer in seinem Buch „Unterrichtsmethoden" Bd. II vor (2005, S. 169 f.). Dem-nach wird der Erfolg des Übens erhöht,

● wenn der Gegenstand des Übens subjektiv bedeutsam ist,
● wenn das Üben mit einem hohen Grad von Selbsttätigkeit verbunden ist,
● wenn sinnvolle und strukturierte Zusammenhänge gegeben sind,
● wenn Gesetzmäßigkeiten, Oberbegriffe, Prinzipien, logische Verknüpfungen gegeben sind,
● wenn das Üben mit älteren Wissensbeständen bzw. Kompetenzbereichen verknüpft ist,
● wenn in regelmäßigen Abständen geübt wird,
● wenn unterschiedliche Lerntypen berücksichtigt werden,
● wenn Gelerntes immer wieder reaktiviert und angewandt wird.

Anregung 1 zum Einstieg für die Workshop-Arbeit in der Fachgruppe:
Angenommen, Sie wollen sich die Gelingensbedingungen für erfolgreiches Üben von Hilbert Meyer aneignen und sie an andere Kolleginnen/Kollegen weitergeben.
Wählen Sie bitte eine Vorgehensweise, die Ihnen liegt. Sie können zum Beispiel

● die Liste auswendig lernen und weitergeben,
● eine Eselsbrücke erfinden, die es Ihnen leichter macht, die Nennungen und ihre Reihenfolge zu behalten,
● visuelle Hilfen dazu erfinden und herstellen,
● jede Nennung durch einen Kommentar verdeutlichen,
● geeignete Unterrichtsbeispiele zu jeder Nennung erfinden,
● einen Dialog vorführen, in dem die Nennungen erfunden und begründet werden.

Auch wenn Sie dieser Anregung gerade nicht gefolgt sind, ist Ihnen natürlich klar, worauf das Beispiel zielt: auf sinnvolle Differenzierung von Übungsaufgaben. „Sinnvoll" soll heißen: Lernstrategien sind individuell unterschiedlich. Aktive, konstruktive Lernformen können und sollen aber allen Schülerinnen und Schülern angeboten werden. Folglich müssen diese Angebote unterschiedlich sein, aber darin übereinstimmen, dass rein rezeptives, mechanisches Lernen vermieden wird.

Dafür gibt es für alle Fächer viele gute Praxisbeispiele. Ausdrücklich sei auf zwei geschlossene, theoretisch begründete Konzepte der Unterrichtsentwicklung hingewiesen, das des Eigenverantwortlichen Lernens und Arbeitens (EVA) von Heinz Klippert (2004) und das des Kooperativen Lernens von Norm Green, in Deutschland bekannt geworden u.a. durch das Praxisbuch von Brüning/Saum (2006). Beide setzen auf nachhaltige Veränderung des Unterrichts durch Trainingsmethoden, die auf Übernahme dieses Systems zielen. Das macht ihren Erfolg und ihre Attraktivität aus, kann aber auch zu Einseitigkeiten führen. Immer und unter allen Umständen Klippert-Methoden zu verwenden oder kooperativ zu arbeiten, wäre so kontraproduktiv wie jede dogmatische Einseitigkeit. Außerdem ist vor übersteigerten Hoffnungen zu warnen (was die Autoren dieser Bücher auch selbst tun): Die Verwendung bestimmter Methoden allein macht noch keinen guten Unterricht. Die Methode muss zum Inhalt und zu den Zielen des Unterrichts passen, nicht umgekehrt.

Die Beispiele und Übungen dieses Abschnitts setzen auf einer niedrigeren Ebene an, weil die Bereitschaft zu langfristiger Unterrichtsentwicklung hier nicht vorausgesetzt, sondern angeregt werden soll. Zugleich ist der Anspruch höher: nicht zu fertigen Programmen greifen, sondern selbst konstruktiv planen. Sehr konkrete Anregungen aus unterschiedlichen Fachbereichen bietet dazu das Themenheft „Intelligentes Üben" (PÄDAGOGIK, Heft 11/05).

Anregung 2 zum Einstieg für die Workshop-Arbeit:
Lesen Sie Fachbeiträge zum Thema „Intelligentes Üben", erproben Sie die darin beschriebenen Aufgabenbeispiele und stellen Sie diese Ihren Kolleginnen und Kollegen vor.

In diesem Abschnitt finden Sie, ähnlich wie im vorigen, einige Aufgaben*typen*, die für die Konstruktion von Übungsaufgaben für heterogene Gruppen geeignet sein können. Die Liste ist keineswegs vollständig, kann und soll also fortgeführt werden. Die Aufgaben sind wiederum auf die Unterschiedlichkeit von Lernzugängen und kognitiven Operationen angelegt, die in allen Fächern vorkommen und auf den jeweiligen Fachzusammenhang transferiert werden können.

Typ 1: Grad der Offenheit variieren
Beispiel: Zahlenmauern
(siehe Themenheft von Timo Leuders, 2005, S. 31)
Zahlenmauern sind ein schon in der Grundschule häufig verwendetes Übungs-
mittel. Sie bestehen in diesem Fall aus zehn Bausteinen, die in vier Reihen
pyramidenförmig übereinander angeordnet sind (4-3-2-1). Der Term in einem
Mauerstein der 2., 3. und 4. Reihe soll immer das Produkt der beiden darun-
terliegenden sein. Eine solche Zahlenmauer bietet die Chance, Übungsaufgaben von unterschiedlichem Öffnungsgrad zu stellen. Durch Vorgaben in der
unteren Reihe ist die Aufgabe geschlossen, durch völliges Fehlen von Vorgaben
können/müssen unterschiedliche Möglichkeiten durchgespielt werden. Dazwischen liegen „halboffene" Aufgaben, die zum Beispiel so lauten: „Man kann die
Terme ab, bc, ac und abc unten in verschiedener Reihenfolge einsetzen. Was
kann alles oben herauskommen? Was nicht? Warum nicht?"

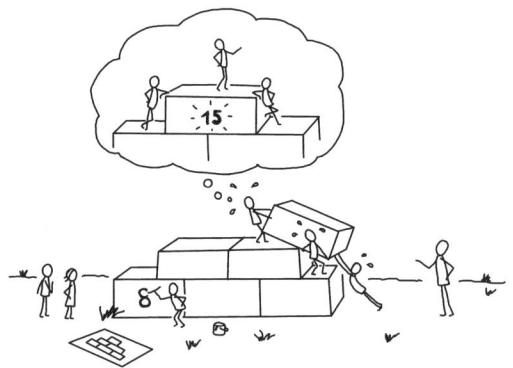

Kommentar: Dieser Typ bietet die Möglichkeit, durch unterschiedliche Vorgaben zu individualisieren. Damit ist nicht gemeint, dass geschlossene Aufgaben
für schwache Schülerinnen und Schüler geeignet sind und offene für leistungs-
starke. Vielmehr bietet die Differenzierung nach dem Öffnungsgrad Gelegenheit, die Schülerinnen und Schüler zu beobachten und daraus geeignete Hilfen
abzuleiten. Dieser Aufgabentyp kann in allen Fächern verwendet und variiert
werden, zum Beispiel bei Formen der Texterschließung.

Typ 2: Ergebnisse vorgeben/Aufgaben umkehren
Beispiel: Flächeninhalt eines Dreiecks (Leuders, ebd.)
„Nehmen Sie eine Aufgabe, die durch das Anwenden eines Verfahrens zu lösen
ist, und kehren Sie sie um, z.B. indem Sie das Ergebnis vorgeben. Aus: ‚Welchen
Flächeninhalt hat das Dreieck?' wird ‚Zeichne zwei verschiedene Dreiecke mit
dem Flächeninhalt 20 cm². Eines sollte rechtwinklig sein.'"

Beispiel: Satzkrimi

Vorgegeben ist ein Tatbestand: „Die Maus erschoss den Elefanten."

Aufgabe: Wann, wo, warum und wie tat sie das? Alle diese Informationen sollen in einem Satz untergebracht werden, sodass die Tatumstände (grammatisch: Adverbiale) den Fragen zugeordnet werden können und der gesamte Tathergang sichtbar wird.

Kommentar: Dieser Typ eignet sich dazu, „normale" Aufgaben konstruktiv umzukehren. An Stelle einer vorgegebenen, zu übenden Operation (Berechnung von Flächeninhalten oder Unterscheidung von Satzteilen) wird eine Aufgabe gestellt, die deren konstruktive Verwendung erfordert.

Typ 3: Mediale Zugänge variieren

Beispiel: Vokabeltraining (Arbeitsanweisung Jg. 5)

Du sollst die Vokabeln dieser Lektion sicher beherrschen. Dazu ist es wichtig, dass du herausfindest, wie du am besten lernen kannst. Du kannst

- die Bilder zur Lektion beschreiben und dabei die neuen Wörter verwenden,
- mit einem Lückentext trainieren,
- mit Beispielsätzen trainieren,
- mit Bildkarten trainieren,
- mit der Hörkassette trainieren,
- mit dem interaktiven Lernprogramm trainieren,
- mit dem Wortbaukasten trainieren,
- die Wörter in deine Kartei übertragen und mit den Karten trainieren,
- einen eigenen Text frei vortragen, in dem die Wörter vorkommen.

Kommentar: Schülerinnen und Schüler sollten unterschiedliche Strategien und Methoden der Automatisierung kennen, erproben und bewusst verwenden. Dies setzt natürlich voraus, dass die entsprechenden Materialien vorhanden und eingeführt sind.

Typ 4: Üben durch Aufgabenstellen/Erklären für andere

Beispiel: Rechtschreibung („das/dass", Vorgabe für Teamarbeit nach Einführung)

> Schreibt 10 Übungssätze auf, in denen der Artikel „das", das Demonstrativpronomen „das", das Relativpronomen „das" und die Konjunktion „dass" vorkommen. Notiert die Zuordnungen durch Abkürzungen.
> Fragt nach, wenn ihr unsicher seid. Ihr sollt die Sätze den anderen Teams als Aufgabe vorlegen und entscheiden (mit Begründung), ob sie die Wörter „das" und „dass" richtig zugeordnet haben.

Beispiel: Kontobewegungen (Jg. 5/6, Training Grundrechenarten)

> Manuel verdient monatlich eine bestimmte Summe. Davon zahlt er XX Euro (übliche Grundkosten). In dieser Woche hat er (einen Luxusgegenstand, Preisangabe) gekauft und im Lotto gespielt. Er hat seine Freundin ins Kino eingeladen (Kartenpreis), hinterher sind sie essen gegangen (Preise) …
> Am Ende fragt die Person oder Gruppe, die die Aufgabe gestellt hat, nach dem Ergebnis (das zuvor geprüft sein muss). Diese Aufgabe kann im Rahmen eines ritualisierten Rechentrainings regelmäßig wiederholt und variiert werden; Schülerinnen und Schüler denken sich zusätzliche Einnahmen und Ausgaben aus.

Kommentar: Der Rollenwechsel (Schülerinnen und Schüler stellen Aufgaben) erfordert genaue Absprachen in der Gruppe, eine gemeinsame Absicherung der Regelanwendung und ihrer Begründung. Dieser Aufgabentyp ist inhaltlich und hinsichtlich des Schwierigkeitsgrades nahezu beliebig variierbar und darum besonders geeignet für heterogene Gruppen. Dabei ist es wichtig, dass die Teams unterschiedlich zusammengesetzt sind.

Typ 5: Dekonstruieren und rekonstruieren
Beispiel: Attribute (Jg. 6)

Eine bekannte Geschichte könnte so beginnen:
Ein Mädchen ging durch einen Wald.
Habt ihr die Geschichte erkannt? Vielleicht ja, aber es dürfte etwas
schwierig gewesen sein.
Hier noch einmal der gleiche Satz mit einigen Erweiterungen:
Ein kleines Mädchen mit einer roten Kappe ging durch einen großen
Wald, in dem viele bunte Blumen wuchsen.
Jetzt ist die Sache klar – das gute alte Rotkäppchen war gemeint!
Was ist der Unterschied? Klar: Der zweite Satz ist länger. Er enthält
mehr Informationen (genau sieben) nämlich:
1. Das Mädchen war klein.
2. Es trug eine Kappe.
3. Die Kappe war rot.
4. ...
5. ...
6. ...
7. ...

Aufgabe 1: Welche Informationen sind noch in den Satz eingebaut?
(insgesamt sind es sieben)
Aufgabe 2: Jetzt sollt ihr selbst ein ähnliches Beispiel erfinden. Der Anfangssatz lautet:
In einem Schloss lebte eine Prinzessin.
Schafft ihr es, sieben zusätzliche Informationen einzubauen?

Kommentar: Dieser Aufgabentyp ist für alle Übungen geeignet, in denen es
darum geht, „selbstverständliche" Strukturen durch De- und Rekonstruktion
in ihrer Funktion sichtbar zu machen, bevor diese systematisch eingeführt
wird.

Typ 6: Verrätseln

Beispiel: Konsonantenverdoppelung (Jg. 5)

Hier seht ihr einige Reimwörter zu dem Wort „Brille":
die Brille
die Grille
die Pupille
...
Welche findet ihr noch?
Ihr könnt aus diesen Wörtern ein einfaches Rätsel machen, das ihr später den anderen vorlegt. Es könnte so anfangen:
-ille steckt in einer Sehhilfe.
-ille steckt in einem Insekt.
-ille steckt in einem Teil des Auges.
Ihr schreibt euer Rätsel (mit Leerzeilen für die Antworten) auf ein Blatt, das möglichst schön gestaltet und natürlich fehlerfrei sein soll, und gebt es den anderen Gruppen zum Raten.
Wenn ihr Rätsel-Spezialisten werden und zugleich die Rechtschreibung üben möchtet, könnt ihr euch weitere Wortbausteine vornehmen, zum Beispiel -all oder -anne.

Beispiel: Silbenrätsel (Jg. 5/6)

1. Schritt: Ihr wählt ein Lösungswort, zum Beispiel „Gorilla"
2. Schritt: Ihr denkt euch zu jedem Buchstaben ein Ratewort aus (zum Beispiel „Giraffe" für G)
3. Schritt: Zu jedem Ratewort schreibt ihr eine kurze Erklärung (zum Beispiel „Tier mit langem Hals" für „Giraffe").
4. Schritt: Ihr trennt die Ratewörter in Silben.
5. Schritt: Ihr ordnet die Silben nach dem Alphabet.
6. Schritt: Ihr schreibt das Rätsel ins Reine.

Kommentar: Dieser Aufgabentyp eignet sich besonders dafür, mechanisches Üben durch konstruktive Aufgaben zu ersetzen. Die Beispiele zeigen, dass das auf einfachstem Niveau möglich ist. Die Aufgaben können nach Inhalt und Schwierigkeitsgrad beliebig variiert werden.

Typ 7: Verfremden
Beispiel: Wortbilder (Jg. 6/7)

Wie kann man einen Hausschuh zeichnen? Ganz einfach: durch zwei Bilder (ein Haus, ein Schuh).

Hier eine Reihe zusammengesetzter Substantive, die ihr auf diese Weise illustrieren könnt: die Schlüsselblume, das Wasserrad, der Schulleiter, die Mistgabel.

Findet ihr ähnliche Beispiele? Ihr könnt daraus Bilderrätsel herstellen.

Beispiel: Die Verdrehclowns

Die drei Verdrehclowns heißen Er-, Zer- und Ver-. Sie sind darauf aus, Unsinn zu erfinden, Ordnungen zu zerstören oder alles Mögliche zu verdrehen. Aus einem Rechenheft wird ein Verrechenheft, aus einer Steckdose eine Versteckdose …

Was kann alles passieren, wenn die drei in die Schule eindringen? Schreibt einen Kurzbericht.

Beispiel: Seltsame Entschuldigungen (Metaphern) (Jg. 7/8 oder höhere)

Es gibt im Leben seltsame Unglücke und Verletzungen, zum Beispiel, wenn ein Menschen einem anderen ein Ohr leiht oder ein Auge auf eine schöne Frau wirft oder gar sein Herz verliert … Daraus kann man Witze der folgenden Art machen:

Sagt ein Angestellter zum Chef: „Herr Müller kann nicht mehr zur Arbeit kommen.“ „Warum denn nicht?“ „Er hat gestern bei einem Streit den Kopf verloren.“

Denkt euch ähnliche Beispiele aus. Stellt zunächst einmal zusammen, welche Metaphern wir häufig mit unserem Körper verbinden (Kopf zerbrechen, Sand in die Augen streuen, auf großem Fuß leben, den Mund stopfen, Zähne ausbeißen). Schreibt dann einen eigenen Kurztext, indem ihr solche Metaphern so verwendet, dass ein neuer Sinn entsteht (Wortfeld, z.B. „Kopf“, Gedicht, z.B. „Mein Kopf gehört mir“, Witz …)

Kommentar: Diese Aufgaben haben die Funktion, den selbstverständlichen Umgang mit der Sprache so zu verfremden, dass strukturelle und semantische Besonderheiten neu gesehen, spielerisch erprobt und reflektiert werden können. Aufgaben dieses Typs können auf sehr einfachem und sehr hohem Niveau gestellt werden. Sie eignen sich besonders für kreative Übungs- und Anwendungsformen, für spielerisches Erproben stilistischer, literarischer und künstlerischer Mittel.

Typ 8: Transfer-Aufgaben variieren
Beispiel: Wortschatztraining (Jg. 7/8, hier: Französisch)
Das Wortfeld „Reisen" ist im Unterricht erarbeitet worden, kombiniert mit landeskundlichen Informationen. Die Anschlussaufgabe lautet:

> Ihr sollt das Wortmaterial zum Thema „Reisen" in einer frei gewählten Aufgabe selbstständig verwenden. Hier einige Vorschläge:
> - Ihr könnt eine Region eurer Wahl für eine gedachte Reise wählen, die Route aufzeichnen und zu einigen markanten Orten kurze Kommentare schreiben.
> - Ihr könnt ein Reisetagebuch schreiben.
> - Ihr könnt einen Werbeprospekt schreiben.
> - Ihr könnt in einem Dialog einer Freundin/einem Freund von der Reise berichten, die Fragen und Antworten aufschreiben.
> - Ihr könnt Bilder von der Region kopieren und dazu Texte schreiben.
> - Ihr könnt Bilder, Karten, andere Unterlagen und Musikbeispiele sammeln, die für eure Region typisch sind, dazu einen Text schreiben und das Ganze als eine kleine Facharbeit gestalten.

Kommentar: Die Variation von Transfer-Aufgaben ist vermutlich die bekannteste Form der Binnendifferenzierung, kommt aber im Alltag weit seltener vor als möglich wäre. Vermutlich trauen Lehrerinnen und Lehrer sich nicht zu, all die Extrawünsche und Bedürfnisse zu bedienen, die mit solchen Aufgaben verbunden sein können. Dieses Problem kann durch die Gruppenzusammensetzung und klare Vorgaben für Gruppenarbeit entschärft werden; es muss selbstverständlich sein, dass die Gruppenmitglieder selbstständig recherchieren, auftauchende Fragen nach Möglichkeit selbst lösen und sich nur dann an die Lehrkraft wenden, wenn es nicht anders geht. Zweifellos ist es erforderlich, dass eine solche Transfer-Phase gründlich vorbereitet wird, dass die Arbeitsanweisungen klar und die Materialien und Hilfen vorhanden sind. Dann können diese Phasen im Hinblick auf Individualisierung sehr produktiv sein.

Typ 9: Systematisierungsvorgaben variieren
Beispiel: Rechtschreibung (Jg. 5–7)

Für die Verbesserung von Schreibfehlern gibt es verschiedene Möglichkeiten. Erprobe die hier genannten. Welche liegt dir am meisten? Angenommen, du hast „er rent" statt „er rennt" geschrieben. Dann gibt es diese Möglichkeiten:

- Du kannst das falsch geschriebene Wort richtig an den Rand schreiben (er rennt).
- Du kannst es in einem Satz verbessern (zum Beispiel: Er rennt nach Hause.).
- Du kannst das Wort auf die Grundform (den Infinitiv) zurückführen und schreibst: rennen – er rennt.
- Du kannst weitere Beispielwörter erfinden, die ähnlich klingen und geschrieben werden (zum Beispiel kennen – er kennt) oder Reimwörter erfinden (rennen – er rennt; kennen – er kennt; pennen – er pennt).
- Du kannst eine Liste von Verben mit Doppelkonsonant anlegen, die nach und nach erweitert wird, und neben dem Infinitiv die Form in der dritten Person Singular (er/sie) eintragen (zum Beispiel kommen – er kommt).
- Du kannst das Wort auf die Seite deines Rechtschreibordners schreiben, die zu der passenden Regel gehört.

Kommentar: Die Theorien zur Rechtschreibung, so unterschiedlich sie im Einzelnen sein mögen, stimmen darin überein, dass der Weg zur Rechtschriftlichkeit über Stufen verläuft, deren Verweildauer individuell unterschiedlich ist. Außerdem sind die verschiedenen Lernstrategien verschiedener Lerntypen empirisch fundiert. Thomé (1999, S. 252) unterscheidet für die Rechtschreibung den lexikalischen Typ, der die Wortgestalt speichert, und den generalisierenden, der sich an Regeln orientiert.

Diese beiden Faktoren zusammen können die bisweilen extreme Unterschiedlichkeit hinsichtlich der orthografischen Kompetenz (und vermutlich auch anderer Kompetenzen) erklären. Die didaktische Antwort darauf kann nicht darin bestehen, gleiche Anforderungen für alle zu stellen und rigide einzufordern. Vielmehr müssen die individuell passenden Hilfen zur Erreichung der nächsten Stufe bereitgestellt werden.

Typ 10: Spielerische Zugänge variieren
Beispiel: Wortarten (Jg. 5, nach Einführung bzw. Wiederholung der Wortarten)

In eurem Klassenraum soll ein Wortarten-Poster aufgehängt werden mit Beispielen, die ihr euch ausgedacht und mit Bildern geschmückt habt. Hier einige Vorschläge, unter denen ihr wählen könnt:

- Ihr schreibt ein Tier-Alphabet und ordnet jedem Tier eine Eigenschaft zu, die mit dem gleichen Anfangsbuchstaben beginnt, zum Beispiel ein alter Affe, ein brauner Bär … X und Y lasst ihr aus.
- Ihr denkt euch Vier-Wort-Sätze aus, die alle mit dem gleichen Buchstaben beginnen und alle die gleiche Wortfolge haben: Name + Verb + Adjektiv + Substantiv. Zum Beispiel: Anton angelt alte Aale. Vielleicht schafft ihr sogar Sätze, in denen die ersten beiden Buchstaben bei allen Wörtern gleich sind? Beispiel: Bruno bringt braune Brezeln.
- Ihr entwerft ein Wortarten-Bingo. Für jede Wortart (Substantiv, Adjektiv, Verb, Pronomen, Partikel) gibt es gleich viele Felder auf dem Spielbrett. Gespielt wird nach den üblichen Regeln. Gewinner ist, wer zuerst alle Felder gefüllt hat. Ihr müsst also ein Spielfeld herstellen und beschriften, viele Wortkarten ausschneiden und beschriften und das Ganze schön gestalten.

Beispiel: Fremdwörter

Ihr sollt euch eine Reihe häufig gebrauchter Fremdwörter einprägen und sie richtig schreiben können. Hier einige Vorschläge, unter denen ihr wählen könnt:

- Ihr trainiert zu zweit, diktiert euch gegenseitig abwechselnd je fünf Wörter und kontrolliert die Schreibweise.
- Ihr ordnet die Wörter nach dem Alphabet.
- Ihr arbeitet zu zweit, schreibt zu jedem Wort eine kurze Erklärung und fragt euch dann gegenseitig ab: A liest eine Erklärung vor, B schreibt das Wort hin, dann umgekehrt. Natürlich müsst ihr die Schreibweise korrigieren.
- Ihr verdreht die Buchstaben der Fremdwörter und gebt sie den anderen zum Raten auf. Zum Beispiel so: N-o-m-p-i-g-n-a-c-h (ein Pilz). Die Lösung lautet „Champignon".
- Ihr entwerft ein Fremdwörter-Silbenrätsel.

Kommentar: Der Ernstfall des Lebens ist bekanntlich bei der Anwendung gelernten Wissens der beste Lehrmeister, in der Schule aber nur selten gegeben. Das Lernspiel kann ein sehr guter Ersatz dafür sein, vor allem in jüngeren Klassen. Die Differenzierung spielerischer Zugänge gestattet eine konstruktive Verwendung des Gelernten mit unterschiedlichen Schwerpunkten und Schwierigkeitsgraden.

Anregung für die Workshop-Arbeit in Fachgruppen:
1. Übertragen Sie diese Aufgabentypen (oder einige davon, die Ihnen geeignet erscheinen) auf die Unterrichtseinheit, die Sie gerade bearbeiten (fachspezifisch oder fächerübergreifend).
2. Tauschen Sie Ihre Erfahrungen mit den Fach- bzw. Jahrgangskolleginnen und -kollegen aus.
3. Bereiten Sie gemeinsam eine Übungseinheit vor, in der möglichst vielfältige Aufgabentypen vorkommen sollen.
4. Beraten Sie in Ihrer Fach- und Jahrgangsgruppe, wie ein Pool von individualisierenden Übungsaufgaben aufgebaut werden kann, und legen Sie Schritte für diesen Prozess fest.

3.2.2 Einzeln, kooperativ und gemeinsam: die Arbeitsformen differenzieren

Im zweiten Kapitel war bereits ausführlich die Rede davon, wie sich die Differenzierung von Inhalten, Aufgaben und Methoden in Kombination mit unterschiedlichen Formen kooperativen Lernens zu einem Ganzen zusammenfügen kann. Die Arbeit in Tandems, thematischen Kleingruppen mit freier Zuordnung, Zufallsgruppen, Ad-hoc-Gruppen mit kurzfristig gesetzter Zusammensetzung oder festen Teams hat je spezifische Vor- und Nachteile. Generell gilt, wie bereits mehrfach gesagt: Gruppenarbeit ist kein Selbstzweck und macht Unterricht nicht per se gut, sondern muss funktional geplant und begründet sein.

Von den vielen Praxisbeispielen seien hier drei Ansätze kurz vorgestellt, die, in unterschiedlichen Kontexten entstanden, zu ausgereiften Konzepten weiterentwickelt wurden.

Das Team-Kleingruppen-Modell, erarbeitet in Gesamtschulen (auf der Website der Georg-Christoph-Lichtenberg-Gesamtschule in Göttingen-Geismar ist eine genaue Darstellung zu finden), setzt auf methodisch und didaktisch präzise geplante Kooperation von Schülerinnen und Schülern in heterogenen Gruppen. Die Tischgruppe spiegelt insofern die Gesamtgruppe wider, nötigt alle Teilnehmenden zu intensiver und konstruktiver Zusammenarbeit und ist zugleich die Basis für die Kommunikation zwischen Schülern, Lehrern und Eltern (Elternabende sind häufig Tischgruppen-Abende).

Das Konzept des *Kooperativen Lernens* nach Norm Green, hierzulande vielfach adaptiert (zum Beispiel in der IGS Hagen-Haspe, vgl. Brüning/Saum 2006), setzt auf das methodisch geplante und kontrollierte Zusammenspiel zwischen Einzel-, Partner- bzw. Gruppenarbeit und Gesamtgruppe nach dem Motto „Think – Pair – Chair" (Denken – Austauschen – Vorstellen). Auf diese Weise können die kognitiven Kräfte aller Schülerinnen und Schüler aktiviert und Formen des sozialen Lernens eingeübt und verbessert werden.

Das Konzept des *Reziproken Lehrens und Lernens* setzt auf die methodisch operationalisierte und kontrollierte wechselnde Verwendung von Strategien der Erschließung zum Beispiel von Texten. Hier sei auf einen Leselehrgang hingewiesen, der in Kalifornien entwickelt und erprobt, in Deutschland adaptiert und unter dem Titel „Lesen macht schlau" veröffentlicht wurde (Schoenbach/Greenleaf/Cziko/Hurwitz 2006). Trainiert wurden Jugendliche des neunten Jahrgangs, die ihre großen Leseschwächen nach einem Jahr weitgehend oder ganz überwunden hatten. In diesem Lehrgang sind, wie mir scheint, Merkmale intelligenten Übens, die besonders für den Unterricht in heterogenen Lerngruppen geeignet sind, in exemplarischer Weise verwirklicht. Es gibt zum Beispiel eine „stille Lesezeit" mit dem Ziel, dass alle Schülerinnen und Schüler ein Buch ihrer Wahl, mindestens 200 Seiten pro Monat lesen. Die Auswahl ist freigestellt, muss aber bestimmten Kriterien genügen. Täglich wird der gelesene Inhalt in einem Leseheft zusammengefasst. Die gemeinsame Arbeit im Lesekurs ist mit spannenden Inhalten verbunden; nie wird also das Lesen als isolierte Fertigkeit geübt, sondern als eine Technik, die man notwendig braucht, um sich Neues aneignen zu können. Die Inhalte werden systematisch erschlossen: Die Schülerinnen und Schüler lernen nach einem bis ins Detail operationalisierten Verfahren, Texte zu gliedern und zusammenzufassen, Verständnisprobleme zu klären, selbst Fragen zum gelesenen Text zu stellen oder Voraussagen zum Inhalt zu formulieren. Diese bilden dann die Grundlage für das gemeinsame Training im Team, für das wechselnde Verfahren vorgegeben sind. Immer wieder wird bewusstgemacht, warum was wie geübt wird.

Diese Konzepte sind aus langfristigen Entwicklungsprozessen entstanden und zielen ihrerseits auf solche. Aber es ist auch möglich, unmittelbaren Nutzen daraus zu ziehen, auch wenn in Ihrer Schule noch keine systematische Unterrichtsentwicklung in diese Richtung stattgefunden hat. Welche Lern- und Übungsform ist für welchen Zweck geeignet? Das ist die Kernfrage, die von Fall zu Fall entschieden werden muss, so meine These.

These: Die Lern- und Übungsformen sind, wie die Methoden, von den Zielen und Inhalten des Unterrichts abhängig. Es gibt kein per se „gutes" Lern-Arrangement, das nur mit unterschiedlichen Inhalten gefüllt werden muss. Vielmehr hängt die Qualität des Lernens davon ab, wie die Operationalisierung von Lernzielen (durch Aufgabenkonstruktion) mit der Operationalisierung von Lernformen (durch Wechsel von individuellen, kooperativen und gemeinsamen Phasen) zusammenwirkt.

Aus der großen Fülle von Praxisbeispielen sollen hier vier herausgegriffen werden, an denen dieses Zusammenwirken in je unterschiedlicher Weise typisch sichtbar wird. Wiederum sind diese Beispiele als Anregungen für den Eigengebrauch, aber auch für eigene Ideen und Ergänzungen gedacht.

Typ 1: Einzeln arbeiten, gemeinsam reflektieren:
Peer Evaluation im Tandem
Hier sei auf die partnerschaftliche Überarbeitung eines Essays verwiesen, die in Kapitel 2 dargestellt wurde. Diese Form der Tandem-Arbeit kann hoch wirksam sein, wenn zwei Voraussetzungen erfüllt sind: (1) Die Partner müssen zueinander passen, die Leistungsunterschiede dürfen also nicht zu groß sein, und (2) die Vorgaben (hier die Kriterien für einen Essay) müssen klar und genau sein. (Als gesteigerte Anforderung an ein Tandem kann die Reflexion und Begründung von Beurteilungskriterien auch als Aufgabe gestellt werden.)

Anregung für die Workshop-Arbeit in Fachgruppen:
1. Bauen Sie Phasen angeleiteter Tandem-Arbeit in Ihre derzeitige Unterrichtsreihe ein.
2. Schreiben Sie Ihre Kriterien für die zu erwartende Leistung zu einer Checkliste für Schülerinnen und Schüler um.
3. Erproben Sie einfache Beispiele der Peer Evaluation, die Sie später verfeinern und erweitern können.

Typ 2: Unterschiedliche Zugänge erproben:
Stationenlernen in Kleingruppen
Das Stationenlernen ist eine bewährte Methode zur Einführung bzw. Erarbeitung eines komplexen Themas. In der Regel werden die Stationen so ausgelegt, dass die vorbereiteten Teilbereiche an geeigneten Exponaten/Materialien sichtbar und durch Beispielaufgaben in einem ersten Durchgang bearbeitet werden.

Die Schülerinnen erhalten so einen Überblick, der ihnen hilft, sich anschließend einer Expertengruppe zuzuordnen. Zum Thema „Steinzeit" (Jg. 5) könnten Gegenstände und Abbildungen aus folgenden Bereichen zusammengestellt werden:

- Wohnen in der Steinzeit
- Kleidung und ihre Herstellung
- Umgang mit Feuer
- Werkzeuge
- Nahrung
- Familienleben
- Gemeinschaft und ihre Regeln
- Kunst und ihre Bedeutung

Eine entscheidende Gelingensbedingung für das Stationenlernen ist die Art der Aufgabenstellung. Die Schülerinnen und Schüler dürfen nicht den Eindruck haben, zwischen unterschiedlichen Angeboten „herumzappen" zu können. Vielmehr geht es darum, an den Aufgaben eigene Lernzugänge herauszufinden. Dafür müssen die Aufgaben entsprechend gestaltet sein, also anregend und zugleich anspruchsvoll.

Eine Arbeitsanweisung sollte nicht so lauten: „Beschriftet die auf diesem Blatt abgebildeten Nahrungsmittel", sondern vielleicht so: „Stellt euch vor, ihr gehört einer Steinzeit-Gemeinschaft an. Der Winter steht vor der Tür. Was könnt ihr tun, damit die hier abgebildeten Nahrungsmittel euch das Überleben im Winter ermöglichen?"

Anregung für die Workshop-Arbeit in der Fachgruppe:
1. Bereiten Sie gemeinsam eine fachliche oder fächerübergreifende Unterrichtsreihe vor.
2. Entwerfen Sie ein Stationenlernen für den Einstieg in diese Unterrichtsreihe.
3. Werten Sie anschließend Ihre Erfahrungen aus und entscheiden Sie, ob Sie einen Aufgabenpool für Stationenlernen in Ihrer Schule anregen wollen.

Typ 3: Expertenwissen erarbeiten und austauschen:
Jigsaw (Gruppenpuzzle)

Die Jigsaw-Methode ist ein geeignetes und erprobtes Verfahren, um arbeitsteilige und gemeinsame Gruppenarbeit sowie den Erwerb und Austausch von Expertenwissen miteinander zu verbinden und aufeinander abzustimmen. Ein Beispiel: Sie wollen die (zuvor kurz eingeführten) Besonderheiten der Groß- und Kleinschreibung üben. Dazu teilen Sie die Klasse in vier Arbeitsgruppen ein. Sie geben eine Liste vor, in der vier Bereiche der Groß- und Kleinschreibung (Adjektive, Verben, Zeitangaben, Besonderheiten) mit einigen Beispielen vorgestellt werden.

Phase 1 (Gruppenarbeit 1): Diese Liste soll zunächst durch weitere Beispiele vervollständigt werden (gemeinsame Aufgabe). Dann soll jede Gruppe einen oder zwei Experten (je nach Größe der Gruppe) für je einen Bereich benennen. Die Aufgabe lautet: für jeden Bereich die zugehörige Regel formulieren und mit Beispielen vertiefen.

Phase 2 (Arbeit in Expertengruppen): Jetzt werden neue Gruppen gebildet: Die Experten kommen zusammen. Sie sollen ihre Formulierungen und Vorschläge vergleichen, eine gemeinsame Fassung erarbeiten, die Regel präsentieren und an Beispielen erklären. Schließlich entwerfen sie noch passende Übungen.

Phase 3: Die Experten gehen zurück in ihre ursprünglichen Gruppen. Sie haben die Aufgabe, ihr Wissen an die anderen weiterzugeben. Mithilfe dieses Verfahrens soll am Ende das Wissen aller in allen Köpfen verankert sein. (Variante: Die Expertengruppen präsentieren ihr Wissen in Form von Lernstationen, zum Beispiel Plakaten, die dann von allen anderen Gruppen durchlaufen werden.)

Kommentar: Diese Methode ist hervorragend geeignet zur kognitiven Aktivierung und zum verantwortlichen Lernen aller in unterschiedlichen Gruppen. Das ist ein hoher Anspruch, der darum auch verfehlt werden kann. Wenn lernschwache Schülerinnen und Schüler zu Experten werden, kann es passieren, dass sie etwas falsch verstehen oder dass sie sich das Wissen oberflächlich oder lückenhaft aneignen und es entsprechend weitergeben. Auch die gegenseitige Instruktion aller Experten kann schwierig werden. Eine einzelne Lehrkraft kann alle diese Prozesse nicht gleichzeitig steuern. Die erfolgreiche Arbeit mit dieser Methode hängt also wiederum von Gelingensbedingungen ab: (1) Das zu erwerbende Wissen muss von allen Schülerinnen und Schülern sicher verstanden und angeeignet werden können, und (2) die Schülerinnen und Schüler müssen geübt darin sein, in wechselnden Gruppierungen verantwortlich zu arbeiten.

Beides ist alles andere als selbstverständlich. Jigsaw muss also sehr gut vorbereitet und begleitet werden.

Anregung für die Workshop-Arbeit in der Fachgruppe:
1. Wählen Sie eine kurze Unterrichtssequenz mit einem leicht zugänglichen Lernstoff für eine Erprobung des Jigsaw-Verfahrens aus.
2. Stellen Sie eine gut verständliche Inhaltsübersicht mit Beispielen und Arbeitsanweisungen für die Phase 1 zusammen und zusätzliche Materialien für die Arbeit der Experten (Phase 2).
3. Erproben Sie das Verfahren und tauschen Sie Ihre Erfahrungen aus.

Typ 4: Texte gemeinsam erschließen:
kooperatives Lesen
Im Bereich der Leseförderung ist in den letzten Jahren zum Glück sehr viel geschehen. Einerseits geht es darum, Lesemotivation zu fördern und insbesondere schwache Leserinnen und Leser, die häufig Kinder aus bildungsfernen Familien sind, durch gezieltes Training zum Lesen zu bringen. Andererseits geht es um Strategien des Lesens, die das Erschließen, Verstehen und Verarbeiten erleichtern. Eine Kombination beider Ansätze stellt das oben beschriebene Verfahren des kooperativen Lesens dar. Einzelne Elemente daraus lassen sich leicht adaptieren und übertragen, auch wenn Sie nicht gleich das ganze Konzept übernehmen. Dies sind die vier grundlegenden methodischen Schritte (der letzte gilt in der Regel nur für längere erzählende Texte; bei kürzeren Texten kann eine abschließende Bewertung an die Stelle des Vorhersagens treten):

- Texte zusammenfassen
- Verständnisfragen (W-Fragen) stellen
- Sachfragen klären
- Vorhersagen zum Fortgang des Textes machen

Kooperatives Lesen kann paarweise, also im Tandem, oder in Kleingruppen erfolgen. (In dem erwähnten Heft „Intelligentes Üben" finden Sie einen Beitrag über solche Methoden von Heike Rist, S. 16–19.) Eine elementare Gelingensbedingung für die erfolgreiche Verwendung dieser Lernform ist die Verständlichkeit der Texte. Leider sind unsere Lehrbücher bisweilen so geschrieben, dass allenfalls das obere Drittel einer Klasse sie verstehen kann. Dann hilft auch die klügste Methode nicht; die schwächeren Schülerinnen und Schüler werden bald aufgeben und vielleicht zusätzlich frustriert sein, weil sie eben nicht so eigenverantwortlich und zügig arbeiten können wie andere und nun doppelt benachteiligt sind: Sie „versagen" bei der Kooperation und kommen inhaltlich nicht mit.

Wir dürfen uns also nicht einfach auf die Qualität von Schulbüchern und Lernmaterialien verlassen. *Wir* sind dafür verantwortlich, dass unsere Schülerinnen und Schüler verstehen können, was sie lesen! Das bedeutet, dass Texte von uns „heruntertransformiert" werden müssen. Wie das konkret aussieht, können Sie in einem Beitrag von Josef Leisen nachlesen (2007, S. 1 ff.). Hier ein Beispiel für die schrittweise Einführung des kooperativen Lesens.

Schritt 1: Stellen Sie Lesetandems zusammen. Geben Sie einen einfachen Sachtext aus, den alle Kinder zunächst leise lesen sollen.

> Aufgabe an das Tandem: Lest den Text abschnittsweise noch einmal und wechselt euch dabei ab. Während A liest, hört B zu und soll anschließend den Inhalt des vorgelesenen Abschnitts mit eigenen Worten zusammenfassen. A prüft nach, ob alles Wichtige richtig wiedergegeben wurde. Dann wechselt ihr euch ab.

Schritt 2: Geben Sie einen längeren oder zwei kürzere Texte an die Tandems aus. Alle Kinder sollen zunächst alles leise lesen.

> Aufgabe an das Tandem: Jeder von euch bearbeitet einen Textabschnitt bzw. Text und formuliert Verständnisfragen dazu. Anschließend fragt ihr euch gegenseitig ab.

Schritt 3: Geben Sie einen längeren Text an die Tandems aus. Die Kinder sollen verfahren wie in Schritt 1 oder 2 und anschließend „ihren" Abschnitt zusammenfassen.

Schritt 4: Unklare Stellen werden markiert und gemeinsam geklärt.

Schritt 5: Stellen Sie Vierer-Gruppen zusammen, bereiten Sie Rollenkarten vor und erklären Sie das Verfahren:

„Person A liest den Abschnitt vor und stellt Fragen, die mithilfe des Textabschnitts von den anderen beantwortet werden. Person B fasst den Inhalt des Abschnitts mündlich zusammen. Person C fragt nach Worterklärungen und fordert zur Erläuterung unklarer Textstellen auf und Person D stellt Vermutungen darüber an, was im nächsten Textabschnitt kommen könnte. Bei jedem neuen Abschnitt wechseln die Rollen im Uhrzeigersinn." (Rist, a.a.O., S. 16 f.)

Kommentar: Es empfiehlt sich, solche Methoden und Arbeitsformen genau einzuüben, sodass sie bei Bedarf ohne großen Aufwand eingesetzt werden können. Vermeiden Sie aber einen zu häufigen Einsatz, damit Kinder, die ja vor allem an Inhalten interessiert sind, dieser Art des instrumentellen Lernens nicht überdrüssig werden. Auch hier gilt: Die Sache bestimmt die Methode, nicht umgekehrt. Wenn Sie kooperatives Lesen mit Einzel- oder Gruppenaufgaben kombinieren, wie sie in den vorigen Abschnitten beschrieben wurden, können Sie möglichen Ermüdungserscheinungen wirksam vorbeugen.

Anregung für die Workshop-Arbeit in der Fachgruppe:
1. Planen Sie im Kontext einer gemeinsam vorbereiteten Unterrichtsreihe regelmäßige Zeiten für kooperatives Lesen ein.
2. Wählen Sie Texte aus, die sich für kooperatives Lesen eignen. Vereinfachen Sie gegebenenfalls die Sachtexte so, dass sie von allen Schülerinnen und Schülern verstanden werden können.
3. Erproben Sie die oben genannten Schritte und werten Sie Ihre Erfahrungen aus.
4. Treffen Sie Absprachen darüber, ob und wie kooperatives Lesen in Ihrem Jahrgang institutionalisiert werden soll.

3.2.3 Verantwortlich und (selbst)kritisch: Instrumente der Begleitung und Bewertung differenzieren

Unser Unterrichtsarrangement, unsere Aufgaben und Übungen können noch so ausgefeilt sein, sie werden nur dann greifen, wenn wir die Schülerinnen und Schüler „mitnehmen". Sie sind die Hauptpersonen, die Subjekte des Lernens und müssen darin bestärkt werden, die Verantwortung für ihr Lernen selbst zu übernehmen. Im Kapitel 2 war davon ausführlich die Rede. In diesem

Abschnitt werden einige Verfahren kurz vorgestellt, die solches Lernen unterstützen und begleiten und die je unterschiedliche Schwerpunkte haben.

● Der *Wochenplan* ist ein bewährtes Instrument, mit dem Schülerinnen und Schüler auf der Grundlage des gemeinsamen Lernpensums ihre Zeit einteilen und darüber Rechenschaft geben können. Ähnlich sind *Pensenbücher* aufgebaut, die in der Regel Formblätter zur Selbstbewertung enthalten.

● *Feedbackverfahren* setzen darauf, dass das Lernen der Einzelnen am wirksamsten durch die Rückmeldung der Gruppe bewusst gemacht und bestärkt werden kann.

● *Lernverträge* sind (Selbst-)Verpflichtungen, die dem Lernenden helfen können, sich selbst zu kontrollieren, seine Zeit und seine Arbeit verantwortlich zu planen.

● *Lerntagebücher* sind ein Mittel der nachträglichen Reflexion über das eigene Lernen und dessen Ergebnisse.

● *Kompetenzraster* zielen darauf, die erwarteten Lernergebnisse bewusstzumachen und die erworbenen Kompetenzen durch „Ich kann"-Formulierungen mit einer vorgegebenen Skala zu bewerten.

● *Portfolios* kombinieren die Elemente der Planung und Selbstreflexion durch eine Sammlung von Leistungen, für deren Qualität und Zusammenstellung die Schülerinnen und Schüler selbst verantwortlich sind.

Wie sind diese Instrumente zu bewerten? Wie können wir im Alltag damit umgehen? Diese Frage kann nicht auf dem Papier entschieden werden. Es gibt keine Wundermethoden, die immer wirken. Vielmehr sind alle diese Verfahren abhängig vom Kontext des Unterrichts und der Schule. Die sinnvolle Verwendung eines Wochenplans zum Beispiel setzt voraus, dass die Woche über kontinuierlich gearbeitet wird. Darum ist er besonders wirksam in Grundschulen, wo das der Fall ist, und für das zerstückelte Lernen im 45-Minuten-Takt kaum geeignet. Welche Instrumente also zu welchem Zweck wie verwendet werden sollen, kann nur im Kontext des pädagogisch-didaktischen Rahmens entschieden werden, wie im Kapitel 2 dargestellt. Dabei greifen Unterrichts- und Schulentwicklung in der Regel ineinander. Hier drei Beispiele für solches Zusammenwirken.

1. Eine Schule stellt ihr Programm um: Die Einführung des Ganztags wurde für eine Hamburger Schule (die Max-Brauer-Schule) zum Anlass für einen jahrelangen Schulentwicklungsprozess. An dessen Ende steht jetzt eine völlig neue Unterrichtsorganisation. An Stelle der üblichen Fächer stehen auf dem Stundenplan drei Lernarten, genannt Lernbüro, Werkstatt und Projekt (Näheres auf der Website unter der Rubrik „Die neue MBS"). Das Lernen und Üben der Basics findet in den Lernbüros statt und ist extrem individualisiert. In diesem Kontext ist die Arbeit mit *Wochenplänen und Kompetenz-*

rastern eingeführt worden. Bekannt wurde die Arbeit mit Kompetenzras-
tern u.a. durch das Institut Beatenberg in der Schweiz, wo es jahrlang
erprobt und evaluiert wurde (Näheres auf der Website oder bei Müller
2004).

2. Gymnasialkollegen entwickeln auf der Basis moderner Lernforschung ein
   grundlegendes, fächerübergreifendes didaktisches Konzept. Die Rede ist
   von Urs Ruf und Peter Gallin und ihrem *Ansatz des Dialogischen Lernens*,
   der im ersten Abschnitt dieses Kapitels vorgestellt wurde. Der Anspruch,
   das Singuläre gelten zu lassen, führt dazu, das Instrument des *Lerntage-
   buchs* (bei Ruf/Gallin *Reisejournal* genannt) für die Dokumentation und
   Reflexion der individuellen Lernwege zu nutzen. Der Unterschied zwischen
   einem solchen Journal und einem Portfolio ist fließend, weil die Journale
   zugleich die Ergebnisse der individuellen Leistung ausweisen.

3. Als Orientierungs- und Referenzrahmen für den Fremdsprachenunterricht
   ist das *Europäische Portfolio der Sprachen* (EPS) entwickelt worden. Es
   besteht aus drei Teilen: (1) dem *Sprachen-Pass*, der über den aktuellen Stand
   der sprachlichen Kompetenzen und interkulturellen Erfahrungen informiert sowie Kurse, Prüfungen und Zertifikate enthält; er wird dem Abschlusszeugnis hinzugefügt; (2) der *Sprachen-Biografie*, die die persönliche
   Geschichte des Sprachenlernens dokumentiert sowie Anregungen zum Wei-
   terlernen und zur Selbstevaluation enthält, und (3) dem *Dossier*, in dem
   Ergebnisse der eigenen Arbeit gesammelt sind, die zeigen, was in den verschiedenen Sprachen geleistet wurde (Quelle: www.learn-line.nrw.de/ange-
   bote/portfolio). Hier werden also planvoll unterschiedliche Instrumente der
   reflexiven Lernbegleitung und (Selbst-)Bewertung sowie der Zertifizierung
   zu einem Gesamtportfolio verbunden.

Die Beispiele sollten zeigen, wie fundamental wichtig solche Instrumente für
die Entwicklung von Unterrichts- und Lernkonzepten sein können, und zugleich, dass und warum ihre Verwendung sich aus einem übergreifenden Kontext ableiten muss. Hier einige Hinweise dazu, wie ihr Gebrauch im Schulalltag
variieren kann.

● Die Unterrichtseinheit „Wortarten" (Jg. 5, s. S. 149) kann mit einer an Kompetenzen orientierten Selbstbewertung abgeschlossen werden; die Kinder
  beurteilen, wie sicher sie in der Unterscheidung der Wortarten sind. Parallel dazu werden die kreativen Arbeiten der Kinder auf einem Poster präsentiert oder in einer Mappe (Klassenportfolio) gesammelt.

● Die Unterrichtseinheit „Unser Umgang mit Haustieren" (Jg. 5, s. S. 135) zielt
  auf eine Dokumentation über artgerechte Tierhaltung, an der alle Kinder
  beteiligt sind. Die laufende Arbeit wird durch Wochenpläne oder Lerntagebücher dokumentiert.

● Die Unterrichtseinheit „Geschlechterrollen" (Jg. 9, s. Kapitel 2) wird von
Woche zu Woche dokumentiert (im Wochentagebuch); die individuellen
Leistungen der Schülerinnen und Schüler werden durch Gruppen-Feedback
und durch individuelle Rückmeldung kommentiert und im Portfolio gesammelt.

Anregung für die Workshop-Arbeit in der Fachgruppe:
1. Prüfen Sie, welche der oben genannten Instrumente in der von Ihnen gerade geplanten Unterrichtseinheit eingesetzt werden können.
2. Erproben Sie diese Instrumente, beobachten Sie, wie Ihre Schülerinnen
und Schüler damit umgehen, und fragen Sie sie nach ihren Eindrücken
und Erfahrungen.
3. Beurteilen Sie, ob sich durch den Einsatz der Instrumente das Lernverhalten und die Lernleistung Ihrer Schülerinnen und Schüler geändert
haben.
4. Beraten Sie im Team, ob die Erprobung und der Einsatz dieser Instrumente in das Programm der Unterrichtsentwicklung aufgenommen werden sollen.

3.3 Dem Lernen Sinn geben: erfahren und handeln

Was wäre das für ein Kunstunterricht, in dem die Schülerinnen und Schüler
nie Gelegenheit haben, Exponate von Künstlern in einem Museum zu sehen
und sich von ihnen zu eigenen Gestaltungsversuchen inspirieren zu lassen!
Was für ein Geschichtsunterricht, in dem nie die Erfahrung vermittelt wird,
dass und warum Geschichte „hautnah" gegenwärtig ist und unser Leben prägt!
Was für ein Fremdsprachenunterricht, der nicht darauf zielt, „live" im Ausland
angewandt zu werden! Und was helfen alle mathematischen Kompetenzen,
wenn die Anlässe für mathematisches Denken nicht in der „Welt" ausgemacht
und dessen Ergebnisse nicht in der Realität erprobt werden! Die Liste dieser
Sätze ließe sich für alle Fächer fortsetzen. Stattdessen sei das Lernverständnis,
das sich in ihnen ausdrückt, hier vorweg nochmals explizit benannt.
Hartmut von Hentig sagt, „dass man sich auf das *spätere* Leben am besten
vorbereitet, indem man *jetzt* lebt – zunehmend bewusst, zunehmend vernünftig, zunehmend verantwortlich" (Hentig 1988, S. 28, Hervorhebung im Original). Diese These, generell seine Pädagogik, ist von der Überzeugung geprägt,
dass Leben und Lernen zusammengehören wie die beiden Seiten einer Me-

daille. Wie verhält sich das zum gegenwärtigen Mainstream, zu einer Auffassung von Schule und Lernen, der zufolge sich „Qualität" allein an messbaren kognitiven Erträgen bemisst?

Mir geht es in diesem Buch und speziell in diesem Abschnitt darum, unproduktive Gegensätze zu überwinden und die „Schnittmenge" einer konsensfähigen, an Beispielen vorgestellten Schule zu suchen, in der menschenfreundliche Pädagogik und guter Unterricht sinnvoll zusammenwirken, anstatt einander zu blockieren. Einen guten Ansatz dafür bietet eine bereits zitierte Präzisierung der Aufgabe von Schule, nämlich: sie habe „Lust auf die Begegnung mit der Welt zu machen" (Baumert et al., 2002, S.195). Sie ist, wie mir scheint, mit dem zitierten Hentig-Satz sehr gut vereinbar.

> **These:** Wenn Schule die Aufgabe hat, „Lust auf die Begegnung mit der Welt zu machen", dann gelingt Lernen umso besser, wenn diese Begegnung nicht auf später verschoben wird, sondern jetzt stattfindet: „zunehmend bewusst, zunehmend vernünftig, zunehmend verantwortlich" (Hartmut von Hentig). Erfahrung und Lernen wirken zusammen. Lernen wird „nachhaltig" durch verstehende, aktive Aneignung, intelligentes Üben und verantwortliches Handeln.

Diese These soll zugleich zeigen, wie dieser Abschnitt auf den vorangehenden aufbaut: Das Handwerk des Unterrichtens wird durch Erfahrungslernen nicht aufgehoben, sondern im Gegenteil abgeschlossen: Unterricht ist dann „gut", wenn das Gelernte den Schülerinnen und Schüler hilft, die Welt besser zu verstehen, sich in ihr selbstständig zu orientieren und verantwortlich handelnd zu leben. Dieses Leben kann ganz unterschiedlich aussehen. Selbstverständlich können Kinder und Jugendliche nicht (oder nur in seltenen Ausnahmen) in die große Politik eingreifen, ebenso wie sie die großen Epochen unserer Kulturgeschichte nicht real erleben können. Aber sie können sie exemplarisch, „nachholend" erfahren, das eigene Leben und Lernen daran bereichern und so die Spielräume des Denkens und des Handelns gleichermaßen erweitern.

Es gibt viele gute und bewundernswerte Beispiele dafür, wie Schülerinnen und Schüler auf diese Weise handelnd lernen können, wie Erfahrung sich mit Erkenntnis verbinden kann. Jugendliche betreuen ältere oder kranke Menschen, übernehmen Verantwortung im Stadtteil oder für ein Biotop, sie verlegen „Stolpersteine", die an die Deportation und Ermordung jüdischer Mitbürgerinnen und -bürger erinnern, sie arbeiten mit Institutionen zusammen, sie treffen sich mit Partnerschülerinnen und -schülern aus dem europäischen

Ausland zu gemeinsamer Projektarbeit, sie reisen (fast) ohne Geld und erleben dabei die Welt neu, sie betreiben Schülerfirmen, gehen mit Kunst- oder Theaterprojekten an die Öffentlichkeit, um Geld für eine Partnerschule zu verdienen, und vieles mehr.

Angesichts der Fülle und Qualität solcher Beispiele erscheint es unfassbar, dass solches Lernen nicht selten „von oben" blockiert wird mit dem Argument, es dürfe kein Unterricht ausfallen, und dass Schulen aus Furcht vor möglichen negativen Folgen es von sich aus reduzieren. „Dürfen" wir während der Unterrichtszeit ins Museum gehen oder eine Exkursion machen? „Dürfen" unsere Schülerinnen und Schüler wochenlang im Ausland leben oder im Betrieb lernen? Wenn solche Fragen von offiziellen Stellen mit Nein beantwortet werden, so zeigt sich darin nach meiner Auffassung ein unprofessionelles, ja ein pervertiertes Verständnis von Schule und Lernen. Lernen an solchen Ernstfällen ist kein Ausfall von Unterricht, sondern in vielen Fällen, etwas pathetisch gesagt, dessen Krönung und Vollendung.

Wer der Schule solches Unterrichten abspricht, reduziert sie zur Lernfabrik und die Schülerinnen und Schüler zu Köpfen, die gefüllt werden müssen mit messbarem Inhalt. Die Schulen sollten sich durch solche administrative Engstirnigkeit nicht entmutigen lassen, sondern selbstbewusst gegenhalten: durch überzeugende Beispiele guten Unterrichts, der solches Erfahrungslernen einschließt.

Selbstverständlich wird Lernen nicht allein dadurch gut, dass die Schülerinnen und Schüler in die Natur gehen oder in den Betrieb, dass sie etwas bauen oder produzieren oder vorführen. Verstehen und Handeln müssen durch unsere Unterrichtsplanung theoretisch und praktisch aufeinander bezogen werden. Unterricht wird dadurch nicht leichter, sondern eher schwerer, dafür aber, wenn er gelingt, so gut, wie er ohne den Ernstfall nicht sein könnte.

Einen für solchen Unterricht geeigneten Theorierahmen bietet das Konzept des Praktischen Lernens, das sich mit dem des „verständnisintensiven Lernens" nicht nur nicht „beißt", sondern sinnvoll verbindet. Dazu noch einmal Peter Fauser (vgl. auch S. 113): „Der Begriff ‚praktisches Lernen' fasst Lernen wie eine Ellipse mit ihren zwei Brennpunkten auf; der eine Brennpunkt versinnbildlicht das Tätigsein des Einzelnen, der andere die bedeutsamen Tätigkeitsfelder der Gesellschaft. Im Zusammenhang mit dem verständnisintensiven Lernen ist die Frage wichtig, inwiefern die buchstäbliche und oft beklagte Erfahrungsferne der Schule zweckmäßig ist, und umgekehrt, welche Erfahrungen für das Lernen förderlich oder unerlässlich sind" (Fauser 2003, S. 273).

In den bisher dargestellten Beispielen war von solchem Erfahrungslernen schon häufig implizit die Rede. Wenn Schülerinnen und Schüler eine Umfrage unter Gleichaltrigen veranstalten oder ein Hörbuch herstellen oder im Tierheim die Lebensbedingungen von Hunden und Katzen erforschen, dann sind das reale Erfahrungen, die ihren Ort *im* Unterricht haben und ihre Berechtigung aus seinen Zielen ableiten. Für solches Lernen stelle ich in diesem Abschnitt zwei Beispiele vor, die *nicht* zu den Highlights schulischen Lebens gehören, sondern „nur" auf der Ebene des Fachunterrichts bleiben: ein fächerübergreifendes und ein fachgebundenes Projekt.

3.3.1 Fächerübergreifendes Projektlernen: das Beispiel „Steinzeit" (Jg. 5/6)

Das Thema kann in der Grundschule behandelt werden, in der gymnasialen Oberstufe oder dazwischen, je nachdem, welche Ziele damit verbunden sind. Im fünften oder sechsten Schuljahr können Kinder soziale, technische und künstlerische Entwicklungen aus der Jungsteinzeit an Beispielen nachvollziehen und daran lernen, wie infolge veränderter Lebensbedingungen in jener Epoche Grundlagen unserer Kultur entstanden sind. Mit dem Festlegen solcher Leitziele beginnt jede Planung, die folgenden Schritte bauen darauf auf. Das kann so aussehen:

Schritt 1: die Richtung festlegen

Worum geht es in dieser Unterrichtseinheit? Welche Bildungsziele streben wir an? Welche Lernziele ergeben sich daraus? Wie können wir die Fragen und Interessen der Kinder einbeziehen? Wie lässt sich das Thema nach Leitfragen strukturieren?

Schritt 2: die „kognitive Landkarte" entwerfen

Welche Erkenntnis- und Lernprozesse sollen angelegt werden (vgl. die Faustregel S. 131)? Welche Fächer sollen einbezogen werden? Wie können Kooperation und Kommunikation organisatorisch gesichert werden?

Schritt 3: das gemeinsame Lernpensum festlegen

Was sollen alle tun und lernen? Welche Voraussetzungen sind dafür erforderlich? Welche Materialien müssen beschafft werden? Wie soll die Arbeit unter den Erwachsenen aufgeteilt werden?

Schritt 4: das angestrebte Projektergebnis und dessen Präsentationsform festlegen

Was sollen die Kinder am Ende gelernt haben und vorweisen können? Welche Produkte können am Ende präsentiert werden? In welcher Form?

Schritt 5: individuelle Lernformen und -anlässe planen

Wie können Kinder sich in diesem Projekt besonders profilieren? Welche Angebote können dafür bereitgestellt werden? Wer übernimmt was?

Am Ende dieser vorbereitenden Planungsarbeit steht eine Projektskizze. Für das Thema „Steinzeit" könnte der erste, noch unvollständige Entwurf so aussehen wie auf der folgenden Seite:

Projektskizze: Steinzeit

Leitfragen	Gemeinsame Lernerfahrungen	Individuelle Lernformen
Wie haben die Menschen damals gewohnt?	Besuch in einem Freilichtmuseum (Steinzeitdorf)	
Wie haben sie sich gekleidet? Wie haben sie ihre Kleidung hergestellt?	Textilherstellung unter Steinzeitbedingungen	Unterschiedliche Kleidungsstücke und Techniken: spinnen, weben, stricken, Tierhäute bearbeiten …
Wie haben sie gelernt, das Feuer zu beherrschen?	Techniken des Feuermachens; Bau eines Steinofens; Geschichten und Bilder zum Thema „Feuer"	
Welche Werkzeuge hatten sie? Wie wurden diese hergestellt?	Mit Steinzeitwerkzeugen arbeiten	Einfache Werkzeuge herstellen
Wie haben die Menschen ihre Nahrung gewonnen? Wie haben sie Pflanzen verwertet? Wie haben sie Tiere gejagt?	Sammlung essbarer Pflanzen; Jagdtechniken und -waffen	Ein Steinzeitmenü zubereiten; ein Kochbuch zusammenstellen; einfache Waffen nachbauen
Wie war das Familienleben? Wie haben sich die Eltern die Arbeit geteilt? Wie lebten die Kinder? Was lernten sie?	Leben in einer Steinzeitsiedlung: Arbeit, Gemeinschaft, Erziehung	Spielszenen entwickeln: Familienleben – Mahlzeit – „Schule", Abenteuer Jagd
Wie haben die Menschen ihr Gemeinschaftsleben geregelt?	Besitz und Herrschaft, mögliche Konflikte, mögliche Konfliktlösungen, Regeln	Spielszenen oder Geschichten: ein Streit – das Dorf in Gefahr – eine Gerichtsverhandlung …
Woran haben die Menschen geglaubt?	Die Welt deuten: Geschichten, Mythen, Riten, Religion, Kunst (Höhlenmalerei)	Steinzeitbilder malen; Skulpturen herstellen

Angestrebte Projektpräsentation: Vorstellung der Ergebnisse in Form einer Revue, Produktausstellung, Theaterszene

Gemeinsames Lernpensum: Sachtexte zum Thema, die vorab zusammengestellt werden (die Texte müssen von allen Kindern verstanden werden können); Aufgabenpool dazu

Möglichkeiten der Individualisierung: Material für Expertengruppen, Texte und Bücher unterschiedlichen Schwierigkeitsgrads; Aufgabenpool für die Gruppen

Lernumgebung: Jugendbücher zum Thema, Bildmaterial, Exponate (falls vorhanden), „Apparat" von Sachbüchern, benötigte Materialien sowie Projektmappen

Begleitlektüre: Dirk Lornsen, „Rokal, der Steinzeitjäger", oder ein anderes Jugendbuch

Projektbegleitende Aufgabe für alle: ein Lesetagebuch führen

Im Anschluss beginnt die (arbeitsteilige) Feinplanung: Die Materialien müssen beschafft, die Lernumgebung vorbereitet, Arbeitsunterlagen zusammengestellt und Aufgaben entworfen werden.

Anregung für die Workshop-Arbeit in der Fachgruppe:
1. Entwerfen Sie ein Projekt Ihrer Wahl für Ihren Jahrgang und legen Sie die leitenden Bildungsziele fest. Beziehen Sie die Schülerinnen und Schüler in das Brainstorming ein.
2. Sprechen Sie ab, welche Fächer mit welchen Anteilen daran beteiligt sein sollen.
3. Gehen Sie die Planungsschritte durch und entwerfen Sie eine gemeinsame Projektskizze (mit geplanter Präsentation).
4. Legen Sie (wenn möglich) eine Begleitlektüre fest und entwerfen Sie Vorgaben für ein Lesetagebuch.
5. Stellen Sie (arbeitsteilig) die Materialien und Aufgaben zusammen, die von allen gebraucht werden.
6. Stellen Sie (arbeitsteilig) die Differenzierungspakete für die Spezialistengruppen zusammen.

3.3.2 Fachgebundenes Projektlernen: das Beispiel „Fremdsprachentheater" (1./2. Lernjahr)

Fremdsprachenunterricht ist per se auf Anwendung in „Live"-Situationen angelegt. Für Englisch gibt es dazu mehr Anlässe als für die zweite Fremdsprache Französisch oder Spanisch, deren Länder oft weit außerhalb der Lebenswirklichkeit der Kinder liegen. Für die „tote" Sprache Latein gilt das ohnehin. Für diese Fächer, aber auch für Englisch, ist die Methode des Fremdsprachentheaters hervorragend geeignet, eine spielerische Ernstfallsituation zu schaffen – dieser Gegensatz ist für Kinder keiner – und zugleich zu individualisieren. Die Vorgaben für ein solches Projekt sind:
- Es gibt eine vorgegebene Rahmenhandlung (übernommen oder selbst ausgedacht).
- Jedes Kind spielt mit, die Rollenverteilung wird gemeinsam entschieden.

● Die Spielhandlung und die Rollen sind veränderbar. Es können neue Szenen geschrieben, Rollen weggelassen oder hinzu erfunden werden. Jedes Kind kann mitentscheiden, was und wie viel es sagen will.

● Das individuelle Lernpensum ist die eigene Rolle, das gemeinsame für alle die Aneignung des Grundwortschatzes, der in dem Stück vorkommt, verbunden mit Übungen zur Vertiefung.

● Parallel zu den Proben der Szenen gibt es ein auf das Projekt bezogenes Aufgabenpaket, an dem alle Kinder, die nicht an den Proben beteiligt sind, arbeiten.

Als Beispiel für eine einfache Rahmenhandlung für ein solches Fremdsprachentheater sei das Stück „En classe" genannt, das an der Laborschule häufig im zweiten Französisch-Lernjahr (Jahrgang 6) gespielt wurde. An einem heißen Sommertag sollen Schülerinnen und Schüler einer Klasse einen Mathematiktest schreiben. Sie beschließen, den Test zu boykottieren, indem sie Krankheiten oder sonstige Entschuldigungen vorgeben. Die Stunde beginnt mit Übungen zum Kopfrechnen, die an den „Krankheiten" scheitern. Als der Lehrer, der das Spiel natürlich durchschaut, die Geduld verliert, erscheint plötzlich die Schulleiterin und eröffnet der Klasse die Möglichkeit, wegen der großen Hitze ins Freibad zu gehen. Die Freude der Kinder wird gedämpft durch den Mathematiklehrer, der der Schulleiterin mitteilt, alle Kinder seien leider erkrankt. Nun müssen die Kinder ihre „Krankheiten" und sonstigen Ausreden zurücknehmen, um doch noch ins Freibad gehen zu können.

Das Beispiel soll zeigen, wir gut die Methode Theater zur Individualisierung im Fremdsprachenunterricht geeignet ist. Die Zahl der Rollen kann ebenso variiert werden wie ihre Länge. Die Kinder können ihre Texte selbst gestalten und sich nach eigenen Möglichkeiten und Vorstellungen schauspielerisch erproben. In diesem Fall gab es die unterschiedlichsten „Krankheiten", die mit dramatischen Einzelheiten vorgespielt wurden, und abenteuerliche Entschuldigungen, die hinterher wortreich zurückgenommen werden mussten. Durch diesen Workshopcharakter des Fremdsprachentheaters ergeben sich sprachliche Anforderungen ganz unterschiedlicher Art. Kinder, die sich viel zutrauen, können nach Belieben loslegen, andere, denen das sprachliche Pensum schwerfällt, können trotzdem ihre Rolle gut und nach eigenen Wünschen ausfüllen, und wieder andere, die unter ihren Möglichkeiten bleiben, können zumeist viel leichter zu Höchstleistungen motiviert werden als im „normalen" Unterricht.

Das Lernen der Fremdsprache kann durch die Theatermethode der Künstlichkeit der Lehrbuchprogression wenigstens teilweise enthoben werden. Dass Vergangenes im Französisch-Anfangsunterricht nicht vorkommen „darf", weil das passé composé so schwierig ist, gehört zu den Künstlichkeiten eines Unterrichts, dessen Progression (trotz aller Bemühungen einer kommunikativen

Didaktik) sich immer noch vorwiegend an der Grammatik orientiert. Hier kann das Theater, das ja allein von der Handlung bestimmt wird, gegensteuern und dem Lernen zumindest teilweise seinen natürlichen Ernst zurückgeben.

Zu den Gelingensbedingungen eines solchen Projekts gehört neben der individuellen Betreuung auch eine genaue Planung aller Lerntätigkeiten. Schülerinnen und Schüler dürfen bei ihren Übungen nicht über die Grammatik stolpern. Also muss die Grammatik verfügbar sein in Form einer Darstellung, die die elementaren Regeln in möglichst einfacher Sprache erklärt. Die Vor- bzw. Aufbereitung dieser Aufgaben und Begleitmaterialien ist sehr arbeitsaufwändig, aber diese Mühe zahlt sich aus. Theaterspielen kann zu wahren Motivations- und Leistungsschüben führen.

Angestrebte Projektpräsentation: Aufführung des Theaterstücks, Rollentagebücher

Gemeinsames Lernpensum: Den Basistext verstehen, den Wortschatz dazu lernen, nach eigenen Vorgaben trainieren (s. S. 147), Mittel der Selbstkontrolle verwenden, Übungen zum Wortschatz und zur Grammatik (allein, im Tandem oder in der Gruppe)

Möglichkeiten der Individualisierung: Gestaltung der eigenen Rolle, individuell bemessenes Pensum an zusätzlichem Sprachmaterial, Beteiligung an der Herstellung des Textes, des Bühnenbilds, der Kostüme

Lernumgebung: Materialien zum' Üben und Trainieren, Requisiten für das Theaterspielen

Projektbegleitende Aufgabe für alle: ein Rollentagebuch schreiben

Vom „großen" Theater und all den anderen großen Ereignissen im Schulleben und Highlights in Schülerbiografien soll in diesem Kapitel, das ja der Unterrichtsplanung im engeren Sinne gewidmet ist, nicht die Rede sein. Zum Schluss sei aber nochmals darauf hingewiesen, wie künstlich und kontraproduktiv es ist, solche Erlebnisse gegen überwiegend kognitiven Fachunterricht und dessen Erträge auszuspielen. Unterricht in heterogenen Lerngruppen erfordert viel handwerkliches Können und genaue Planung, und Verstehen bleibt das Kernstück jeder Didaktik. Zu ihrer Beherrschung gehören aber auch das Bewusstsein von ihren Grenzen und die Bereitschaft, die Schülerinnen und Schüler in altersgerechter Stufung in die „Welt" zu entlassen. Der Ernstfall ist nicht nur im Leben, sondern auch in der Schule der beste Lehrmeister.

4. Die Lernbedingungen verändern

Die Schule entwickeln

Welche Bedingungen wünschen wir uns für einen Unterricht, der möglichst allen Schülerinnen und Schülern gerecht wird? Welche sind realisierbar? Was können Schulen tun, um sie zu schaffen? Um diese Fragen geht es in diesem Kapitel. Sie sind in den vorangegangenen schon vielfach implizit angesprochen worden und sollen nun explizit genannt werden. Entlang einer Aufgabenbeschreibung in der Art einer Checkliste stelle ich vor, wie Schulen vorgehen können, die sich zum Ziel setzen, mit Heterogenität produktiv umzugehen, und welche bereits entwickelten Beispiele es gibt. Diese Checkliste greift auf, was in den vorangehenden Kapiteln vorgestellt wurde. Sie ist also als eine Wenn-dann-Liste zu lesen: *Wenn* wir einen Unterricht wollen, wie er hier vorgestellt wurde, *dann* brauchen wir dafür förderliche Bedingungen in der Schule. Von solchen Rahmenbedingungen wird das Gelingen des Unterrichts beeinflusst wie das Gelingen einer Theateraufführung von den Requisiten, dem Bühnenbild und der gesamten Inszenierung. Diese Rahmenbedingungen können in ihrer Bedeutung gar nicht hoch genug eingeschätzt werden. Hier werden sie als mögliche Ziele von Schulentwicklung vorgestellt.

Die Einführung der Ganztagsschule bietet die besten Voraussetzungen dafür, solche Bedingungen zu schaffen. Zwar kann Unterricht, wie er in diesem Buch dargestellt wurde, auch in Halbtagsschulen stattfinden, aber Ganztagsschulen geben einen flexibleren und darum besseren Rahmen dafür ab. Das setzt voraus, dass sie nicht bei dem üblichen verkopften Unterricht am Vormittag bleiben, der dann durch „Spiel und Spaß"-Angebote am Nachmittag ergänzt wird, sondern dass die Chance des Ganztags dazu genutzt wird, das Lernen ganz und ganzheitlich neu zu denken und zu organisieren. Darum beginnt dieses Kapitel mit der Skizze einer „pädagogischen Ganztagsschule". Die in der Checkliste vorgestellten Entwicklungsschritte können auch als Schritte auf dem Weg zu ihr gelesen werden.

Es ist konsequent, aus pädagogischen Überzeugungen und didaktischen Konzepten schulische Rahmenbedingungen und aus diesen wiederum Systemvorgaben abzuleiten und für deren Realisierung zu streiten. So mündet Nachdenken über Lernen und Unterricht letztlich in einen Appell an unsere Gesellschaft und an die Politik, einen produktiven und menschenfreundlichen Umgang mit der Unterschiedlichkeit unserer Kinder und Jugendlichen durch eine konsequente Entwicklung zu realisieren.

Dieser Gedanke wird im letzten Abschnitt angedeutet: Ich skizziere darin das Bild einer Schule der Vielfalt und die Konsequenzen, die sich daraus ergeben sollten.

4.1   Der ganze Mensch, das ganze Lernen – Chancen einer pädagogischen Ganztagsschule

Die Ganztagsschule war noch vor wenigen Jahren höchst umstritten. Jetzt wird sie in allen Bundesländern verstärkt eingeführt. Diese Entwicklung ist *eine* Systemantwort auf das schlechte Abschneiden deutscher Schulen bei Vergleichsstudien. Insbesondere soll die Einführung des Ganztagsunterrichts der Benachteiligung von Kindern aus sozial schwachen und/oder bildungsfernen Familien entgegenwirken und somit einen besseren Umgang mit Heterogenität ermöglichen.

Wie lässt sich dieses Ziel in konkrete Schulentwicklung umsetzen? Von den skandinavischen Ländern können wir auch in dieser Hinsicht viel lernen. Dort geht man davon aus, dass es einem Kind gutgehen, dass es sich in der Schule wohlfühlen muss, um gut lernen zu können.

Darum sehen die Schulen schön aus, bieten viele Bewegungs- und Spielmöglichkeiten und hervorragendes Essen; darum gibt es in jeder Schule eine Gesundheitsstation; darum arbeiten die Lehrerinnen und Lehrer eng mit der Kommune und mit sozialpädagogischen Fachkräften zusammen; darum pflegen sie enge Kontakte zu den Eltern, zum Beispiel durch regelmäßige Beratungsgespräche; darum nutzen sie nicht nur die Klassen- und Fachräume für Unterricht, sondern haben ein weit gefasstes Verständnis von Lernen und Leistung, das viel Raum bietet für eigenes Handeln, für praktisches Lernen und für eine Bewährung in „echten" Lebenssituationen. Und *darum* sind ihre Schulen als Ganztagsschulen angelegt: Sie brauchen viel Zeit, um in diesem Sinne förderlich sein zu können.

Am Anfang also steht eine andere Vorstellung vom Leben und Lernen in der Schule. Die so entstehende Schule ist ganz konsequent von den Kindern und Jugendlichen her gedacht. Das hat nichts mit Verwöhn- oder Kuschelpädagogik zu tun. Selbstverständlich geht es *auch* um möglichst gute Leistungen. Die aber wird man nur erzielen, wenn das Recht jedes Kindes auf individuelle Betreuung und Unterstützung konsequent und möglichst optimal in pädagogisches Handeln umgesetzt wird. Und eben das kann die Ganztagsschule.

Es wäre darum eine schlechte Bestimmung, die Ganztagsschule allein als Reparaturbetrieb für Defizite in den Hauptfächern zu verstehen. Gerade für die PISA-Risikogruppe würde das wenig bringen, diese Jugendlichen haben ohnehin keine Lust auf einen Unterricht, bei dem sie erfahrungsgemäß „unten" landen, und auf dessen Verlängerung vermutlich noch weniger. Mit einer Ausweitung uneffizienter Praxis in den Nachmittag hinein wäre die pädagogische Chance der Ganztagsschule vertan. Wenn die Jugendlichen in der Schule aber einen Raum für Erfahrung und Bewährung vorfinden, wenn sie in einer Gemeinschaft leben, in der sie Wertschätzung, Aufmerksamkeit und Achtung erfahren, dann können sie auch die Lernaufgaben im engeren Sinne besser bewältigen. Am Anfang also steht die Vorstellung von einer Schule, in der Kinder und Jugendliche als Personen – so, wie sie sind – akzeptiert werden, Bestätigung und Ermutigung erfahren, von einer Schule ohne Beschämung.

Ein erstes Fazit aus diesen Überlegungen lautet: Die pädagogische Chance der Ganztagsschule liegt in einem weit gefassten Lernverständnis und einer ihm entsprechenden Organisation. Sie braucht ein in diesem Sinne ganzheitliches Konzept. Dieses zielt auf

- den ganzen Menschen,
- das ganze Lernen,
- die ganze Verantwortung aller Beteiligten.

Der ganze Mensch

Schule hat es mit Individuen zu tun, also mit ganzen Menschen. (Individuum heißt bekanntlich: nicht teilbar). Das klingt selbstverständlich, ist es aber leider nicht. Denn allzu häufig wird die Bedeutung von Schule auf das kognitive Lernen reduziert. Dass der Mensch ein soziales Wesen und in seinem Leben und Lernen auf die Mitmenschen und das gesamte Umfeld angewiesen ist, dass er ein emotionales Wesen und ein Leib-Seele-Wesen ist, dessen Ego maßgeblich von emotionalen und körperlichen Bedürfnissen bestimmt wird, weiß jeder. In den Richtlinien aller Schulen stehen viele kluge Sätze darüber, die aber in der Praxis häufig nicht umgesetzt werden können. Da dominiert das Pensum: Wir müssen das und das bis da und dahin schaffen und haben darum immer zu wenig Zeit für Bewegung, Spiel, Geselligkeit, gemeinsames Essen, Gespräche, Theater, Musizieren und vieles mehr, was in unserem Leben und unserer Kultur besonders prägende Bildungselemente sind. Eben diese Ganzheitlichkeit können wir in die Schulen zurückholen. Wir können sie zu Lebensräumen machen, wo es sich – auch und gerade aus der Sicht der sogenannten bildungsfernen Jugendlichen – zu leben lohnt und wo darum auch das Lernen eine neue Bedeutung, neue Anreize und neue Chancen hat. Das heißt zugleich, Lernen nicht auf die sogenannten Hauptfächer und nicht auf Kognitives zu reduzieren, sondern weit zu fassen.

Das ganze Lernen

Ganzheitliches Lernen ist ein aus der Reformpädagogik altbekannter Begriff. Gewöhnlich wird es dort als Trias benannt: Lernen mit Kopf, Herz und Hand. Aus der Sicht der neueren Lernforschung und der Neurowissenschaften wird diese Auffassung von Lernen bestätigt. Diese haben gezeigt: Unser Gehirn bildet neue Synapsen dann und nur dann, wenn relevante Lebenssituationen dies erfordern.

Ich gebe hier einige Grundgedanken aus dem Projektentwurf „hi.bi.kus – hirngerechte Bildung in Kindergärten und Schulen" von Gerald Hüther wieder (www.hibikus.de). „Wer keine Fehler macht, lernt auch nichts. Deshalb erschließen auch schon Kinder die Welt durch Versuch und Irrtum." So heißt es in diesem Projektentwurf. Durch solche Erfahrungen – und nur so, das ist das Entscheidende – kann das Gehirn seine „nutzungsabhängige Plastizität" entwickeln. Lernen ist ein Prozess, der seine Spuren im Gehirn hinterlässt, und nur auf diesen Bahnen kann dann weiter auf- und ausgebaut werden. Was und wie gelernt wird, hängt entscheidend davon ab, welche Anreize und Herausforderungen von außen kommen. Neurowissenschaftler bestärken uns auch darin, dass nichts so wichtig ist beim Lernen wie Unterstützung. Das Gehirn ist ein „Sozialorgan", so Hüther. „Die wichtigsten Erfahrungen, die ein Kind im Verlauf seiner Entwicklung macht – und die daher den nachhaltigsten Einfluss auf die innere Organisation und Strukturierung seines Gehirns haben, sind Beziehungserfahrungen" (S. 16). Die Konsequenzen für Schule und Unterricht lesen sich wie aus einem Programmbuch der Reformpädagogik: Lernangebote müssen (1) Sinn machen, (2) Aha-Erlebnisse, d. h. neue Einsichten ermöglichen, (3) unter die Haut gehen, (4) nützlich, vorteilhaft und anwendbar sein (S. 3).

Lernen heißt demnach zuerst und vor allem: eigene Erfahrungen machen. Lernen muss individuell bedeutsam sein, nur dann öffnen sich neue Fenster. Diese wiederum sind miteinander so vernetzt, dass Neues immer auf Vorhandenes aufbauen, anschlussfähig sein muss. Alle in diesem Buch vorgestellten Beispiele zielen auf solches Lernen. Für den Spracherwerb zum Beispiel heißt das: Es hat keinen Sinn, Kinder für Rechtschreibfehler zu strafen. Das Schreiben entwickelt sich stufenweise, in sogenannten transitorischen Lernformen, die sich schrittweise der Sprachnorm annähern. Fehler sind, so gesehen, intelligente Zwischenlösungen. Hilfe heißt: sehen, wo das Kind steht, und ihm zum nächsten Schritt verhelfen. Der aber gelingt umso besser, je mehr das Kind ihn wiederum als eine individuell bedeutsame Lernsituation erlebt. Und das gilt nicht nur für die Rechtschreibung, sondern für jegliches Lernen. Also müssen wir unsere Schulen zu Orten machen, wo Lernen und Leben sinnvoll ineinandergreifen, zu einer anregenden Lernlandschaft, wo Kinder und Jugendliche vielfältige Anreize und Herausforderungen finden, wo Lernen individuell bedeutsam werden kann, wo es sich mit Freude und Ansporn, mit

Anstrengung und auch mit Stolz auf das Erreichte verbindet und wo die Einzelnen die Hilfe finden, die sie brauchen.

Für ein so verstandenes ganzheitliches Lernen bieten Ganztagsschulen ungleich bessere Voraussetzungen als Halbtagsschulen, die zumeist mit dem notwendigen kognitiven Lernpensum schon allzu vollgestopft sind. Im Ganztag lässt sich das entzerren, lässt sich das Lernen anders verteilen, lässt sich die Lernumgebung anders gestalten.

Die ganze Verantwortung

Ein solches Programm erfordert eine neue Sicht von Schule und eine neue Arbeitsteilung derer, die sie gestalten. „Ganze Verantwortung" – damit ist natürlich nicht gemeint, dass alle für alles gleichermaßen zuständig und kompetent sind. Wohl aber, dass wir die Zuständigkeiten und Kompetenzen nicht parzellieren dürfen, sodass jeder nur seinen kleinen Bereich sieht und sich nicht für das Ganze verantwortlich fühlt. Die besondere Chance der Ganztagsschule kann gerade darin liegen, dass alle gesellschaftlichen Bereiche sich für sie mit verantwortlich fühlen, die ganze Schule mit und neu denken, die ganze Erziehung, die ganze Bildung. Wir brauchen eine geteilte Verantwortung im doppelten Sinne des Wortes „teilen", dem der Arbeitsteilung (jeder tut das Seine) und dem der Teilhabe (jeder hat Teil an der Verantwortung für das Ganze). Eine Ganztagsschule, verstanden als Halbtagsschule mit Freizeit-Anhängseln am Nachmittag, wäre ein Anfang, ein erster Schritt, würde aber diese Chance bei weitem nicht ausschöpfen. Ganztagsschule sollte auch mehr und anderes sein als eine Addition von Vormittagsunterricht und zusätzlicher Nachhilfe. Sie kann und sollte vielmehr pädagogisches und didaktisches Neuland sein, eine Entwicklungsaufgabe, eine Herausforderung für alle Beteiligten.

Die Aufgaben und die pädagogischen Möglichkeiten der Ganztagsschule stellen sich für die verschiedenen Altersstufen je unterschiedlich dar. Sie muss darum unterschiedliche Schwerpunkte setzen, ihr Programm altersgerecht unterschiedlich anlegen und gestalten

- für Kinder im Vorschulalter und in den ersten Schuljahren,
- für Jugendliche in der Umbruchphase,
- für junge Erwachsene, also Schülerinnen und Schüler der Sekundarstufe II.

Am schwierigsten – das ist hinreichend bekannt – ist die Altersgruppe der 11- bis 16-Jährigen. Für sie kann die Ganztagsschule wenn man sie denn in dem beschriebenen Sinne ganzheitlich denkt –, zu einem Lebens- und Erfahrungsraum werden, der gerade den Benachteiligten unter ihnen große Chancen bietet. Dafür gibt es viele gute Beispiele von Schulen, die solches tun. Sie entzerren den Unterricht. Sie bieten echte Bewährungsmöglichkeiten. Sie nutzen außerschulische Lerngelegenheiten und holen umgekehrt Angebote von professionellen Nicht-Lehrern in die Schule hinein. Sie setzen darauf, dass Werte nicht über den Kopf gelernt, sondern gelebt werden müssen.

Schulen, die sich auf den Ganztag umstellen, sind darum gut beraten, wenn sie dies als Gelegenheit zu einer generellen Neuorientierung nutzen, wie oben (S. 158) am Beispiel der Max-Brauer-Schule dargestellt. Die Chance des Ganztags wäre vertan, wenn der Unterricht nach dem Motto *business as usual* unverändert bleibt. Umgekehrt können wirksame Änderungen nur greifen, wenn sie durch förderliche Rahmenbedingungen gestützt werden.

4.2 Entwicklungsziel Umgang mit Heterogenität: acht Aufgaben

Angenommen, eine Schule will sich auf den Weg machen und hat das Ziel „Umgang mit Heterogenität" zum Schwerpunkt ihrer Entwicklungsarbeit gemacht. Die Einführung des Ganztags ist angestrebt und soll sich an pädagogischen Vorgaben orientieren. Die Schule wird also in einer *tour d'horizon* nach Anregungen und Beispielen suchen.

4.2.1 Flexible Lerngruppen

Unterricht findet herkömmlicherweise in Jahrgangsgruppen statt. Warum eigentlich? In Deutschland gibt es ein ebenso fest verinnerlichtes wie unreflektiertes Bild von Schule, dem zufolge alle Gleichaltrigen zur gleichen Zeit das Gleiche lernen und darum in homogenen Altersgruppen zusammengefasst sein müssen. In der Realität sind jedoch weder die Klassen homogen noch entsprechen die Lernergebnisse den Erwartungen. „System jagt Fiktion" – so karikiert Klaus-Jürgen Tillmann dieses Festhalten an überkommenen Vorstellungen und unerfüllten Erwartungen (Tillmann 2004, S. 6). Das Problem der Heterogenität erfordert Rahmenbedingungen, die nicht dogmatisch vorgegeben, sondern flexibel gestaltet werden.

Längst haben Schulen solche Lösungen entwickelt. Für die Flexibilisierung der Lerngruppen gibt es unterschiedliche und unterschiedlich weit gehende Modelle. Die konsequente Aufhebung der Jahrgangsklasse zugunsten altersgemischter Lerngruppen ist in allen Montessorischulen Standard und zunehmend auch in „normalen" Schulen eingeführt worden, in Schweden und Finnland nahezu flächendeckend, in Deutschland vielfach in bevölkerungsschwachen Regionen, wo auf diese Weise die Schließung von Grundschulen verhindert werden kann. Ein solcher Systemzwang kann zum Anlass einer grundlegenden Neuorientierung werden, wenn diese Änderung als Chance gesehen und genutzt wird.

Die pädagogische Chance der Jahrgangsmischung besteht in der Gemeinschaft der Ungleichen, die auf einen guten Umgang miteinander angewiesen sind, die didaktische Chance in der konsequenten Individualisierung des Lernens. Insbesondere Letzteres ist alles andere als selbstverständlich. Wenn in solchen Gruppen die gleich alten Kinder mit einheitlichen Programmen bedient werden, wird diese Chance nicht genutzt und die Jahrgangsklasse brauchte gar nicht erst abgeschafft zu werden. Umgekehrt kann die Jahrgangsmischung bewusst und gewollt als Mittel eingesetzt werden, um die Dominanz eines Unterrichts „im Gleichschritt", der die Heterogenität der Lerngruppe tendenziell „wegzubügeln" bemüht ist, endgültig zu überwinden. In jahrgangsgemischten Gruppen ist man genötigt, konsequent zu individualisieren, also alle Möglichkeiten und Formen der Differenzierung so zu nutzen, dass alle Kinder im Rahmen von gemeinsamen Vorgaben ihre eigenen Lernwege gehen können.

Die gedachte Schule wird vielleicht eine so weit gehende Reform zu Beginn scheuen. Sie wird zunächst andere Möglichkeiten der Flexibilisierung von Lerngruppen erproben und sie wird in jedem Fall den Jahrgangsklassen flexible Gruppen im Wahlbereich gegenüberstellen, um den Aufbau individueller Lern- und Leistungsprofile zu begünstigen.

4.2.2 Rhythmisierung des Lernens und Umgang mit Zeit

Der starre Rahmen der 45-Minuten-Stunde ist ebenso wenig naturgegeben wie der der Jahrgangsklasse. Die gedachte Schule wird also nach Anregungen für einen flexiblen Umgang mit Zeit suchen und dabei auf viele gute Beispiele stoßen, selbst an Schulen, die die Umstellung zum Ganztag noch nicht vollzogen haben. So hat die Helene-Lange-Schule in Wiesbaden ihre Zeitstruktur sehr konsequent auf die Unterrichtsorganisation bezogen, die sich wiederum an der Vorstellung eines „anderen" Lernens orientiert. Der Stundenplan enthält neben normalen Stunden für den Fachunterricht auch große Zeitblöcke für größere Vorhaben. In einem Jahresplan werden vorab die mehrwöchigen Projektblöcke festgelegt, an denen mehrere Fächer zusammenwirken, sodass der Stundenplan in diesen Wochen weitgehend oder ganz ausgesetzt ist. So folgt das Schuljahr einem gewollten und geplanten Rhythmus, der sich in veränderter Form auch in der Woche und in jedem Tag widerspiegelt.

Vielleicht wird die gedachte Schule zunächst bei Grundschulen nachsehen, die im Umgang mit den noch kleinen Kindern darauf bedacht sein müssen, dem Lernen einen bekömmlichen Rhythmus zu geben. Konzentration und Entspannung, Ruhe und Bewegung, kognitives und weniger kopflastiges Lernen sollen eine ausgeglichene Balance bilden. Wo Schulen den gesamten Lernweg vom ersten Schultag bis zum Ende der Pflichtschulzeit umfassen, kann man sehen, wie der übliche Bruch zwischen Grundschule und Sekundarstufe vermieden werden kann zugunsten eines ganzheitlich gedachten Modells. An der Bodenseeschule St. Martin in Friedrichshafen, einer Grund-, Haupt- und Werkrealschule in kirchlicher Trägerschaft, ist der Tag in drei Zeitblöcke à 120 Minuten gegliedert, entsprechend den unterschiedlichen Lernformen: der Freien Stillarbeit in der Tradition der Montessori-Pädagogik, dem ganzheitlichen vernetzten Unterricht nach einem speziell für Schulen dieser Diözese entwickelten Lehrplan (Marchthaler Plan) und den Kursen.

Ganz anders und doch nach einem vergleichbaren pädagogischen Prinzip verfährt die bereits erwähnte Max-Brauer-Schule in Hamburg, die mit dem Ganztag zugleich eine neue Gliederung des Lernfelds und einen neuen Zeitrhythmus eingeführt hat.

All diese Beispiele zeigen: Wie Schulen mit der Lernzeit umgehen, hängt davon ab, welchem Lernverständnis sie folgen. Ein Unterricht, wie er in Kapitel 2 dargestellt wurde, könnte im Takt der isolierten 45-Minuten-Stunden so nicht stattfinden. Eine konsequente Differenzierung in heterogenen Gruppen (nach Inhalten, Aufgaben, Lernformen) ist auf Zeitvorgaben angewiesen, die es möglich machen, dem unterschiedlichen Lerntempo der Schülerinnen und Schüler gerecht zu werden. Nichts ist für langsam Lernende entmutigender als die wiederholte Erfahrung, nicht mitzukommen und ständig unter Druck zu stehen.

Der kleinste Schritt zu einem „pädagogischen" Stundenplan könnte die Zusammenlegung von 45-Minuten-Einheiten zu 90-Minuten-Blöcken sein, die dann wiederum sinnvolle Unterteilungen erlauben. Auch eine Kombination von Lang- und Kurzstunden kann sehr sinnvoll sein, um das Zusammenwirken von fächerübergreifendem Lernen und Fachkursen zu begünstigen. An der Reformschule Kassel werden auf diese Weise umfangreiche Projekte von Fachkursen begleitet. Im Elsa-Brändström-Gymnasium Oberhausen wechseln Freiarbeit, Projekte und Fachunterricht in einem dafür geeigneten Rhythmus.

Die Ganztagsschule bietet die besten Chancen dafür, dem Lernen einen Rhythmus zu geben, der den unterschiedlichen Möglichkeiten und Bedürfnissen der Schülerinnen und Schüler ebenso gerecht wird wie den unterschiedlichen Tätigkeiten und Lernformen. Es ist eine Binsenweisheit, dass praktisches Lernen eher große Zeitblöcke braucht, intensives kognitives Lernen eher kleine. So sollte es eigentlich auch selbstverständlich sein, dass beide einander sinnvoll ergänzen und zusammen eine gute Balance ergeben. Die Konsequenz daraus muss eine Verteilung solcher unterschiedlicher Lernformen auf den ganzen Tag sein. Unterricht in den traditionellen Hauptfächern kann sehr wohl auch am Nachmittag stattfinden; diese Stunden sind geeignet für längere schriftliche Arbeiten und andere ruhige Tätigkeiten, die die (sinnvollerweise am Vormittag liegenden) Phasen der Einführung und des intensiven kognitiven Lernens ergänzen.

4.2.3   Individuelle Lern- und Leistungsprofile

Individualisierung im Unterricht stellt sozusagen das „Kleine Einmaleins" im Umgang mit Heterogenität dar. Wenn der Unterricht dieser seiner wichtigsten Aufgabe nicht oder nicht hinreichend nachkommt, allen Schülerinnen und Schülern gerecht zu werden, werden auch „angeklebte" Nachmittagsangebote nicht viel helfen. Hingegen kann der Wahlunterricht den Pflichtunterricht fortsetzen wie das große Einmaleins das kleine, wenn beide auf je unterschiedliche Weise Individualisierung ermöglichen. Dazu ist es notwendig, beide als ein Ganzes zu verstehen und aufeinander zu beziehen.

Die gedachte Schule findet dafür viele gute Beispiele in Deutschland. An der Laborschule werden die Kurse im Wahlbereich in jahrgangsgemischten Gruppen (5 bis 7 und 8 bis 10) erteilt und in je zwei Bändern, also zu verschiedenen Zeiten, angeboten. Dadurch ist eine große inhaltliche Vielfalt möglich. Vom fünften Schuljahr an wählen die Schülerinnen und Schüler jährlich zwei solcher Kurse. Darin werden Latein, Französisch und Spanisch angeboten (Englisch liegt im Pflichtbereich), aber auch Kurse zu den Themen wie Papier schöpfen, Mädchen stärken, Tanz, Offenes Atelier, Modezeitreise, Technik, Musik, Garten oder Computer.

In den Jahrgängen 8 bis 10 sollen sich die Schülerinnen und Schüler auf einem Gebiet ihrer Wahl besonders profilieren. Diese Leistungskurse werden in den traditionellen Hauptfächern angeboten (Deutsch, Englisch, Mathematik, Naturwissenschaft), aber auch Sport, Theater, Textilgestaltung, Kunst, Musik, Ethik können gewählt werden.

Dieses Wahlangebot sieht im Überblick so aus (Beispiel aus dem Schuljahr 2007/2008 der Laborschule):

Jahrgänge 5 bis 7 (Wahlgrundkurse)

Band 1	Band 2
Französisch 1	Französisch 1
Französisch 2	Französisch 2
Französisch 3	Französisch 3
Latein 2	Latein 1
Spanisch	Latein 3
IQ-Trainingscenter	Tanz
Mädchenfußball	Zoo – Umgang mit Tieren
Garten	Schulfirma: Shining Shoes
Musik	Arbeiten mit dem Computer
Naturwissenschaft	Textilwerkstatt
Offenes Atelier	Technik für Mädchen
Technik	Jungen
Hauswirtschaft/Kochen	Schach

Jahrgänge 8 bis 10 (Wahlkurse)		Leistungskurse
Band 1	**Band 2**	
Französisch 8	Latein 8	Deutsch-Schreibwerkstatt
Französisch 9	Französisch 8	Mathematik
Französisch 10	Französisch 9	Englisch
Latein 9	Latein 10	Sport
Spanisch 3. Fs.	Spanisch 3. Fs.	Ethik/Religion
Computer	Computer	Naturwissenschaft
Modedesign	Modedesign	Technik
Technik	Technik	Ökologie
Jungen unter sich	Schülerfirma	Theater
Hauswirtschaft	Hauswirtschaft	Textiles Gestalten
Mädchen	Mädchen	Musik
Mathematik	Berufsvorbereitung	Kunst

In den sechs Jahren der Sekundarstufe I wählen die Schülerinnen und Schüler also insgesamt 15 Jahreskurse. Auf diese Weise können alle Jugendlichen ein ihren Wünschen und Interessen entsprechendes Lern- und Leistungsprofil aufbauen. Die Wahl hat keinen Einfluss auf die Höhe des Abschlusses; mit jedem Profil kann also jeder Abschluss erreicht werden.

Zu diesem individuellen Leistungsprofil tragen auch und besonders Leistungen bei, die den Rahmen des Unterrichts übersteigen. Wenn Schülerinnen und Schüler der oberen Jahrgänge Betreuungsaufgaben erledigen (im Sport, in der Schülerfirma, bei Lernpartnerschaften …) oder sich politisch engagieren oder soziale Verantwortung übernehmen oder sich im Rahmen von Reisen, Unternehmungen, Projekten besonders bewähren, so muss das als Leistung ebenso gesehen und gewürdigt werden wie gute Ergebnisse in den Hauptfächern.

Im Abschlusszeugnis werden die in den oberen Jahrgängen belegten Kurse und die dabei erworbenen Zertifikate benannt. Das gilt ebenso für besondere individuelle Leistungen, die von allen Schülerinnen und Schülern verlangt werden: die Jahresarbeiten und Praktika, die ausführlich dokumentiert werden.

4.2.4 Diagnostik, Beratung, Förderung

Diagnostik, Beratung und individuelle Förderung können in Schulen mit solchen Angeboten auf die ganze Bandbreite möglicher Lerntätigkeiten und Leistungen zurückgreifen. Jede Schülerin, jeder Schüler muss die Chance haben, auf mindestens einem Gebiet sehr gut zu sein. Dann können Schwächen in anderen Bereichen leichter kompensiert und positive Rückkoppelungseffekte genutzt werden: Wer Theater spielt oder ein Sozialpraktikum dokumentiert oder eine Bauanleitung schreibt, wird mit großer Wahrscheinlichkeit durch diese Tätigkeiten intensiver in Deutsch gefördert als durch isolierte Übungen. Das setzt voraus, dass die verantwortlichen Erwachsenen den ganzen Menschen sehen und nicht nur seine Leistungen im jeweils eigenen Fach, dass sie ein weit gefasstes Verständnis von Lernen und Bildung teilen und sich die Zeit nehmen, ausführlich über ihre Schülerinnen und Schüler und vor allem mit ihnen zu reden. Eine wichtige Aufgabe von Schulentwicklung besteht darin, Zeit für solche Beratungen vorzusehen.

Das gilt besonders für verpflichtende Beratungsgespräche mit Eltern und Kindern, die das Halbjahreszeugnis ergänzen (in manchen Schulen ersetzen). Für jedes Gespräch muss (mindestens) eine halbe Stunde angesetzt werden. Außer dem Klassenlehrer/der Klassenlehrerin, dem Schüler/der Schülerin und den Eltern (oder einem Elternteil) sollte eine zweite Lehrkraft anwesend sein und das Gespräch protokollieren. Kurz vor Ablauf der Gesprächszeit werden die Schritte rekapituliert, die Ergebnisse genannt, Vereinbarungen getroffen. Grundlage dafür kann ein Förderplan sein.

Dieses Instrument, aus der Sonderpädagogik übernommen, wird zunehmend dazu genutzt, die Bildungsgänge aller Schülerinnen und Schüler zu dokumentieren und zu planen. Hier ein einfaches Muster.

Individueller Bildungs- und Förderplan – Grundmuster

1. „Basics"			
Fach	**Stärken/Interessen**	**Schwächen**	**Empfehlungen**
Deutsch			
Englisch			
Mathematik			
2. Individuelles Bildungs- und Leistungsprofil			
Bereich	**Stärken/Interessen**	**Schwächen**	**Empfehlungen**
Bewegung, Sport			
Natur, Umwelt			
Handwerk und Technik			
Hauswirtschaft			
Wirtschaft			
Literatur			
Spiel, Tanz, Theater			
Kunst, Musik			
Soziale Leistungen			

Die gedachte Schule braucht keine lange Vorarbeit zu leisten, um solche Beispiele zu adaptieren. Sie muss nur selbstbewusst genug sein, um an diesem Bildungs- und Lernverständnis festzuhalten und dem (durch die zentralen Prüfungen bedingten) Trend zur Drei-Fächer-Schule zu widerstehen.

4.2.5 Individuelle Leistungsbewertung

Ein produktiver Umgang mit Heterogenität setzt voraus, dass individuelle Leistungen individuell gewürdigt und bewertet werden. Wie das konkret aussehen kann, wurde im Kapitel 2 dargestellt. Wie auch immer die gedachte Schule ihre Entwicklungsziele festlegen mag – dieses kann sie nicht auslassen. Wenn lernschwache Schülerinnen und Schüler immer nur erfahren, dass sie „schlecht" sind, werden auch die ausgefeiltesten Differenzierungsmaßnahmen sie nicht vor Entmutigung und all ihren schlimmen Folgen (s. S. 16) bewahren können.

Angenommen, die gedachte Schule orientiert sich an den vier Sek-I-Schulen, die 2006 (neben der Grundschule Kleine Kielstraße in Dortmund, die den Hauptpreis erhielt) mit dem Deutschen Schulpreis ausgezeichnet wurden: der Jenaplanschule in Jena, der Max-Brauer-Schule in Hamburg, der Offenen Schule Kassel-Waldau und der IGS Franzsches Feld in Braunschweig. Die unterschiedlichen Profile dieser Schulen stimmen darin überein, dass sie alle das Qualitätskriterium „Umgang mit Vielfalt" in besonderem Maße erfüllen, weil sie den Umgang mit Heterogenität zum Entwicklungsschwerpunkt gemacht haben, und dass die Instrumente der Leistungsbegleitung und -bewertung dazu passen: Verbalbeurteilungen (mit und ohne Begleitung durch Noten), Verfahren der Selbst- und Fremdeinschätzung, Lernentwicklungsberichte, Feedbackverfahren, Tagebücher, Kompetenzraster, Förderpläne, kontinuierliche Schülerrückmeldungen, besondere Formen der Präsentation und Portfolios.

Die gedachte Schule wird mit kleinen Schritten beginnen, vielleicht damit, dass ein Jahrgangsteam eine gemeinsam geplante und durchgeführte Unterrichtseinheit mit einfachen Formen der Rückmeldung begleitet und mit einer gemeinsamen Präsentation abschließt. Der nächstgrößere Schritt könnte darin bestehen, dass eine Präsentation der Halbjahresleistung mit verbindlichen Beratungsgesprächen gekoppelt wird und dass dafür einfache Vorgaben (Koordinations- und Ablaufplan, Protokollvorlage) entwickelt werden.

Alle weiteren Schritte können sich nur aus dem Gesamtplan der Unterrichts- und Schulentwicklung ergeben, den die Schule für sich erarbeitet. Sie orientiert sich dabei an dem pädagogischen Leitziel, dass sich an dieser Schule kein Kind als Versager fühlen muss, weil individuelle Leistungen als solche gesehen, anerkannt und bewertet werden. In den oberen Jahrgängen ist die Vorbereitung auf die Vergabe der unterschiedlichen Abschlüsse gekoppelt mit einem Unterstützungs- und Beratungssystem, das die Orientierung in der Arbeitswelt einschließt und den Schülerinnen und Schülern frühzeitige und unterschiedliche Anschlussmöglichkeiten öffnet.

4.2.6 Gestaltung der Lernumgebung und der Schule

Was eine gestaltete Lernumgebung im Umgang mit heterogenen Lerngruppen leistet, könnten Sek-I-Lehrerinnen und -Lehrer „live" in Grundschulen erleben. Insbesondere die Montessori-Pädagogik zeigt in vorbildlicher Weise, wie der Grundsatz „Hilf mir, es selbst zu tun" durch die Gestaltung der Lernumgebung unterstützt werden kann und muss. Die meisten Sek-I-Schulen haben, gemessen an diesem Maßstab, großen Nachholbedarf. Gerade sie aber müssten auf das Problem der zunehmenden Heterogenität mit einer darauf ausgerichteten flexiblen Gestaltung der Lernumgebung antworten.

Wie soll eine „Du kannst"-Aufgabe funktionieren, wenn alle oder viele darin angebotenen Lernwege nicht realisierbar sind, wenn Bücher und Materialien fehlen, wenn der Klassenraum keine Tandem- oder Teamarbeit zulässt und andere Möglichkeiten selbstständiger Arbeit (konstruieren, zeichnen, spielen …) an den gegebenen Verhältnissen scheitern? Wie sollen Kinder und Jugendliche selbstständig und selbstverantwortlich lernen und üben, wenn es keine Nischen und ruhigen Räume gibt, keine übersichtliche und einladende Ordnung der Dinge, weil die dafür benötigten Regale und Schränke fehlen? Und wie sollen sie ihre Leistungen wirksam präsentieren, wenn Geräte und Werkzeuge, Farben und Plakate ebenso fehlen wie Ausstellungswände, Vitrinen und ein Forum für die Präsentation?

Wenn Lehrerinnen und Lehrer resignieren oder gar verzweifeln, hängt das oft auch damit zusammen, dass sie, ebenso wie die Schülerinnen und Schüler, ihre Schule als einen ungestalteten, abweisenden, schlimmstenfalls öden, verkommenen und darum verhassten Ort erleben. Äußere Verwahrlosung ist ein Anzeichen für innere, für ein gestörtes Klima, eine nicht vorhandene oder zumindest nicht tragende Gemeinschaft, schlimmstenfalls für das „Umkippen" des ganzen Systems. Lernfreude kann dort nicht aufkommen und darum Lernen auch nicht gedeihen.

Schulen, die ansprechend, freundlich und funktional gestaltet sind, müssen nicht reicher sein als andere. Selbstverständlich sind sie, wie alle, auf die notwendigen Ressourcen angewiesen. An den Mitteln für Schulgestaltung zu sparen hieße, den Schulen das Wasser abzugraben. Aber auch in Zeiten knapper Ressourcen ist es in der Regel möglich, mit einfachen Mitteln der Gestaltung dafür zu sorgen, dass die Voraussetzungen für vielfältiges Lernen und Arbeiten gegeben sind.

Die gedachte Schule wird Vorbilder dafür suchen und finden, wie eine gemeinsam geplante und durchgeführte Entwicklung mit der Gestaltung der Räume, des Gebäudes und des Umfelds verbunden werden kann, zum Beispiel wie bei der Helene-Lange-Schule in Wiesbaden. Dort wird man berichten, wie die Realisierung eines neuen Konzepts einherging mit einer mehrere Jahre dauernden Umbauphase.

Alle Klassenräume eines Jahrgangs liegen jetzt nebeneinander, sind verbunden durch eine große, offene, gemeinsame Fläche, die mit Geräten, Materialien und Möbeln gut ausgestattet ist und zum Arbeiten in unterschiedlichen Gruppen einlädt. Unterrichtet wird bei offenen Türen, jederzeit kann der gemeinsame Raum genutzt werden.

Wie eine solche Entwicklung auch unter schwierigen Bedingungen möglich ist, kann man an vielen Schulen in den neuen Bundesländern sehen. Die Montessorischule Greifswald hat zum Beispiel mit wenigen Kindern in einem sehr bescheidenen Gebäude begonnen. Mittlerweile ist sie bis zum sechsten Schuljahr ausgebaut und hat vor kurzem ihr neues Gebäude eingeweiht – eine Kombination von geschlossenen und offenen Lernräumen, licht und hell gestaltet, ausgestattet nach dem Prinzip „Hilf mir, es selbst zu tun" und an der Unterschiedlichkeit der Kinder und der Vielfalt ihrer Lernmöglichkeiten und -wege ausgerichtet.

Diese und viele andere Beispiele zeigen, dass die Gestaltung der Schule außer von den Ressourcen vor allem vom Gestaltungswillen der Erwachsenen abhängt. Sie können diese Aufgabe nur gemeinsam schultern, als Kollegium und/oder als Team.

Ein einsamer Blumentopf, ein mitgebrachtes Buch verschwinden schnell in einer sonst ungestalteten Umgebung. Wo eine Gemeinschaft sich aber durch eine erkennbare, funktionale und ansprechende Ordnung ausdrückt und schützt, können die Blumen und Bücher ebenso gedeihen wie die Menschen und das Lernen. Dann wird die Schule Schritt für Schritt auch die Aufgabe angehen können, für die Vielfalt möglicher Lernerfahrungen gute Voraussetzungen zu schaffen.

Alle Kinder sollten in einem Schulgarten arbeiten können, in einer Küche, in Werkstätten und Laboren, sie sollten in der Schule Spiel- und Sportmöglichkeiten in großer Vielfalt, eine gut ausgestatte Bibliothek und freundliche Klassenräume vorfinden und sich in den Pausen in einem phantasievoll gestalteten Außengelände bewegen können. Das sind keine Luxusgüter, auf die man ohne Qualitätseinbußen verzichten kann. Sie sollten vielmehr – gerade in Zeiten eines zunehmenden sozialen Gefälles und zunehmender Kinderarmut – als Mindeststandards gelten, die einzulösen unsere Gesellschaft allen Kindern und Jugendlichen, ganz besonders den „bildungsfernen" unter ihnen, schuldig ist.

4.2.7 Umgang mit Vielfalt im Schulleben

Die Heterogenität unserer Schülerinnen und Schüler ist auch die ihrer mitgebrachten Lebenserfahrungen, Elternhäuser, sozialen Hintergründe, Werte und Orientierungen. In einer Gesellschaft, die Unterschiede bejaht, die auf Toleranz und Verständigung setzt, ist der wichtigste Erziehungsauftrag der Schulen, die Heranwachsenden darin einzuüben. Der bereits zitierte Satz von Hartmut von Hentig, die wichtigste Vorbereitung auf das Leben „später" sei „das Leben *jetzt*: zunehmend bewusst, zunehmend vernünftig, zunehmend verantwortlich" (s. S. 160) umschreibt dieses Verständnis einer Schule als Polis. In ähnlicher Weise argumentieren die Autoren des bereits zitierten „Manifests" im Hinblick auf Werte: „Werte müssen erlebt werden, sonst gibt es sie für den Einzelnen nicht. Dazu kommt die notwendige Verarbeitung von Erfahrung." (Baumert et al., 2002, S. 190)

Alle Schülerinnen und Schüler sollen in der Schule gut leben und lernen können. Was „gut" heißt, soll hier nicht vertieft, sondern in Anlehnung an diese Autoren und die in den vorigen Kapiteln beschriebenen Unterrichtssituationen in vier Ableitungen zusammengefasst werden:

- „Gut leben" heißt: das eigene Leben in der Schule und das Leben der Gemeinschaft bewusst, verantwortlich und vernünftig (mit)gestalten; seinen Platz in der Gemeinschaft finden, dort wahrgenommen und anerkannt werden.
- „Gut leben" heißt: Mitmenschlichkeit und Empathie im Alltag erfahren, in einer Gemeinschaft aufwachsen, die Unterschiede respektiert und dem Egoismus der Einzelnen Grenzen setzt.
- „Gut lernen" heißt: im Unterricht mitkommen, in jeder Stunde gute Leistungen (gemessen an den eigenen Möglichkeiten) erreichen können, gefordert werden, Hilfen und Anregungen bekommen.
- „Gut lernen" heißt: in und außerhalb der Schule vielfältige Gelegenheiten finden, die eigenen Fähigkeiten zu erproben und sich zu bewähren.

In dieser Aufzählung soll durch die Gewichtung zugleich deutlich werden, dass das Problem der Heterogenität nicht allein auf der Ebene des Unterrichts beantwortet werden kann. Gerade für Kinder, die die Erfahrung von einem guten Leben, wie es dem Selbstverständnis unserer Gesellschaft entspricht, zu Hause nicht machen können, ist die Schule der Ort, wo sie (wenn überhaupt) diese ihnen sonst vorenthaltene Chance bekommen und wahrnehmen können. Das ist das wichtigste Argument für die Ganztagsschule, die dafür viel bessere Möglichkeiten hat als die Halbtagsschule. Es ist zugleich eine Verpflichtung, den Kindern nicht ein Sammelsurium von Angeboten zu bieten, sondern ein bewusst gestaltetes Schulleben. Feste, Feiern, Veranstaltungen, Aufführungen gehören ebenso dazu wie große Projekte und Arbeiten zur Gestaltung der

Schule. Die Regelung gemeinsamer Angelegenheiten, die einen friedlichen und vernünftigen Umgang mit Konflikten einschließt, muss im Kern eines demokratischen Schullebens stehen, und alle Schülerinnen und Schüler müssen daran verantwortlich teilnehmen.

4.2.8 Lernen und Bewährung außerhalb der Schule

„Der Ernstfall ist nicht nur im Leben, sondern auch in der Schule der beste Lehrmeister" – so endete das vorige Kapitel. Ein berühmt gewordenes Beispiel für diese These ist der Film „Rhythm is it" aus dem Jahr 2004 von Thomas Grube und Enrique Sánchez Lansch, der zeigt, wozu Hauptschülerinnen und -schüler fähig sind, wenn sie „im Ernst" gefordert sind. Er zeigt auch, dass und warum sie dabei viel mehr lernen als „nur" ihre Rolle wahrzunehmen. Die meisten von ihnen gingen gestärkt, sozusagen an Leib und Seele gestrafft und mit einer veränderten Einstellung zum Lernen aus diesem Experiment hervor.

Überall dort, wo Jugendliche „echt" gefordert sind, gebraucht werden und die Erfahrung machen, dass es auf sie ankommt, bestätigt sich diese Erfahrung. Beispiele dafür wurden im vorigen Kapitel genannt. Hier sei auf das Buch „Bewährung" von Hartmut von Hentig (2006) verwiesen, der vorschlägt, den üblichen Schulunterricht in der Pubertät für mindestens ein Jahr auszusetzen zugunsten solcher Lerngelegenheiten. Der Untertitel „Von der nützlichen Erfahrung, nützlich zu sein" deutet die pädagogische Argumentation des Buches an: Kinder, die zu Hause nicht gebraucht, in der Schule „beschult" und später als Erwachsene wiederum nicht gebraucht werden, können nicht zu verantwortlichen Bürgerinnen und Bürgern der *Polis* heranwachsen. Darum schulden wir ihnen die Erfahrung, nützlich zu sein und gebraucht zu werden.

An einer Schule, die ihr Programm darauf anlegt, kann jedes Kind jeden Tag diese Erfahrung machen. Kleine Schritte sind möglich und sinnvoll, wenn das Ziel klar ist. Größere Unternehmungen – Reisen, Praktika, Feriencamps u.Ä. bis hin zu einer längeren Entschulungsphase im Sinne von Hentig – können sich nach und nach daraus entwickeln. Solche Entwicklungsarbeit ist alles andere als selbstverständlich, zumal in Zeiten einer verengten Vorstellung von Bildung. Die öffentliche Anerkennung solcher pädagogischer Leistungen verhält sich sozusagen umgekehrt proportional zu ihrer Wichtigkeit. Zum Glück gibt es viele ermutigende Beispiele von Schulen, die zeigen, dass sich ein weit gefasstes Lernverständnis auszahlt.

Die gedachte Schule wird die Möglichkeiten nutzen, die das kommunale Umfeld bietet, Kontakte zu Betrieben und Institutionen aufbauen und Schritt für Schritt ein Curriculum außerschulischen Lernens entwickeln, das mit dem innerschulischen koordiniert und abgestimmt ist.

4.3 Die Teile und das Ganze:
Bild einer Schule der Vielfalt

Wie kann eine Schule aussehen, die die hier angedeuteten Entwicklungspro-zesse durchlaufen hat, in der also der Umgang mit Heterogenität das Profil der Schule prägt? Die folgende Portraitskizze fasst die Überlegungen dieses Buches zusammen. Sie ist insofern realistisch, als die „Mosaiksteine", aus denen dieses Bild besteht, an vielen Schulen verwirklicht sind und deren Arbeit prägen. Sie ist insofern unrealistisch, als sie kaum je alle zugleich an *einer* Schule verwirk-licht werden. Sie enthält auch Elemente, die einstweilen noch nicht realisiert sind (etwa die Abschaffung des Sitzenbleibens), die aber (nach meiner Ein-schätzung) unverzichtbare Elemente einer Schule der Vielfalt sind.

Teile dieser Skizze (unten auf grauem Grund) sind einem Appell entnommen, die der Schulverbund „Blick über den Zaun" an die Öffentlichkeit gerichtet hat. Zu diesem Bündnis haben sich reformpädagogisch orientierte Schulen zusammengeschlossen. Sie haben ein gemeinsames Leitbild erarbeitet und daraus „Standards für eine gute Schule" abgeleitet (www.blickueberdenzaun. de und Groeben et. al. 2004, S. 253 ff.). Sie haben diese in einer Denkschrift begründet und sich mit einem Appell an die Öffentlichkeit gewandt. Darin wird eine Schule der Zukunft skizziert, die sich an diesen Standards orientiert.

Dieser Brückenschlag zu den – im Einzelnen sehr unterschiedlichen – „Blick-über-den-Zaun"-Schulen soll deutlich machen und zum Schluss noch einmal hervorheben, dass dieses Buch der gleichen Logik folgt: Gute Schulen lassen sich nicht durch Maßnahmen (welcher Art auch immer) herbeiorganisieren. Am Anfang muss die auf den Grundwerten unserer Gesellschaft basierende Idee einer guten Schule stehen, aus der sich alles andere ableitet, insbesonde-re die Prinzipien und Ziele der Unterrichts- und Schulentwicklung. Die gegen-wärtig wieder heftig geführte Strukturdebatte zeigt, dass es ein solches kon-sensfähiges Modell in unserer Gesellschaft gegenwärtig nicht gibt, dass also die Grundwerte offenbar unterschiedlich ausgelegt werden. Aber es ist möglich – das zeigt das Beispiel der „Blick-über-den-Zaun"-Schulen –, unterhalb der Strukturebene einen sehr weit gehenden pädagogischen Konsens zu formu-lieren.

So ist auch dieses Portrait einer gedachten Schule der Vielfalt gemeint. Ich mache keinen Hehl aus meiner Überzeugung, dass unser fünfgliedriges Schul-system nicht die richtigen Antworten auf das Problem der Heterogenität geben kann, dass wir also um eine Strukturänderung nicht herumkommen. Aber auch wer diese Überzeugung nicht teilt, kann Ja sagen zu einer noch zu entwickeln-den Schule wie der hier skizzierten. Sie ist nicht gedacht als Vorlage für ein „Serienmodell", sondern als ein pädagogisches Grundmuster, das viele Varian-ten zulässt, also als ein „Fundamentum", auf das viele unterschiedliche „Addita" aufgebaut werden können. So wie das Fundamentum im Unterricht für alle Schülerinnen und Schülern verstehbar und lernbar sein muss, ist auch dieses Modell als eine Vorlage für pädagogische Mindeststandards gedacht, die wir erfüllen müssen, um allen Kindern gerecht werden zu können.

Skizze einer Schule der Vielfalt
Die Schule ist ein Gemeinschaftswerk aller Beteiligten, die mit- und füreinander Verantwortung übernehmen: die Schule als „Polis". Die Pädagoginnen und Pädagogen, die Schülerinnen und Schüler, die Eltern, die Kommune mit ihren Möglichkeiten und auch außerschulische Institutionen wirken zusammen, um mit dem Anspruch „Wir dürfen kein Kind verlieren" Ernst zu machen. Sie handeln nach dem Grundsatz: Zuerst und vor allem kommt es darauf an, dass es den Kindern und Jugendlichen in der Schule an Leib und Seele gutgeht. Das beginnt mit scheinbaren „Kleinigkeiten", die aber bald als Standards gelten: ein gutes, nahrhaftes Frühstück oder Mittagessen, ein Gesundheits- und Beratungsdienst, ein flexibler, den Bedürfnissen der Kinder angepasster Tagesrhythmus, gute Möbel, Ausstattung der Schule mit vielfachen Lerngelegenheiten, Ausstattung der Klassen und Arbeitsplätze mit handlichen, anregenden, gut geordneten Materialien, genügend Platz zum Lernen, Spielen und Bewegen.
  Zum Kern der Entwicklungsarbeit wird die Neugestaltung des Unterrichts und der Lernangebote. Die Vorgabe ist: Lernen muss – auch bei aller unverzichtbaren Mühe und Anstrengung – Freude machen, *mit* Anschauung und Erfahrung verbunden sein, geschieht am besten in der Auseinandersetzung mit bedeutsamen Gegenständen und findet darum oft auch außerhalb der Schule statt. Bewährung und Ernstfall gehören ebenso dazu wie Belehrung und systematisches Üben. Die Schule stellt hohe Anforderung an alle Beteiligten und bietet zugleich vielfältige Unterstützung.

Unterricht wird im Team geplant. Fach- und Jahrgangsgruppen entwickeln gemeinsam Unterrichtseinheiten, die als Bausteine einer individualisierenden Didaktik angelegt sind. Ein Thema wird so aufbereitet, dass ein gemeinsames Minimalpensum (Fundamentum) von allen Schülerinnen und Schülern verstanden und gelernt werden kann. Es wird ergänzt um vielfältige Angebote zur Spezialisierung und Vertiefung, sodass alle Schülerinnen und Schüler ein individuelles, ihren Fähigkeiten und Interessen entsprechendes Additum aufbauen können. Der Unterricht ist also auf Gemeinsamkeit und Vielfalt angelegt:

Inhalte, Aufgaben, Methoden, Lehr- und Arbeitsformen sind so aufeinander
abgestimmt, dass eine stimmige Balance entsteht. Differenzierende Basis- und
Zusatzaufgaben ermöglichen, dass langsame und lernschwache Schülerinnen
und Schüler ebenso wie schnell lernende und besonders begabte auf ihrem
Niveau gefordert sind. Von allen wird erwartet, dass sie ihre Leistungen auf
ansprechende und anspruchsvolle Weise präsentieren.

Die Balance zwischen gemeinsamem Lernen und Individualisierung, einem
verpflichtenden Minimum und einem nach oben offenen Additum, die in jedem
Fachunterricht angestrebt wird, wiederholt sich auf der Ebene des Schulcur-
riculums: Der Pflichtunterricht wird ergänzt durch ein breit gefächertes Wahlangebot. Es ermöglicht allen Schülerinnen und Schülern den Aufbau eines
individuellen Leistungsprofils, das die Entwicklung unterschiedlicher Begabungen ermöglicht und das ausführlich dokumentiert wird. Es umfasst auch
die Beteiligung am Schulleben sowie außerschulische Lernerfahrungen und
besondere Formen des inner- und außerschulischen Engagements.

Die Schülerinnen und Schüler werden von Erwachsenen begleitet, die ihren
gesamten Lern- und Bildungsweg im Blick haben, sie bei der Wahl beraten,
diagnostische und fachliche Hilfen geben, die Lebens- und Berufsplanung mit
ihnen besprechen und ihnen dabei helfen, den Übergang von der Schule in
eine Berufsausbildung oder in eine weiterführende Schule zu bestehen.

Die Schule ist einladend, freundlich und anregend gestaltet, ein Ort, an
dem Kinder den ganzen Tag über gern und gut leben und lernen können. Niemand wird beschämt, niemand muss sich als Versager fühlen.
Darum ist das Sitzenbleiben abgeschafft, der Unterricht ganz darauf
ausgerichtet, der Unterschiedlichkeit der Kinder gerecht zu werden.
Die Schule hat deshalb neue Formen der Leistungsbegleitung und -be-
wertung entwickelt: verpflichtende Beratungsgespräche, Lernvereinba-
rungen, Portfolios.

Die Schule arbeitet selbstständig und eigenverantwortlich; so wird
ihre ganze pädagogische Kreativität freigesetzt. Die starren Jahrgangsklassen sind durch flexible Lernformen und Lerngruppen ersetzt worden: An dieser Schule ist es zum Beispiel normal, dass Zwölf- und Vier-
zehnjährige zusammen Englisch lernen oder im Labor
experimentieren können. Haupt- und Nebenfächer gibt es an dieser
Schule nicht: Theater, Handwerk, Musik oder Religion gelten als ebenso
wichtig wie Englisch oder Mathematik. Der Umgang mit Sprache und
Literatur ist nicht auf das Fach Deutsch beschränkt, sondern Aufgabe
aller Fächer. Tests werden als diagnostische Hilfsmittel genutzt.

▶

Die Schule arbeitet eng mit einem wissenschaftlichen Institut oder mit anderen Experten zusammen; gemeinsam wird beraten und beschlossen, wie Lernprozesse beobachtet und evaluiert werden können. Die Leistungen der Schülerinnen und Schüler werden nach dem individuellen Lernfortschritt bewertet. Als Orientierungsrahmen dienen fachliche Mindeststandards, die die Stufen des Lernens abbilden und an denen sich zeigen lässt, was bereits erreicht wurde. Am Ende der Schullaufbahn wird an Beispielleistungen aus allen Bereichen nachgewiesen, was ein Schüler/eine Schülerin gelernt hat und kann. Dieses Leistungsportfolio schließt den Nachweis elementarer, von allen verlangter und erreichbarer Grundkenntnisse und Kompetenzen ein. Ein verzweigtes, früh greifendes Unterstützungssystem sorgt dafür, dass alle Schülerinnen und Schüler eines Jahrgangs diese Grundkenntnisse nachweisen können. Sie verlassen die Schule mit einem Zeugnis, das von den abnehmenden Einrichtungen als Anschlussnachweis zu lesen ist und eine Übersicht über das gesamte Leistungsprofil enthält.

Zum Schluss:
Worauf es ankommt

Was kann und muss geschehen, um eine solche Schule der Vielfalt zu verwirklichen oder weiter auszubauen? Das kommt auf die Menschen an, die sie machen oder im weiteren Sinn für sie verantwortlich sind. Diese Schule hat nur dann eine Chance, wenn sie gewollt wird. Ob es sie geben *kann*, ist nicht die Frage – dafür existieren hinreichend viele gute Beispiele. Die Frage ist, ob es sie geben *soll*.

In dieser Frage kommt es sehr stark auf die Eltern an. Sie wollen – mit dem besten Recht der Welt – das Beste für ihre Kinder. Zugleich sind sie verantwortliche Bürgerinnen und Bürger, und es kann ihnen darum nicht gleichgültig sein, was aus den anderen Kindern wird. Sie werden Vertrauen haben zu einer Schule der Vielfalt, wenn sie sehen, dass dort das eigene Kind ebenso wie alle anderen gern und gut leben, Begabungen und Fähigkeiten voll entfalten, in einer guten Gemeinschaft heran- und dabei in die verantwortliche Teilhabe an unserer Kultur hineinwachsen kann. Sie werden dann auch bereit sein, die Schule nach Kräften zu unterstützen: als kritische Freunde, aktive Mitglieder der *Polis*, Partner der Lehrerinnen und Lehrer und Vermittler zur „Außenwelt". Sie stellen mit Recht hohe Anforderungen an die Schule und helfen mit, sie zu einem „Dorf" zu machen, wo alle Kinder und Jugendlichen herausfinden, erproben und verwirklichen können, was in ihnen steckt.

Die Lehrerinnen und Lehrer, die diese Schule entwickeln und gestalten, müssen von ihr zutiefst überzeugt sein, sonst käme es nur zu halbherzigen oder Scheinlösungen. Sie haben als Pädagogen die Pflicht und den Willen, Anwälte der Kinder zu sein und ihnen dabei zu helfen, in diese Welt hineinzuwachsen. Sie wollen jedes Kind als Person anerkennen, individuell fördern und begleiten. Als Unterrichtende vertreten sie ihre Sache und machen es sich zur Aufgabe, Kinder dafür zu begeistern und sie diesen Bereich unserer Kultur aktiv erfahren zu lassen. Ihre Professionalität ist nicht statisch; sie lernen ständig dazu. Sie müssen ihr Handwerk gut beherrschen und es zugleich immer neu an die gegebene Situation und die vorgefundenen Schülerinnen und Schüler anpassen. Diese beiden Aufgaben so zu verbinden, dass man allen gerecht wird, ist sehr schwer. Alle Pädagogen müssen mit einer strukturellen Überforderung leben, weil man die eigenen Ansprüche nie ganz einlösen kann. Die

Frage ist, ob dann der Rückzug in die Separierung der bessere Weg ist oder der Sprung ins „kalte Wasser" (das sich dann, wenn man drin ist, gar nicht mehr so kalt anfühlt): die gewollte und entschiedene Anerkennung der Unterschiede, verbunden mit der Bereitschaft, Schule und Unterricht „neu zu denken" und dann zu verändern. Dafür brauchen die Lehrerinnen und Lehrer Ermutigung und Unterstützung: vor allem Zeit zum Denken und Planen.

Die Schulen und die Schulleitungen haben, wenn es einen solchen Grundkonsens gibt, die große Chance, ihn zum Anlass für grundlegende Veränderungen zu machen. Dafür brauchen sie Unterstützung: vor allem von der Bildungsadministration und -politik, aber auch der gesamten Öffentlichkeit.

Es ist wenig hilfreich, Individualisierung zu propagieren, wenn die Standards so definiert sind, dass schwächere Schülerinnen und Schüler sie nicht erfüllen können und wenn zugleich bei immer mehr flächendeckenden Kontrollen von allen das Gleiche verlangt wird. Das eine Ziel blockiert und behindert das andere. Es ist noch weniger hilfreich, einen besseren Umgang mit Heterogenität zu propagieren, wenn diese gleichzeitig durch die Maßnahmen des Sitzenbleibens und der Abschulung auf die nächst „untere" Schulart abgebaut wird.

Was dabei am unteren Rand herauskommt, ist eine andere Art von Heterogenität: die der zwangsversammelten Lebensprobleme und Schulschicksale dramatischer Art. In manchen Hauptschulklassen beträgt der Altersunterschied bis zu vier Jahren. Diese Jugendlichen eint nur die Erfahrung des Scheiterns und das Gefühl, „unten" gelandet zu sein. Empirische Befunde zu dieser Art von „kumulativer Benachteiligung" und die gegenwärtig so heftig geführte Strukturdebatte schärfen das öffentliche Bewusstsein dafür, dass es so nicht weitergehen kann.

Dieses Buch sollte zeigen, wie Unterricht und Schule verändert werden können, wenn man von unten nach oben vorgeht, nicht umgekehrt. Aber unten und oben hängen untrennbar zusammen, sodass man zwangsläufig irgendwann oben landet, wenn man unten anfängt und umgekehrt. „Oben" sind diejenigen, die in der Schulverwaltung und Bildungspolitik Verantwortung tragen. Auch sie müssten ins kalte Wasser springen, um eine Schule der Vielfalt zu ermöglichen.

Dafür greife ich hier aus dem Appell der „Blick-über-den-Zaun"-Schulen vier Forderungen heraus, die, um im Bild zu bleiben, „Startblöcke" für ein solches Wagnis abgeben können:

1. Die Regelstandards werden, entsprechend den Empfehlungen der Klieme-Kommission, durch Mindeststandards ersetzt. Die KMK hat dies in Aussicht gestellt, ist also im Wort, es einzulösen.

2. Das Sitzenbleiben wird abgeschafft, das dadurch gesparte Geld den Schulen für ihre Entwicklungsarbeit zur Verfügung gestellt.

3. Schulen, die den Umgang mit Heterogenität zum Entwicklungsschwerpunkt machen, werden durch Beratung und Ressourcen unterstützt. Ein Verbund von damit beauftragten Schulen kann unter wissenschaftlicher Begleitung Pionierarbeit für diese Entwicklung leisten.
4. Formen und Verfahren der Evaluation müssen auf Prozesse des Lernens gerichtet sein. Dazu bedarf es differenzierter, qualitativer Kriterien wie beispielsweise der Maßstäbe, nach denen der Deutsche Schulpreis vergeben wird, und differenzierter Beobachtungsverfahren.

Ein anderer, nicht selektiver Umgang mit Heterogenität ist möglich: pädagogisch, menschenfreundlich, didaktisch fundiert. Das wichtigste Argument für eine solche Schule der Vielfalt sind die Grundwerte unserer Gesellschaft. Unabhängig davon, ob wir unsere Vorstellungen von Schule aus dem christlichen Menschenbild oder aus den Idealen der Aufklärung ableiten, unabhängig auch von parteipolitischen Entscheidungen, Programmen und Debatten, speziell über die Schulstruktur, gibt es einen Konsens darüber, dass wir den Kindern und Jugendlichen verpflichtet sind, allen einzeln. Unsere Werte und Überzeugungen bleiben so lange „kalter Kaffee", wie die Bildungsbenachteiligung vieler von ihnen anhält, ja weiter zunimmt. Sie kann und muss abgebaut werden.

Wenn dieses Buch einen Beitrag dazu leisten kann, hat es seinen Zweck erfüllt.

Literatur

Bastian, Johannes: Einführung in die Unterrichtsentwicklung. Weinheim-Basel-Berlin 2007

Bastian, Johannes/Combe, Arno/Langer, Roman: Feedback-Methoden. Erprobte Konzepte, evaluierte Erfahrungen. Weinheim-Basel-Berlin 2003

Baumert, Jürgen: Was wissen wir über die Entwicklung von Schulleistungen? In: PÄDAGOGIK, Heft 4/2006, S. 40–46

Baumert, Jürgen/Fried, Johannes/Joas, Hans/Mittelstrass, Jürgen/Singer, Wolf: Manifest. In: Killius, Nelson/Kluge, Jürgen/Reisch, Linda (Hrsg.): Die Zukunft der Bildung. Frankfurt a. M. 2002

Bergmann, Klaus/Schneider, Gerhard: Gegen den Krieg. Band 1: Gewöhnung an den Krieg. Düsseldorf 1982

Blick über den Zaun (Schulverbund): Standards für eine gute Schule. www.blickueberdenzaun.de

Blum, Werner/Drüke-Noe, Christina/Hartung, Ralph/Köller, Olaf (Hrsg.): Bildungsstandards Mathematik: konkret. Berlin 2006

Bruder, Regina: Langfristiger Kompetenzaufbau. In: Blum et al. (Hrsg.): Bildungsstandards Mathematik: konkret (s. dort)

Bruder, Regina: Erläuterungen zu Modul 1: Weiterentwicklung der Aufgabenkultur im Mathematikunterricht. pdf, 2006, in: Sinus Transfer, Modul 1

Brüning, Ludger/Saum, Tobias: Erfolgreich unterrichten durch Kooperatives Lernen. Strategien zur Schüleraktivierung (mit einem Vorwort von Kathy und Norm Green). Essen ²2006

Bülter, Helmut/Meyer, Hilbert: Was ist ein lernförderliches Klima? In: PÄDAGOGIK, Heft 11/2004, S. 31–35

Combe, Arno: „Hatten die schon Schuhe?" Zur Theorie des Erfahrungslernens. In: PÄDAGOGIK, Heft 6/2006, S. 32–36

Deutsches PISA-Konsortium (Hrsg.): PISA 2000. Basiskompetenzen von Schülerinnen und Schülern im internationalen Vergleich. Opladen 2001

Fauser, Peter: Lernen als innere Wirklichkeit. Über Imagination, Lernen und Verstehen. In: Rentschler, Ingo/Madelung, Eva/Fauser, Peter: Bilder im Kopf. Texte zum imaginativen Lernen. Seelze-Velber 2003

Gardner, Howard: Der ungeschulte Kopf. Wie Kinder denken. Stuttgart ³1996

Groeben, Annemarie von der et. al.: Unsere Standards. Ein Diskussionsentwurf. In: Neue Sammlung, 45. Jahrgang, Heft 2 /2005, S. 253–297

GROSSE-OETRINGHAUS, HANS-MARTIN: Jogan haut ab. Ein terre des hommes-Buch über Kinderarbeit und Bürgersteigbewohner in Indien. Osnabrück 2002

GUDJONS, HERBERT: Frontalunterricht – neu entdeckt. Integration in offene Unterrichtsformen. Bad Heilbrunn 2003

GUDJONS, HERBERT: Methoden und Strategien intelligenten Übens. In: PÄDAGOGIK, Heft 11/05, S. 12–15

HENTIG, HARTMUT VON: Britta, Lümmel und ein Labyrinth. Die Laborschule als Erfahrungsraum. Text zum gleichnamigen Film von Hartmut von Hentig, Siegfried Kätsch, Wolfgang Kosiek. Bielefeld 1988

HENTIG, HARTMUT VON: Die Schule neu denken. Eine Übung in praktischer Vernunft. München-Wien 1993

HENTIG, HARTMUT VON: Bildung. München-Wien 1996

HENTIG, HARTMUT VON: Einführung zu Martin Wagenschein, „Verstehen Lehren" (s. dort)

HENTIG, HARTMUT VON: Bewährung. Von der nützlichen Erfahrung, nützlich zu sein. München-Wien 2006

HERRLITZ, HANS-GEORG: Erziehungswissenschaft und Bildungspolitik – zwei getrennte Kulturen? In: Die Deutsche Schule 1/2004, S. 6–9

HEYMANN, HANS WERNER: Was macht Üben „intelligent"? In: PÄDAGOGIK, Heft 11/05, S. 6–10

HORSTKEMPER, MARIANNE: Diagnosekompetenz als Teil pädagogischer Professionalität. In: Neue Sammlung Heft 2/2004, S. 201–214

HÜTHER, GERALD: „hi.bi.kus" – hirngerechte Bildung in Kindergärten und Schulen" (Projektentwurf). www.hibikus.de

KAISER, INGRID/MANN, FRIEDLINDE: Auf Schatzsuche: Lesetagebücher. In: PÄDAGOGIK, Heft 6/2001, S. 10 13

KLIEME, ECKHARD ET AL.: Zur Entwicklung nationaler Bildungsstandards. Eine Expertise. Deutsches Institut für internationale pädagogische Forschung, Frankfurt a. M. 2003

KLIPPERT, HEINZ: Eigenverantwortliches Arbeiten und Lernen. Weinheim und Basel [4]2004

KRAFT, ULRICH: Alte Klischees, neue Wirklichkeit. In: Gehirn und Geist, 5/2003, S. 48 f.

KROHNE, JULIA ANN/MEIER, ULRICH/TILLMANN, KLAUS-JÜRGEN: Sitzenbleiben, Geschlecht und Migration? Klassenwiederholungen im Spiegel der PISA-Daten. In: Zeitschrift für Pädagogik 50 (2004), H. 3, S. 373–391

LEISEN, JOSEF: Lesen und Verstehen lernen. Strategien und Prinzipien zur Arbeit mit Sachtexten im Unterricht. In: PÄDAGOGIK, Heft 6/2007, S. 11–15

LENZEN, DIETER: Pädagogische Grundbegriffe. Band 1 und 2. Reinbek 1997.

LEUDERS, TIMO: Intelligentes Üben selbst gestalten. In: PÄDAGOGIK, Heft 11/2005, S. 29–32

MEYER, HILBERT: Leitfaden zur Unterrichtsvorbereitung. Berlin [12]1993
MEYER, HILBERT: Was ist guter Unterricht? Berlin 2004
MEYER, HILBERT: UnterrichtsMethoden. Berlin 2005
MÜLLER, ANDREAS: Erziehungsziel: Selbstbeobachtung und Selbstbewertung. In: PÄDAGOGIK, HEFT 9/2004, S. 25–29
PIEPHO, HANS EBERHARD: Narrative Dimensionen im Fremdsprachenunterricht. Hrsg. von Otfried Börner und Christoph Edelhoff. Braunschweig 2007
PRENGEL, ANNEDORE: Pädagogik der Vielfalt. Verschiedenheit und Gleichberechtigung in interkultureller, feministischer und integrativer Pädagogik. Opladen [2]1995
REHEIS, FRITZ: Nachhaltigkeit, Bildung und Zeit. Zur Bedeutung der Zeit im Kontext der Bildung für eine nachhaltige Entwicklung in der Schule. Baltmannsweiler 2005
REHEIS, FRITZ: Zeit für Nachhaltigkeit. In: PÄDAGOGIK, Heft 12/2005, S. 32–35
RHEINBERG, FALKO: Bezugsnormen und schulische Leistungsbeurteilung. In: F. E. Weinert (Hrsg.), Leistungsmessung in Schulen. Weinheim 2001
RHEINBERG, FALKO: Motivation. Stuttgart: [4]2004
RIFKIN, JEREMY: Time Wars. New York 1987, S. 2–5 (Dt. Uhrwerk Universum, München 1988)
RIST, HEIKE: Intelligentes Üben mit kooperativen Lesemethoden. In: PÄDAGOGIK, Heft 11/05, S. 16–19
ROTH, HEINRICH: Pädagogische Psychologie des Lehrens und Lernens. 1957, Hannover [12]1970
RUF, URS / GALLIN, PETER: Dialogisches Lernen und Sprache und Mathematik. Seelze-Velber 1998
SCHOENBACH, RUTH/GREENLEAF, CYNTHIA/CZIKO, CHRISTINE/HURWITZ, LORI: Lesen machen schlau. Neue Lesepraxis für weiterführende Schulen. Berlin 2006
STERN, ELSBETH: Lernen. Was wissen wir über erfolgreiches Lernen in der Schule? In: PÄDAGOGIK, Heft 1/2006, S. 45–49
TANNER, ALBERT/BADERTSCHER, HANS/HOLZER, RITA/SCHINDLER, ANDREAS/STRECKEISEN, URSULA (HRSG.): Heterogenität und Integration. Umgang mit Gleichheit und Differenz in Schule und Kindergarten. Zürich 2006
THOMÉ, GÜNTER: Orthographieerwerb. Frankfurt 1999
THURN, SUSANNE: Individualisierung kann gelingen. In: PÄDAGOGIK, Heft 1/2006, S. 6–9
TILLMANN, KLAUS-JÜRGEN: System jagt Fiktion. In: Friedrich Jahresheft XXII/2004 „Heterogenität. Unterschiede nutzen Gemeinsamkeiten stärken", S. 6–9
WAGENSCHEIN, MARTIN: Die Pädagogische Dimension der Physik (Grundthemen der pädagogischen Praxis. Eine Schriftenreihe, hrsg. v. Albert Holfelder) Braunschweig 2., ergänzte Aufl. 1965

WAGENSCHEIN, MARTIN: Verstehen lehren. Weinheim und Basel 1999

WEINERT, FRANZ/HELMKE, ANDREAS: Entwicklung im Grundschulalter. Weinheim und Basel 1997

WELLENREUTHER, MARTIN: Lehren und Lernen – aber wie? Grundlagen der Schulpädagogik Bd. 50, Hohengehren 2005

WERNING, ROLF: Pädagogische Beobachtungskompetenz. In: journal für lehrerinnen- und lehrerbildung. Heft 2/2003, S. 39–45

WINTER, FELIX: Leistungsbewertung. Eine neue Lernkultur braucht einen anderen Umgang mit den Schülerleistungen. Hohengehren 2004

WYNANDS, ALEXANDER: Intelligentes Üben. In: Blum et al. 2006 (s. dort), S. 113–125

Register

Die Schule zukunftsfähig machen

Liane Paradies/Hans Jürgen Linser/Johannes Greving

Diagnostizieren, Fordern und Fördern

192 Seiten mit Abb., Paperback
ISBN 978-3-589-22167-7

Liane Paradies/Hans Jürgen Linser

Differenzieren im Unterricht

248 Seiten mit Abb., Paperback
ISBN 978-3-589-21353-5

Gert Lohmann

Mit Schülern klarkommen
4., überarbeitete Auflage
Professioneller Umgang mit Unterrichtsstörungen und Disziplinkonflikten

240 Seiten mit Abb., Paperback
ISBN 978-3-589-22520-0

Cornelsen
SCRIPTOR